Judentum, Christentum und Islam

Christfried Böttrich / Beate Ego /
Friedmann Eißler

Elia und andere Propheten

in Judentum, Christentum und Islam

Vandenhoeck & Ruprecht

Die Autorin/Die Autoren:

Dr. theol. Beate Ego ist Professorin für Exegese und Theologie des Alten Testaments an der Evangelisch-Theologischen Fakultät der Ruhr-Universität Bochum.

Dr. theol. Christfried Böttrich ist Professor für Neues Testament an der Theologischen Fakultät der Ernst-Moritz-Arndt-Universität Greifswald.

Dr. theol. Friedmann Eißler ist Wissenschaftlicher Referent an der Evangelischen Zentralstelle für Weltanschauungsfragen (EZW) in Berlin.

Umschlagabbildung: Himmelfahrt des Elia, Ikone vom Sinai, 2. Hälfte 15. Jahrhundert.

Bibliografische Information der Deutschen Nationalbibliothek
Die Deutsche Nationalbibliothek verzeichnet diese Publikation in der Deutschen Nationalbibliografie; detaillierte bibliografische Daten sind im Internet über http://dnb.dnb.de abrufbar.

ISBN 978-3-525-63396-0
ISBN 978-3-647-63396-1 (E-Book)

Satz: Konrad Triltsch Print und digitale Medien GmbH, Ochsenfurt
Druck und Bindung: Hubert & Co, Göttingen
Gedruckt auf alterungsbeständigem Papier.

Inhalt

Reihenvorwort

Juden, Christen und Muslime haben es nicht leicht miteinander. Gemeinsam schöpfen sie aus dem reichen Fundus der großen biblischen Erzählungen. Sie bekennen einen einzigen Gott, der Himmel und Erde erschaffen hat. In ihrer Geschichte sind sie vielfach aufeinander bezogen und miteinander verflochten. Aber je größer die Nähe, umso schärfer gestalten sich bekanntlich auch die Konflikte. Die lange Geschichte jüdisch-christlich-islamischer Beziehungen war häufig von Abgrenzung und Feindseligkeit, von Pogromen, Kreuzzügen, Völkermorden und Terrorakten begleitet. Natürlich hat es auch an Phasen eines friedlichen Miteinanders nicht gefehlt. Die kulturelle Hochblüte jener erstaunlichen jüdisch-islamischen Symbiose im Spanien des 11./12. Jhs. etwa hat sich auf unvergessliche Weise in die Annalen der europäischen Geschichte eingeschrieben. Einzelne Persönlichkeiten vermochten schon immer die Gräben religiöser Differenzen zu überbrücken. Doch die breite Masse der Gläubigen tut sich nach wie vor schwer damit, in den jeweils Anderen auch Bruder und Schwester sehen zu können. Zu schwer wiegen die Erfahrungen jahrhundertelanger Konflikte. Dabei ist die Verständigung in unserer zunehmend enger vernetzten Welt dringlicher als je zuvor.

Als besondere Schwierigkeit im Umgang miteinander machen sich dabei immer wieder sowohl die Asymmetrie der Beziehungen als auch die Strukturverschiedenheit der drei abrahamischen Religionen bemerkbar. Die Bezüge zueinander haben unterschiedliche Proportionen und ein unterschiedliches Gewicht. Die theologischen Kategorien der einen Religion sind nicht einfach mit denen der anderen kompatibel. Dennoch gibt es über die pragmatische Notwendigkeit hinaus, in unserer moderenen, gefährdeten Welt zu einem friedlichen Miteinander zu finden, auch eine breite Basis an theologischer Gemeinsamkeit. Christen und Juden sind in dieser Erkenntnis in den zurückliegenden Jahrzehnten schon weit vorangekommen. Das Gespräch mit dem Islam hingegen steht noch ganz an seinen Anfängen. Vor allem aber fehlt es daran, das Spezialwissen der wenigen, die in einem Dialog engagiert sind, auf der Basis allgemeiner, selbstverständlicher Kenntnisse zu verbreiten.

An dieser Stelle möchte die vorliegende Buchreihe ihren Beitrag leisten. Die wichtigste Voraussetzung für jede Begegnung besteht darin, einander wahrzunehmen und voneinander Kenntnis zu erlangen. Das erweist sich gerade dort als besonders wichtig, wo die drei abrahamischen Religionen gemeinsame Traditionen aufnehmen. Hier setzt die Buchreihe an. Sie beschäftigt sich mit den prägenden Gestalten jener biblischen Erzählungen, die bei Juden, Christen und Muslimen gleichermaßen von Bedeutung sind. Dabei kommt der alttestamentlich-jüdischen Überlieferung grundlegende Bedeutung zu. Auf sie beziehen sich die neutestamentlichen Schriften sowie die Werke der im zweiten Jahrhundert beginnenden christlichen Theologie zurück. Der Koran und die daran anschließende islamische Tradition wiederum nehmen jüdische und verschiedene christliche Traditionen auf und gestalten sie neu. Diese Linien sollen hier sichtbar gemacht werden. Dabei geht es sowohl um die Gemeinsamkeiten, die durch den gemeinsamen Stoff bestimmt sind, als auch um die Unterschiede, die vom Kontext der jeweiligen Glaubensgemeinschaft ihre Prägung erhalten.

Mit den großen Gestalten der Überlieferung verbinden sich zugleich wichtige Themenbereiche. Das erste Buch über „Abraham“ ist der grundlegenden Frage nach der Bedeutung des Gottesglaubens gewidmet. Ein zweites Buch über „Jesus und Maria“ geht der Einzigartigkeit dieser besonderen Familie nach, wobei vor allem die Differenzen hervortreten. An der Gestalt des „Mose“ reflektiert das dritte Buch die Rolle des Rechtes und der Ethik. Die Schöpfungsthematik kommt in dem vierten Buch anhand der Traditionen um „Adam und Eva“ zum Zuge. Was es mit dem Phänomen der Prophetie auf sich hat, ist schließlich

Gegenstand des fünften und letzten Buches über „Elia und andere Propheten".

Erfahrungsgemäß ist die Angst vor Fremdem dort am größten, wo man es nicht oder nur ungenau kennt. Wenn diese Buchreihe deshalb grundlegende Kenntnisse vermitteln kann, ist schon ein wichtiger Schritt zur Verständigung getan. Dabei lässt der Blick auf das, was andere glauben und was anderen wichtig ist, die eigene Tradition noch einmal in einem ganz neuen Licht erscheinen. Auch dazu möchten die Bücher dieser Reihe anregen.

Die drei Teile jedes Buches sind mit aller notwendigen Fachkompetenz für jüdische, christliche und islamische Theologie, jedoch von einem gemeinsamen christlichen Standpunkt aus geschrieben. Auch das anvisierte Lesepublikum wird sehr wahrscheinlich ein vorwiegend christlich geprägtes sein. Dennoch hat das Bemühen Vorrang, dem Selbstverständnis von Juden, Christen und Muslimen so weit wie möglich gerecht zu werden. Denn bei aller Suche nach Gemeinsamkeit kann es nicht darum gehen, die Grenzen in einem großen Einerlei zu verwischen. Vielmehr soll die vorurteilsfreie Aufmerksamkeit füreinander auch ein kundiges, konstruktives Gespräch ermöglichen.

Zum Abschluss dieser Buchreihe steht aus gutem Grund die Gestalt des Elia, die – ganz besonders im islamischen Gewand – in die Schar der Propheten überhaupt eingebunden ist. Die Propheten als vollmächtige Deuter ihrer Gegenwart sind in allen drei abrahamischen Religionen zugleich Anwälte einer Hoffnungsperspektive, die jenseits aller Abgrenzungen auch um die Unverfügbarkeit Gottes weiß.

Beate Ego

Elia im Judentum

1. Einleitung: Elia ist mitten unter uns … ein besonderer Prophet

Als ihre Eltern im Jahre 1929 auf der Flucht von Syrien in das damalige britische Mandat Palästina waren, so erzählt eine Frau der israelischen Sammlerin volkstümlicher Überlieferungen Ariela Krasney im Jahre 2004, kamen sie auf dem Weg in der libanesischen Stadt Sidon in eine Synagoge, die nach dem Propheten Elia benannt war. Die Gruppe der Flüchtenden hatte einen Fischer aus Sidon angeworben, damit dieser sie mit seinem Boot nach Haifa bringe. Sie waren gerade dabei, dieses Unternehmen im Einzelnen zu diskutieren, als sich ihnen ein alter Mann in traditioneller arabischer Kleidung näherte. Er fragte sie nach ihrem Weg und bat zudem um etwas Essen, das sie ihm bereitwillig gaben. Schließlich warnte er sie davor, mit dem von ihnen bereits angeheuerten Boot ihre Reise fortzusetzen. Als es dann zur Abfahrt kam, hatten die Worte des alten Mannes auf den Vater der Erzählerin einen solchen Eindruck gemacht, dass er die Gruppe davon überzeugen konnte, auf die Bootsfahrt zu verzichten und statt dessen den Landweg zu nehmen. In Haifa angekommen habe sie dann tatsächlich erfahren, dass das Boot des sidonischen Fischers untergegangen sei und alle Mitfahrenden ertrunken seien. „In dieser Nacht“, so schließt die Erzählerin ihre Geschichte, „träumte mein Vater von einem alten Mann, gekleidet wie ein alter Araber, und dieser offenbarte ihm, dass er, der Prophet Elijahu, es gewesen sei, der sie vor diesem Unglück bewahrt habe.“

Es ist ein langer Weg von dieser Erzählung des 21. Jahrhunderts zurück in die Welt der Bibel, in der uns im 9. Jh. v. Chr. der Prophet Elia – ein Wundermann und fanatischer Kämpfer für Gottes Einzigkeit und Gerechtigkeit – begegnet, und es soll die Aufgabe dieses Beitrags sein, diesen Weg zumindest in seinen Hauptlinien ein Stück weit nachzuzeichnen. Dabei wird gleich eingangs deutlich, dass Elia unter all den Propheten Israels eine ganz besondere Rolle einnimmt. Denn im Gegensatz zu allen anderen biblischen Figuren gehört er nicht nur der Vergangenheit an, sondern wirkt auch noch in der Gegenwart bzw. jüngeren Vergangenheit durch seine segensreiche Zuwendung, wobei er die kantigen Züge seines Wesens, seinen Eifer und seine Gewaltbereitschaft, freilich im Laufe der Jahre verloren hat. Darüber hinaus verbindet sich mit dem Propheten Elia die Hoffnung auf die künftige Erlösung des Volkes, da er einst als Friedensstifter erscheinen wird. Dieser Gedanke findet seinen sinnfälligen Ausdruck darin, dass man alljährlich bei der Feier des Passafestes, wenn man des Auszugs aus Ägypten gedenkt, für den Propheten Elia die Tür öffnet.

Die vorliegende Studie möchte zunächst in aller Kürze die biblische Eliaüberlieferung darstellen, um dann einen Überblick zu außer- und nachbiblischen Elia-Traditionen bis in die Moderne zu geben. Dabei soll ein klarer Schwerpunkt auf die rabbinische Literatur und auf Elias Rolle in jüdischen Ritualen gelegt werden. Allerdings wird es in diesem Rahmen nur möglich sein, die Hauptlinien dieses reichen Überlieferungsstromes nachzuzeichnen, und die Präsentation kann keinen Anspruch auf Vollständigkeit erheben.

Im Folgenden wird in der Regel die im Deutschen allgemein verbreitete Schreibweise „Elia" benutzt, wohingegen in den Zitaten aus der rabbinischen Literatur auf die für die jüdische Tradition typische Schreibweise „Elija" bzw. Elijahu zurückgegriffen wird.

2. Elia in der biblischen Überlieferung

2.1 Erzählkränze und Stoffkomplexe

Die Erzählungen von Elia, die uns in 1Kön 17–19;21 sowie in 2Kön 1;2 überliefert sind, werden in der biblischen Darstellung in einen ganz klaren historischen Rahmen gestellt. Danach wirkte Elia zunächst zur Zeit des Nordreichkönigs Ahab (871–852 v. Chr.; 1Kön 16,19–33; 22,39 f) bzw. zur Zeit des Königs Ahasja (852–851 v. Chr.; 1Kön 22,52–54 und 2Kön 1,17 f). Folgende Übersicht kann die Anordnung des Materials verdeutlichen:

1Kön 16,29–33		Einführung des Königs Ahab (871–852)
1Kön 17,1–6	Elia kündigt Ahab Dürre an; er selbst wird am Bach Krit von Raben mit Fleisch und Brot versorgt	
1Kön 17,7–16	der Bach vertrocknet, Elia geht nach Zarpat in Phönizien; dort wundersame Vermehrung von Mehl und Öl bei einer Witwe	
1Kön 17,17–24	Tod des Sohnes der Witwe und Erweckung durch Elia	
1Kön 18	das Gottesurteil auf dem Karmel: Elia und die Baalspriester; Ende der Dürre	
1Kön 19	Flucht vor Isebel in die Wüste; Elia am Horeb: Theophanie in der Stille	
1Kön 21	Nabots Weinberg mit Gerichtsworten an Ahab und Isebel	
1Kön 22,39f		Schlussformel zu Ahab
1Kön 22,52–54		Einführung des Königs Ahasja (852–851)

2Kön 1	Elia und die Krankheit Ahasjas	
2Kön 1,17f		Einführung Jorams (852 – 851); Schlussformel zu Ahasja
2Kön 2	Einsetzung Elisas zum Nachfolger; Elias Himmelfahrt	anschließend 2Kön 3,1: abermalige Einführung des Königs Joram

Zum Einzelnen: Die Elia-Überlieferungen setzen mit 1Kön 17,1 relativ unvermittelt ein, wenn Elia hier dem König in eigener Autorität eine dreijährige Trockenheitsperiode ankündigt. Mit dieser Einleitung wird ein Spannungsbogen eröffnet, der erst mit der Einsetzung des Regens in 1Kön 18,45 zu einem Abschluss kommt. Der vorliegende Erzählzusammenhang legt es nahe, dieses unvermittelt schroffe Erscheinen Elias mit dem frevlerischen Wandel des Königs Ahab zu begründen, denn tatsächlich wissen wir aus 1Kön 16,31 f, dass Ahab, der mit der sidonischen Prinzessin Isebel verheiratet war, dem Gott Baal diente und sogar einen Altar im Tempel Baals aufgerichtet hat.

Elia, der das ungeheure Wort gesprochen hat, das die Dürre auslöst, wird von Gott verborgen. Er geht auf Befehl Gottes zum Bach Krit, der östlich des Jordans gelegen ist. Dort bekommt er Wasser aus dem Bach, und Raben versorgen ihn auf wundersame Weise mit Brot und Fleisch (1Kön 17,2 – 6). Nachdem allerdings dieser Bach aufgrund des ausbleibenden Regens versiegt, wird er von Gott nach Zarpat zu einer Witwe geschickt, die für seinen Lebensunterhalt aufkommen soll. Auch dort bei der Witwe schützt Gott seinen Propheten und diejenigen, die auf seiner Seite sind. Elia kann nämlich Gottes Wort verkündigen, dass Öl und Mehl solange nicht zur Neige gehen sollen, bis Gott wieder den Regen bringt (1Kön 17,7 – 16).

Noch dramatischer werden die Ereignisse in der sich anschließenden Erzählung, die relativ locker mit dem Kontext verbunden ist. Der Sohn der Witwe stirbt, und Elia gelingt es dadurch, dass er sich dreimal auf das tote Kind legt und JHWH anruft, dieses wieder zum Leben zu erwecken und seiner Mutter zurückzugeben (1Kön 17,17 – 24).

Der Dürre-Zyklus findet seinen Abschluss mit der Geschichte vom Gottesurteil auf dem Karmel in 1Kön 18. Hier nun wird erzählt, dass Elia gegen 450 Baalspropheten antritt, die verzweifelt versuchen, durch ekstatische Praktiken Baal zum Herabsenden des Feuers und damit zur Annahme seines Opfers zu bringen. Der Prophet dagegen spricht nur ein Gebet (V. 36 f), Feuer fällt vom Himmel herab und entzündet den Stier auf dem Altar, den er vorher erbaut hatte. Elia tötet daraufhin die 450 Baalsverehrer (V. 40). Nun wird auch erzählt, dass dieser durch ein Gebet, bei dem er sein Haupt zwischen seine Knie legt, den langersehnten Regen wieder herbeibringen kann (1Kön 18,41–46).

Als Isebel von der Opferprobe auf dem Karmel erfährt, muss Elia fliehen. Zunächst geht es in Richtung Süden, wo er in der Nähe Beershebas in der Wüste in seiner Verzweiflung von einem Engel Zuspruch erhält und mit Nahrung versorgt wird. Von diesem Engel wird Elia dann auch zum Horeb, dem Gottesberg auf dem Sinai, geschickt. Auf die Frage JHWHs, was er mache, kann Elia hier sagen, dass er für ihn geeifert habe, weil Israel seinen Bund verlassen, seine Altäre zerbrochen und seine Propheten mit dem Schwert getötet habe (V. 10; ein wichtiger Satz für die spätere Auslegung). Daraufhin wird Elia eine Gotteserscheinung zuteil, die ihre Besonderheit darin hat, dass sich Gott weder – wie traditionell zu erwarten – in einem der Theophanieelemente Sturm, Erdbeben oder Feuer manifestiert, sondern vielmehr in einem stillen, sanften Säuseln (V. 13) und ihn nun beauftragt, den Aramäer Hasael zum König über Aram und Jehu sowie einen bislang unbedeutenden Feldherrn im Heer des Königs zum König über Israel zu salben. Außerdem soll er Elisa zu seinem Nachfolger einsetzen. Dieses letzte Erzählelement wird aufgenommen, wenn es tatsächlich gleich im Folgenden zur Begegnung zwischen Elia und Elisa kommt. Elisa ist gerade beim Pflügen, und Elia wirft ihm zum Zeichen ihrer künftigen Zusammengehörigkeit seinen Mantel um, worauf Elisa seine Familie verlässt und ihm nachfolgt (1Kön 19,19–21).

Eine ganz eigenständige Erzählung findet sich dann in 1Kön 21 mit der Geschichte von Nabots Weinberg. Nabot weigert sich, einen Weinberg, der in unmittelbarer Nachbarschaft des Königspalastes liegt, an den König zu verkaufen. Um dennoch in den Besitz des Weinbergs zu kommen, lässt Königin Isebel Falschzeugen vor Gericht gegen Nabot aussagen, worauf dieser zum Tode verurteilt und gesteinigt wird. So kommt der König doch an seinen so begehrten Weinberg. Hier erscheint Elia, ganz ähnlich wie die späteren Schriftpropheten, als Anwalt der Gerechtigkeit und der „kleinen Leute“, wenn er Ahab und seiner Frau Isebel wegen dieses Justizmordes das göttliche Strafgericht verkündigt und ihnen den Tod sowie das Ende ihrer Dynastie weissagt. Dies soll sich im Fortgang der Geschichte tatsächlich bewahrheiten: Ahab stirbt in einer Schlacht gegen die Aramäer (1Kön 22,35–40), seine Dynastie findet mit der Machtübernahme des Usurpators Jehu, bei der auch Isebel getötet wird, ihr Ende (2Kön 9,1–10,14).

Das Thema der Auseinandersetzung mit den anderen Göttern wird in 2Kön 1 wieder aufgegriffen. Ahasja, der Nachfolger Ahabs, hat sich bei einem Sturz aus dem Fenster verletzt und fragt nun bei Baal-Sebub, dem Gott von Ekron an, ob er von dieser Krankheit genesen werde. Deshalb und weil sich Ahasja nicht an JHWH in seiner Not gewendet hat, muss Elia ihm den Tod verkünden (2Kön 1,1–8). Als der König im Anschluss daran seine Soldaten zu Elia schickt, lässt dieser hintereinander den Hauptmann mit jeweils 50 Mann durch Feuer verbrennen und verschont erst die dritte Gruppe, als deren Hauptmann um Gnade fleht. Der Abschnitt schließt mit einer Wiederholung des Gerichtswortes an Ahasja, das dann auch gleich in Erfüllung geht (2Kön 1,9–18).

Die berühmteste aller Elia-Erzählungen ist die Geschichte seiner Entrückung. Elia, der weiß, dass sein Ende nahe kommt, zieht mit Elisa durch das Land und kommt schließlich an den Jordan. Trotz seines Wunsches, allein zu bleiben, lässt sich Elisa nicht abbringen, den Propheten zu begleiten (2Kön 2,2.4.6). Das Setting dieser Erzählung ist insofern interessant, da jetzt neben den namentlich genannten Figuren Elia und Elisa auch sog. Prophetenjünger erscheinen (V. 3.5.7.15). Dabei werden Gruppierungen an ganz unterschiedlichen Orten (z. B. Jericho, Gilgal) erwähnt, und man hat den Eindruck, dass die Mitglieder einer Gruppe sogar zusammen wohnen (2Kön 6,1) und kochen (2Kön

4,38) konnten, sich vielleicht zur Belehrung vor ihrem Meister versammelten (2Kön 4,38) und für diesen dann auch Aufträge durchführen konnten (2Kön 9,1.4). Aufgrund der insgesamt recht spärlichen Überlieferung ist es sehr spekulativ, konkretere Aussagen über diese Gruppierungen zu machen. Sie standen aber wohl eher am Rande der Gesellschaft und hatten – wie die Speisewunder zeigen – auch mit konkreten physischen Entbehrungssituationen zu kämpfen.

Als Elia und Elisa das jenseitige Jordanufer erreicht haben, stellt Elia seinem Schüler Elisa einen Wunsch frei, woraufhin ihn dieser um zwei Drittel seines Geistes bittet (2Kön 2,9). Mit dieser Angabe verweist Elisa auf das Erstgeburtsrecht, wonach dem erstgeborenen Sohn der doppelte Anteil am Erbe zusteht (Dtn 21,17), um den väterlichen Besitz zusammenzuhalten. Deutlich wird so, dass Elisa zwar nicht unbescheiden ist, aber dennoch deutlich zum Ausdruck bringt, dass er die Nachfolge Elias antreten möchte. Elia reagiert auf diese Bitte sehr zurückhaltend (2Kön 2,10), wohl weil er weiß, dass es Gott allein zusteht, über seinen Geist zu verfügen (s. hierzu z. B. die Erzählung Num 11,17 f.24 f). Deshalb nennt er Elisa als Zeichen, an dem er erkennen kann, dass sein Wunsch in Erfüllung gehen wird, ob er sieht, wie Elia von ihm genommen wird oder nicht (V. 10). Dann passiert das Entscheidende, wenn nun erzählt wird:

> Während sie weiter gingen und sprachen, siehe – ein Feuerwagen und Feuerpferde; und diese trennten die beiden. Da fuhr Elia im Sturmwind auf zum Himmel (2Kön 2,11).

Die Entrückung Elias trägt Züge einer Gotteserscheinung: Der feurige Streitwagen erinnert an das Motiv von JHWH als Wolkenreiter, der die Blitze zucken lässt (Ps 68,5; Hab 3,8); der Sturmwind (hebräisch: *s^earah*) ist ebenfalls ein typisches Moment der Theophanie, das in Ps 50,3 und Ez 1,4 auch in Verbindung mit Feuer erscheinen kann. Der hier erwähnte Wagen muss – da das Feuer auch sonst die Manifestation göttlicher Gegenwart ist (vgl. Ex 3,2; 13,21; 19,18) – als ein himmlisches Gefährt gedeutet werden, auf dem JHWH wohl selbst anwesend gedacht wird; ganz ähnlich kann auch Ps 104,3 die Wolken mit dem

Wagen JHWHs vergleichen. Die Symbolik dieses Geschehens ist unmissverständlich: Gott selbst erscheint und trennt mit seinem Wagen der himmlischen Streitmacht den Propheten Elia von seinem irdischen Gefährten Elisa, woraufhin er dann im Sturmwind in die Sphäre Gottes erhoben wird.

Elisa darf tatsächlich Augenzeuge der Entrückung seines Meisters werden. Wenn er zudem den Mantel Elias findet und es ihm gelingt, den Jordan damit zu teilen, so wird deutlich, dass er nun in einem ganz besonderen Geistbesitz ist. Die anderen Prophetenjünger, die das Geschehen von ferne beobachtet haben, zeigen, dass sie seine Autorität anerkennen. Allerdings vermuten sie, dass Elia vom Geist Gottes „nur" auf einen entfernten Berg gebracht worden sei. Trotz des Einwandes Elisas lassen sie sich nicht davon abbringen, den verschwundenen Propheten zu suchen, müssen aber nach drei Tagen unverrichteter Dinge zurückkehren (2Kön 2,16–18). Diese Geschichte dient gleich einer doppelten Legitimation: Zum einen belegt sie ausdrücklich die Größe Elias und seine Auszeichnung durch JHWH; zum anderen bestätigt sie aber auch, dass Elisa tatsächlich würdig ist, Elias Nachfolge anzutreten.

2.2 Aspekte und Kontexte der biblischen Überlieferung

Wenn wir in aller Kürze versuchen, die theologischen, literarkritischen und religionshistorischen Komponenten dieser Überlieferung herauszuarbeiten, so ist zunächst festzuhalten, dass der Grundduktus dieser Erzählungen darin liegt, JHWH, den Gott Israels, als Herrn über Leben und Tod darzustellen. Dieses Motiv wird in unterschiedlichen Kontexten durchgespielt, sei es beim Motiv der Dürre bzw. des Regens, beim Speisewunder, bei der Auferweckung des Sohnes der Witwe, bei der Verurteilung Ahasjas oder schließlich als Finale bei der Entrückung Elias, in der das Unfassbare geschieht und ein Mensch in die göttliche Sphäre aufgenommen wird.

In der Karmelepisode sowie in der Erzählung von Ahasjas Erkrankung durch seinen Sturz stehen diese Wundertaten direkt im Kontext einer interreligiösen Auseinandersetzung mit der

Gottheit Baal. Dadurch bekommen die Elia-Erzählungen letztlich einen polemischen und apologetischen Charakter. Dieser Aspekt ist – wenn auch nicht ganz offensichtlich – auch in anderen Erzählungen enthalten. So kann JWHWs Macht über den Regen ebenfalls implizit auf Baal hindeuten, war es doch diese Gottheit, die nach dem Ausweis der Mythen aus Ugarit den Widersacher Mot besiegte und so den fruchtbaren Regen auf das Land herabkommen ließ. Aber auch die Erzählung der Witwe von Zarpat verweist letztlich auf diese Thematik, da der Ort der Handlung in Phönizien, im Kernland des Baal, liegt. Wenn Elia so für die Alleinverehrung JHWHs eintritt, dann ist sein Name sozusagen Programm, denn „*Elijahu*" (1Kön 17–19; 1Kön 21; 2Kön 1–3; 2Kön 9,36; 2Kön 10,10.17; 2Chr 21,12; Sir 48,4) bzw. seltener „*Elija*" (2Kön 1,3 f.8.12; Mal 3,23) bedeutet nichts anderes als „Mein Gott ist JH(WH)."

Nun wäre es aber ein Kurzschluss, von diesen Elia-Geschichten direkt auf die historische Gestalt eines Propheten namens Elia zurückschließen zu wollen. Wir haben es vielmehr bei diesen Erzählungen mit Texten zu tun, die in einem komplizierten, viele Jahrzehnte und Jahrhunderte andauernden Prozess entstanden sind. So ist zunächst festzustellen, dass die Elia-Überlieferungen in der Hebräischen Bibel in einen größeren literarischen Zusammenhang eingebunden sind, der in der alttestamentlichen Wissenschaft traditionell als „Deuteronomistisches Geschichtswerk" bezeichnet wird. Man versteht darunter im Anschluss an Martin Noth (1902–1968) jenen großen Erzählzusammenhang vom Deuteronomium bis zu den Königsbüchern (ohne das Buch Ruth), in dem die Geschichte Israels von der Einwanderung ins verheißene Land bis zur Zerstörung des Jerusalemer Tempels durch die Babylonier im Jahre 587 v. Chr. und die Exilierung der Jerusalemer Oberschicht geschildert wird. Auch wenn man heute die Zusammenhänge differenzierter sieht und vieles auch sehr kontrovers diskutiert wird, so kann man doch ganz allgemein feststellen: Für diese „Schule", die nach dem theologischen Grund für die Einnahme Jerusalems fragte, waren die Elia-Erzählungen insofern interessant, da sich hier ein grundsätzlicher Gegensatz widerspiegelt, der ihrer Meinung nach die gesamte Geschichte Israel durchzieht, nämlich die Spannung zwischen

JHWHs Anspruch auf Alleinverehrung und Israels Neigung, sich anderen Göttern und übernatürlichen Kräften zuzuwenden. Nun ist es nur wenig wahrscheinlich, dass die Elia-Erzählungen zu diesem Zweck erst geschaffen wurden; vielmehr ist anzunehmen, dass die Theologen der deuteronomistischen Schule hier auf älteres Material zurückgegriffen und dieses durch redaktionelle Elemente und einzelne redaktionelle Bearbeitungen mit ihrem Werk verbunden haben.

Diese Elia-Überlieferungen als solche bilden aber sicherlich keine literarische Einheit, sondern sind nun auch ihrerseits wiederum aus kleineren Einheiten in einem langen Zeitraum entstanden. Einen kleinen Einblick in solche Erzählvorgänge und ihren „Sitz im Leben" bietet 2Kön 8,4. Danach fordert der König (vom Kontext her muss es Joram sein) den Diener Elias namens Gehasi auf, dass er ihm doch von den großen Taten seines Meisters erzählen soll. In dieser kleinen Notiz kann man den Prozess der mündlichen Überlieferung mit Händen greifen. Die Prophetenjünger berichteten von ihren wundertätigen Lehrern, und es ist anzunehmen, dass dies nicht nur am Königshof, sondern auch in anderen Kreisen der Gesellschaft Interesse fand, wurden hier doch mit den Speise- und Naturwundern Themen verhandelt, deren existenzielle Bedeutung außer Frage stand. Solche Erzählungen sind keine objektiven Berichte, sondern von Anfang an schon verdichtete Gebilde, bei denen mehrere Einzelüberlieferungen zusammenfließen, Motive übernommen und auch neue Geschichten kreiert werden können. Im Hinblick auf die Elia-Überlieferung fällt zum Beispiel auf, dass die Verbindung zwischen der Dürrekatastrophe, die mit dem Regen endet, und der Opferprobe auf dem Karmel recht locker ist. So wirkt der Übergang von der Tötung der Propheten zu Elias Gebet um Regen letztlich unmotiviert; geradezu verwunderlich ist, woher angesichts der Dürre das Wasser stammen soll, das Elia reichlich auf seinen Altar schüttet. Vor diesem Hintergrund nehmen die meisten Ausleger an, dass hier zwei unterschiedliche Erzählungen ineinander gearbeitet wurden. Auffallend sind zudem die Parallelen zwischen der Elia- und Elisa-Überlieferung, wenn auch diese von einem ganz ähnlichen Speisewunder bzw. von einer Totenauferweckung erzählen kann (s. 2Kön 4,1–7; 8–37).

Da Elia die berühmtere Gestalt ist, kann man davon ausgehen, dass sekundär Material von Elisa auf Elia übertragen wurde.

Wie die Elia-Überlieferung im Einzelnen entstanden ist und in welche Zeit die verschiedenen Texte zu datieren sind, wird in der alttestamentlichen Wissenschaft sehr kontrovers diskutiert und es würde für die hier vorliegende Untersuchung, die ja auf die spätere Elia-Überlieferung in den nachbiblischen Texten abzielt, letztlich auch nichts austragen. Diese kurzen Hinweise auf die literargeschichtliche Komplexität dieser Überlieferungen sollen hier aber deutlich machen, wie schwierig es ist, nach dem historischen Elia und seiner religionsgeschichtlichen Kontextualisierung zurückzufragen. Wie Thomas Overholt in seiner Studie „Cultural Anthropology and the Old Testament" gezeigt hat, enthalten die Elia-Überlieferungen (wie auch die Elisa-Überlieferungen) in religionsphänomenologischer Hinsicht auf jeden Fall Elemente, die an den Schamanismus erinnern. Dies gilt insbesondere für die Art der Heilungen oder auch für Elias Fähigkeit, große Distanzen „durch die Hand des Herrn" zu überwinden (s. hierzu 1Kön 18,46). Der ursprüngliche Elia war wohl eine Art „Regenmacher" und Magier, der seine Kräfte dazu einsetzen konnte, die Überlegenheit JHWHs über die anderen Gottheiten zu demonstrieren. Dadurch geriet er automatisch in Konflikt mit polytheistischen Tendenzen, wie sie nicht zuletzt auch in der Königsfamilie zu finden waren. Ob er – wie man es immer wieder liest – tatsächlich eine prophetische Einzelgestalt war oder ob er nicht doch auch, wie es 2Kön 2 nahe legt, mit Prophetenjüngern in Verbindung stand, muss an dieser Stelle einmal dahingestellt bleiben. Er scheint vom Ostjordanland ins Nordreich gekommen sein und bereits seine auffällige Kleidung zeigt, dass er ein Außenseiter dieser Gesellschaft war. So ist es durchaus vorstellbar, wie dies einmal von dem Schweizer Alttestamentler und Religionswissenschaftler Fritz Stolz vorgeschlagen wurde, in Elia einen Exponenten einer monolatrischen Protestbewegung des 9. Jh. v. Chr. zu sehen, die dann zum Vorläufer des späteren Monotheismus wird.

2.3 Maleachi und die Wiederkehr des Propheten Elia

Außer in den eigentlichen Elia-Geschichten in den Königsbüchern erscheint die Figur Elias auch noch am Ende des Maleachibuches, wenn es hier heißt:

22 Nehmt in acht die Tora des Mose, meines Knechtes,
dem ich befohlen habe
am Horeb über ganz Israel
Satzungen und Rechtsentscheidungen.
23 Siehe, ich sende euch
Elia, den Propheten,
vor dem Kommen des Tages JHWHs,
des großen und furchtbaren,
24 damit er hinwende das Herz von Vätern zu Söhnen
und das Herz von Söhnen zu ihren Vätern,
damit – wenn ich komme – ich nicht schlagen muß
das Land in Bann (zitiert nach Meinhold, Maleachi, 401).

Eine detaillierte historisch-kritische Exegese dieses Abschnitts hat Arndt Meinhold in seinem Kommentar zu Maleachi vorgelegt und wir können uns hier im vorliegenden Rahmen auf die wichtigsten Elemente konzentrieren. In dieser endzeitlichen Heilszusage wird angekündigt, dass Gott einst „zwei aufeinander bezogene eschatologische Akte veranlassen bzw. vollziehen" wird, nämlich die Sendung des Propheten Elias und sein eigenes Kommen. Beide Akte stehen in einem engen Zusammenhang, da die Sendung Elias der Vorbereitung der Erscheinung Gottes dient. Elia nämlich wird Frieden zwischen den Generationen schaffen, so dass das göttliche Gerichtshandeln, das wohl aufgrund des gegenwärtigen Zustands angemessen und deshalb auch zu erwarten wäre, ausbleiben kann. Elias erwartete Wiederkehr steht dabei sicherlich in einem ganz engen Zusammenhang mit der Entrückungsgeschichte in 2Kön 2, da diese ja in gewisser Art und Weise die logische Voraussetzung für seine Wiederkehr bildet. „Weil Elia" – so Arndt Meinhold – „nach seinem irdischen Dasein nicht gestorben und damit nicht nach unten ins Totenreich, sondern mittels Entrückung himmelwärts hinaufgelangt ist, allem Anschein nach in die Welt Gottes [...], steht er dort zur Verfügung und erhält aufgrund göttlicher Sendung eine neue, eschatologische Wirksamkeit auf der Erde" (Meinhold, Maleachi, 420).

Eine weitere Aussagedimension, die letztlich auch für die Figur Elias von großer Bedeutung ist, bekommt diese Aussage durch die Verbindung mit Mal 3,22. Dieser Vers ist wohl noch später als Mal 3,23 angefügt worden und hat die Aufgabe, das Zwölfprophetenbuch im Gesamtkanon mit dem Pentateuch zu verknüpfen. Für die Elia-Figur ist dieser Vers insofern interessant, da man die Aussage seiner Wiederkehr nun mit der Ermahnung, JHWHs Tora zu halten, zusammen lesen muss. Damit wird Elia in gewisser Weise auch zum Wächter über die Tora.

Da bereits Jesus Sirach (s. u.) Mal 3,24 kennt, ist davon auszugehen, dass diese Nachworte spätestens gegen Ende des 3. Jh. v. Chr. entstanden sind und dass ihnen die Aufgabe zukam, die Sammlung des hebräischen Zwölfprophetenbuches abzuschließen. Als Hintergrund können wir die Zeit des zunehmenden hellenistischen Einflusses annehmen, in der die jüdische Gesellschaft ja in sich selbst über ihre Haltung zur griechischen Kultur gespalten war und traditionelle Gruppierungen solchen Kräften gegenüberstanden, die bereit waren, sich diesen fremden Einflüssen zu öffnen (zum Ganzen Meinhold, Maleachi, 417–429). Nun sind Spannungen zwischen den Generationen etwas Zeitloses, aber es sei dennoch an dieser Stelle auf Jub 23,16 verwiesen. In dieser Überlieferung, die in die Mitte des 2. Jh. v. Chr. zu datieren ist und die aus der Zeit des Makkabäeraufstandes stammt, ist die Rede von „dieser Generation", in der „die Kinder ihre Väter und ihre Alten schelten wegen der Sünde und wegen der Ungerechtigkeit und wegen der Rede ihres Mundes und wegen der großen Bosheiten, die sie tun werden, und wegen des Aufgebens der Ordnung, die der Herr zwischen ihnen und sich festgesetzt hat, daß sie bewahrten und täten all sein Gebot und seine Ordnung und seine Satzung, dass sie nicht abwichen nach links und nach rechts" (zitiert nach Berger, Jubiläenbuch, 442 f). Ganz offensichtlich wird hier auf einen Konflikt zwischen den Generationen angespielt.

3. Elia in der frühjüdischen Literatur

Vor diesem Hintergrund können wir uns nun der Septuaginta und anderen apokryphen biblischen Überlieferungen zuwenden. Hier findet sich im Wesentlichen eine Konzentration auf Elias Eifer und seine Entrückung, während die anderen Elemente dieser Tradition keine Rolle zu spielen scheinen.

Der wichtigste Beleg innerhalb der Septuaginta zu Elia findet sich im sogenannten „Lob der Väter", das sich in der Schrift des jüdischen Weisheitslehrers Jesus Sirach findet, der wohl zu Beginn des 2. Jhs. v. Chr. in Jerusalem wirkte. Seine ursprünglich auf Hebräisch verfasste Schrift wurde dann von seinem Enkel im Jahre 132 v. Chr. in der alexandrinischen Diaspora ins Griechische übersetzt. Die Schrift wird der sog. Weisheitsliteratur zugeschrieben, und ihre Aufgabe bestand zunächst darin, angesichts einer zunehmenden Hellenisierung Palästinas grundlegende Aussagen zu einem JHWH-gerechten ethischen Verhalten, zu einer jüdischen Weltsicht und zur Bedeutung der eigenen Geschichte zu machen, um so die Identität des Judentums zu stärken.

Im „Lob der Väter" (Sir 44–50), in dem der jüdische Weisheitslehrer seinen Zeitgenossen ihre berühmten Vorfahren präsentiert, um sie von der Bedeutsamkeit ihrer eigenen Geschichte zu überzeugen, heißt es in der hebräischen Fassung über Elia in Sir 48,1–12:

> 1 Bis daß aufstand ein Prophet wie Feuer,
> und seine Worte waren wie ein brennender Ofen.
>
> 2 Und er zerbrach ihnen den Stab des Brots,
> und durch sein Eifern verringerte er sie (an Zahl).
>
> 3 Durch das Wort Gottes verschloß er den Himmel,
> [und er ließ herabregnen] drei Feuer.
>
> 4 Wie furchtbar warst du, Elia!
> Wer so ist, wie du warst, möge sich rühmen!
>
> 5 Der du auferwecktest einen Verstorbenen vom Tode,
> aus dem Totenreich nach dem Wohlgefallen des Herrn.

6 Der du Könige in die Grube fahren ließest
und Hochgeehrte von ihren Lagern.

7 Es wurden kundgetan am Sinai Weisungen
und am Horeb Urteile zur Vergeltung.

8 Der du salbtest (einen König) voll von Vergeltungstaten,
und einen Propheten ließest du an deiner Stelle nachfolgen.

9 Der du entrückt wurdest im Sturm nach oben
und in Feuerscharen in die Höhe.

10 Der du bestimmt bist, bereit zu sein für die Zeit,
um zur Ruhe zu bringen den Zorn, bevor [er entbrennt],
um sich zuwenden zu lassen das Herz der Väter zu den Söhnen,
und um wiedererstehen zu lassen die St[ämme Israe]ls.

11 Selig ist der, der dich sieht und stirbt,
[wahrlich, er wird ganz gewiß le]ben.

12 [E]l[ia war es, der in einem Sturm verborgen wurde,
und E]l[isa wurde erfüllt mit seinem Geiste] (zitiert nach Sauer, Jesus Sirach, 626–627).

Diese Passage belegt eindeutig die große Bedeutung, die Jesus Sirach Elia zukommen lässt. Denn – so Rainer Albertz – Jesus Sirach widmet Elia mehr Aufmerksamkeit als allen anderen Propheten zusammen, und so belegt diese kurze Zusammenfassung, „welchen Popularitätsschub die Kanonisierung ‚der Propheten', zu denen ja auch die Elia-Erzählungen in den Königsbüchern gehörten, noch einmal für den Propheten Elia hervorrief" (Albertz, Elia, 168 f).

Rainer Albertz zeigt im Folgenden, dass der Begriff des Feuers ein Leitwort innerhalb dieses Abschnittes darstellt. Die Bezeichnung Elias als „Prophet wie Feuer" macht deutlich, dass das Element des Feuers geradezu sein Charakteristikum ist. Die sich anschließende Bezeichnung des Wortes Elias als „brennender Ofen" entstammt einer intertextuellen Verbindung zu Maleachi, der ja den Tag JHWHs als einen „brennenden Ofen" (Mal 3,19) beschreiben kann. Wenn davon die Rede ist, dass Elia dreimal dem Feuer geboten habe, so bezieht sich diese Aussage zum einen auf die Episode am Karmel, wo es dem Propheten gelang, durch seine Anrufung Gottes das Opfer zu entzünden (1Kön 18,38) und zum anderen auf dessen Auseinandersetzung mit den Soldaten Ahabs, bei der er zweimal Feuer vom Himmel regnen ließ (2Kön 1,10.12). Schließlich wird am Ende auch auf die Entrückung Elias Bezug genommen, wenn er hier „in Feuerscharen" in die Höhe gehoben wird (Sir 48,9b; s. 2Kön 2,11). „Das Feuer" – so Rainer Albertz' Fazit – „steht für Elias besondere Gottesnähe, seine Leidenschaft für JHWH (Sir 48,2b) und die Vollmacht, die ihm JHWH verlieh (V. 3.5)" (Albertz, Elia, 170).

Bemerkenswert in dem Kontext ist die Tatsache, dass Elias Entrückung in die himmlische Welt hier nicht – wie im hebräischen Text in 2Kön 2,11 – im Aktiv berichtet wird, sondern dass vielmehr eine passivische Formulierung verwendet wird. Ein ganz ähnliches Phänomen finden wir auch in der griechischen Übersetzung. So fällt auf, dass an dieser Stelle die aktive Form in 2Kön 2,11 „und er stieg in den Himmel" in ein Passiv verwandelt wird, so dass es jetzt heißt „und er wurde emporgenommen". Somit wird sowohl in der Septuaginta als auch bei Jesus Sirach das Handeln Gottes beim Akt der Himmelfahrt, wenn auch in der Form eines Passivum divinum, stärker hervorgehoben als in der hebräischen Vorlage in diesem Vers.

Gerade im Hinblick auf das Motiv der Himmelfahrt ist bemerkenswert, dass sich nun in der griechischen Übersetzung, die der Enkel des Jerusalemer Weisheitslehrers einige Jahrzehnte später in Alexandria verfasst hat, ein bemerkenswerter Unterschied zur hebräischen Vorlage findet. Heißt es nämlich im hebräischen Text, dass Elia „in Feuerscharen" in die Höhe geholt wurde, so weiß die griechische Überlieferung, dass Elia „in einem feurigen Pferdewagen" in die himmlische Welt aufgenommen wurde.

Weitere Motive aus der Elia-Überlieferung, auf die hier rekurriert wird, sind die durch die Dürre herbeigeführte Hungersnot (V. 2; s. 1Kön 17,10–16); der zerstörerische Eifer Elias (V. 2; s. 1Kön 19,10.14; zur Dezimierung Israels 1Kön 19,18); das „Verschließen des Himmel", also die Herbeirufung einer Dürre (V. 3; s. 1Kön 17,1); die Auferweckung des Sohnes der Witwe (V. 5; s. 1Kön 17,17–24); die Todesurteile gegen die Könige (Ahab und Ahasja) (V. 6; s. 1Kön 21,21 und 2Kön 2,16 f); die Verkündigung der Strafbefehle am Sinai (d. h. gegen diejenigen, die

Hasael und Jehu entrinnen) (V. 7; s. 1Kön 19,17.18) und schließlich die Salbung Jehus als einen Menschen voller Vergeltungstaten, der dann ja die Dynastie Omris grausam auslöschte bzw. die Nachfolge Elisas (V. 8; s. 1Kön 19,16).

Der Abschnitt endet mit einem Ausblick auf die Heilszeit, und es ist offensichtlich, dass Sirach hier die Weissagung Maleachis aufgreift, diese aber insofern weiterführt, da er nun nicht nur eine künftige Versöhnung der Familien erwartet, sondern auch eine Wiederherstellung der Stämme Israels, die im Exil weilen. Damit übernimmt Elia Funktionen, wie sie – so R. Albertz – nach Jes 49,6 ursprünglich dem Gottesknecht zukommen. Der restliche Text ist leider im Hebräischen nur schlecht erhalten, und so empfiehlt es sich, einen Blick auf die griechische Übersetzung zu werfen, wo wir folgende Aussagen finden:

> Selig die, die dich sehen und die in Liebe entschlafen sind; auch wir nämlich werden das Leben leben (Übersetzung B.E.).

Hier kommt nun die Auferstehung der Toten in den Blick. Der Makarismus gilt für all diejenigen, die „in Liebe“ gestorben sind, d.h. die für ihre Liebe zu Gott und seinen Geboten ihr Leben dahingegeben haben. Wenn diese einst Elia bei seiner Wiederkunft schauen dürfen (die Übersetzung von LXX.Deutsch mit: „die dich gesehen haben“ für das Partizip macht hier keinen Sinn), so werden sie eben nicht dem künftigen Gericht anheimfallen, sondern können sicher sein, dass sie an der Auferstehung der Toten partizipieren. Damit steht der Schluss dieser Passage somit in einer gewissen Nähe zu Dan 12,2–3, wo ebenfalls eine Auferstehung der Gerechten erwartet wird. Wenn diese auf jeden Fall am Ende der Tage Elia schauen dürfen, so wird er nun – um mit Rainer Albertz zu sprechen – zu einem „eschatologischen Heilsbringer“. Gleichzeitig ist der Autor dieses Abschnittes davon überzeugt, dass auch die „gegenwärtige Gemeinde der Frommen“ an diesem eschatologischen Heilsgeschehen partizipieren wird (Albertz, Elia, 172).

Die eschatologische Wiederkehr Elias scheint auch zu den Vorstellungen der Qumrangemeinde gehört zu haben, die sich als Protest gegen die Entweihung des Hohenpriesteramts aus Jerusalem in die Einsamkeit der judäischen Wüste zurückgezogen hat. Hier heißt es in 4Q541 Frag 9 I, 2–5, einem Text, der aufgrund seiner intertextuellen Anspielungen eindeutig auf Elia verweist:

> 2 [...] seine [We]isheit, und er wirkt Sühne für alle Söhne seiner Generation und wird entsandt zu allen Söhne[n] 3 seines Volkes. Sein Wort ist wie ein Himmelswort und seine Belehrung entspricht Gottes Willen. Als Sonne erleuchtet er seine Welt (/als ewige Sonne) 4 und sein Feuerschein sprüht in allen Enden der Erde und leuchtet auf die Finsternis, dann vergeht die Finsternis 5 [v]on der Erde und Düsternis vom Festland. Viele Worte wird man über ihn sprechen [...] (zitiert nach Maier, Die Qumran-Essener, Bd. 2, 714).

Wenn hier Elia auch nicht ausdrücklich genannt ist, so wird doch durch die Wendung „ewige Sonne" sowie durch die Vorstellung eines Gerichtes durch Feuer diese Gestalt insofern implizit eingeführt, da diese Wendungen eindeutig auf Mal 3,19 f rekurrieren, einem Abschnitt der durch seine Position und durch die Rede vom „Tag" (scil. JHWHs) eindeutig auf Mal 3,22–24 verweist. Nun steht die Wiederkunft Elias geradezu in einem kosmischen und universalen Zusammenhang.

Typisch für diese Charakterisierung Elias ist die „Ambivalenz dieses Propheten", da er einerseits sowohl Tod und Verderben über Israel (im Kontext der Hungersnot) und seine Könige (sowohl bei Ahab als auch bei Ahasja) bringen kann und mit der Salbung Jehus ja indirekt den Tod der gesamten Omridynastie herbeiführt (Sir 48,7–8). Andererseits wird aber auch das segensreiche Wirken des Propheten zur Sprache gebracht, dessen Macht so weit geht, dass er sogar Tote wieder auferstehen lassen kann.

Wichtig für die weitere Traditionsbildung ist die Tatsache, dass Jesus Sirach Elias Eifer (hebr. *qinah*) betont, eine Haltung, die man modern wohl am ehesten mit dem Begriff „Fanatismus" umschreiben kann. Dabei ist aber nachdrücklich festzuhalten, dass der Terminus in dem hier vorliegenden Zusammenhang durchaus positiv verstanden wird. Diese Verbindung zwischen der Elia-Figur mit dem Eifern für JHWH soll dann im Folgenden für die Traditionsbildung noch eine ganz bedeutende Rolle spielen. Wichtig in diesem Kontext ist zunächst eine Überlieferung aus dem 1. Makkabäerbuch, das ungefähr um 100 v. Chr. entstanden ist. Hier findet sich in der Abschiedsrede des Makkabäervaters Mattatias, bei der dieser die wichtigsten Ereignisse der Geschichte seines Volkes rekapituliert, in 1Makk 2,58 eine allgemeine Referenz auf die Eliaepisode, wenn es heißt: „Elia setzte sich voll Eifer für das Gesetz ein und wurde in den Himmel geholt." Mit diesem knappen Satz findet sich hier eine äußerste Reduktion der Elia-Geschichte, die sich auf den Eifer Elias sowie auf seinen Aufstieg in die himmlische Welt konzentriert, und es ist anzunehmen, dass der Autor diese beiden Elemente in einem kausalen Zusammenhang sehen möchte.

Das Motiv des Eifers stellt für die Ideologie des Autors des 1. Makkabäerbuches eine Art Leitwort dar. So tötet Mattatias aus Eifer (griech. *zälos*) seinen Volksgenossen, der einem der Götter Griechenlands opfert (1Makk 2,24), und seine folgende Rede zeigt, dass diese Haltung auch für wichtige Gestalten aus der Geschichte Israels von Bedeutung war. Die entscheidende Vergleichsfigur ist dabei Pinhas, jener Nachkomme Aarons aus dem Stamme Levi, der beim Zug Israels durch die Wüste einen Israeliten, der sich mit einer Moabiterin eingelassen hatte, in flagranti niedergestochen hat und der daher von Gott den Bund des Friedens und das ewige Priestertum zugesprochen bekam (s. 1Makk 2,26; Num 25,1–13). Ein solch eifernder, zum Waffengebrauch und zur Gewalt bereiter Einsatz für das Gesetz soll auch die Haltung sein, die Mattatias seinen Söhnen als Ideal für ihren Kampf für das Gesetz und gegen die Seleukidenherrschaft vor Augen stellt (1Makk 2,27.50).

Was hier im 1. Makkabäerbuch anklingt, nämlich die Verbindung zwischen Elia und Pinhas, findet dann in der späteren Literatur seine Entfaltung. So erzählt der Liber Antiquitatum Biblicarum, der wohl in den Jahren nach der Zerstörung des Jerusalemer Tempels entstanden ist: Als Pinhas sterben soll, wird er von Gott auf einen Berg in Danaben, einem nicht näher zu identifizierenden Ort, geschickt. Dort wird er auf Gottes Auftrag hin von Adlern ernährt. Er soll den Himmel verschließen und wieder öffnen und schließlich an einen Ort erhöht werden, „wohin seine Vorfahren erhöht worden sind" (zitiert nach Dietzfelbinger, Liber Antiquitatum Biblicarum, 231). Die Beschreibung Pinhas' verweist hier eindeutig auf die Elia-Erzählung, so dass die Identifikation mit Elia bereits implizit vorausgesetzt zu sein scheint.

4. Elia in der rabbinischen Tradition

Vor diesem Hintergrund können wir uns nun der sog. rabbinischen Literatur zuwenden, die in den Jahrhunderten nach der Zerstörung des Jerusalemer Tempels im Jahre 70 n.Chr. sowie nach dem Bar-Kochba-Aufstand sowohl im Land Israel als auch im babylonischen Exil entstand. In dieser Literatur spiegelt sich ein religionsgeschichtlich hochinteressanter Prozess, der sich im antiken Judentum mit der Zerstörung des Heiligtums verbindet. Nachdem für das Judentum jahrhundertelang dem Tempelgottesdienst mit seinen Opfern und den Priestern als „Funktionären" dieses Gottesdienstes eine zentrale Bedeutung zukam, stand es nun ohne funktionierenden Opferkult vor der Aufgabe, sein religiöses Symbolsystem neu zu strukturieren. Eine bedeutende Rolle im Kontext dieses Prozesses spielt die Gruppe der Rabbinen, die nun als Spezialisten der Schriftauslegung und des Religionsgesetzes im Laufe der Jahrzehnte zur neuen religiösen Führungsschicht avancieren. Sie wiederum knüpfen an ältere Traditionen religiöser Schriftgelehrtheit und Torafrömmigkeit an, wie wir sie bereits in der Zeit vor der Zerstörung des Tempels in den letzten vorchristlichen Jahrhunderten in den Kreisen von Schreibern und Pharisäern greifen können.

An die Stelle des Opferkultes, der Sühne für das Volk erwirkte und so eine geradezu lebensschaffende und lebenserhaltende Funktion hatte, treten nun das Studium der Tora und die Taten der Nächstenliebe. Das Studium der Opfervorschriften und der Tempelordnungen kann das eigentliche Opfer ersetzen; die theoretische und praktische Beschäftigung mit der Lehre wird so zum eigentlichen Fundament der Religion. Zu den zentralen theologischen Themen, die das Judentum in den Jahrhunderten nach der Zerstörung des Jerusalemer Tempels und dem Bar-Kochba-Aufstand beschäftigten, gehörte neben der Suche nach der Schuld für die durch die Römerherrschaft erfahrene Katastrophe und die Fremdherrschaft auch die Frage nach dem Ende der Unterdrückung und nach dem Anbruch der Gottesherrschaft. Wegen der beiden letztlich gescheiterten Versuche im Jüdischen Krieg und im Bar-Kochba-Aufstand, mit Waffengewalt gegen die römische Herrschaft vorzugehen, war man gegenüber allen Tendenzen, die politische und damit auch religiöse Wendung durch politischen Aktivismus und religiösen Eifer herbeizuführen, extrem zurückhaltend geworden. Stattdessen betonten die Rabbinen die Bedeutung des Torastudiums und des ethisch integren Handelns.

Die rabbinische Literatur, wie wir sie heute vor uns haben, ist keine Autorenliteratur, sondern eine Sammelliteratur, in der zahlreiche Einzelüberlieferungen in einem Jahrhunderte langen, im Einzelnen nicht mehr nachvollziehbaren Prozess zu größeren Literaturwerken zusammengestellt wurden. Inhaltlich unterscheidet man zwischen Halakha, d.h. gesetzlich-rechtlichen Überlieferungen, und der Aggada, die narrative Elemente enthält. Die wesentlichen Literaturwerke dieses Überlieferungscorpus sind die Mischna, der Jerusalemer und der Babylonische Talmud, die Midraschliteratur und die Targume.

Unter den zahlreichen Werken, die zu dieser Literatur gezählt werden, ist zunächst die Mischna zu nennen. Mit dem Begriff „Mischna" (hebr. Lehre; vgl. *šanah* – wiederholen, lernen) bezeichnet man die erste autoritative Gesetzessammlung des nachbiblischen Judentums, die die biblischen Gesetze ausdeutet, erweitert und aktualisiert; sie kann aber auch neue gesetzliche Bestimmungen formulieren und gibt dazu noch einen Einblick in die Diskussion der rabbinischen Gelehrten. Vermutlich lag diese in ihrer heutigen Gestalt um 200 n. Chr. vor. Nach dem Schreiben des Gaon Scherira, einem Gelehrten, der im 10. Jh. in Babylonien wirkte, war es der Patriarch Jehuda ha-Nasi, der die Mischna redigiert hat, indem er das damals existierende Gesetzesmaterial geordnet und zusammengestellt hat. Tatsächlich erstreckt sich der Entstehungsprozess der Mischna über mehrere Generationen; der Traditionsstoff wurde zunächst mündlich überliefert und erst später schriftlich aufgezeichnet. Da die einzelnen Ausführungen in der Mischna zum Teil sehr knapp sind und neue Fragen des Verständnisses aufwerfen bzw. einfach auch im Laufe der Zeit der Aktualisierung bedurften, bildet die Mischna wiederum die Grundlage für neue Diskussionen und Auslegungen der Rabbinen. Diese Überlieferungen wurden ebenso gesammelt wie Jahrhunderte zuvor die Traditionen der Mischna und es entstand – gleichsam als Auslegung der Mischna – der Jerusalemer und der Babylonische Talmud. Die Tatsache, dass es zwei verschiedene Talmude gibt, erklärt sich dadurch, dass das rabbinische Judentum in der Spätantike zwei kulturelle Zentren besaß: eines im Land Israel selbst und das andere in der babylonischen Diaspora. Diese geht bereits auf das 6. Jh. v. Chr. und die Exilierung durch die Babylonier nach der Zerstörung des Salomonischen Tempels zurück. Nach den katastrophalen politischen Ereignissen der ersten beiden nachchristlichen Jahrhunderte hatte die babylonische Diaspora aber – u. a. durch den Zuzug von Flüchtlingen – zunehmend an Bedeutung gewonnen, und es entwickelten sich dort herausragende Stätten der Schriftgelehrsamkeit und -auslegung. Im späten Mittelalter waren diese Zentren weitaus bedeutender als die rabbinischen Schulen im Land Israel und standen, wie die sog. Responsenliteratur belegt, in einem regen Austausch mit der jüdischen Welt, der weit über Babylonien hinausgehen konnte.

Im Land Israel wurden die verschiedenen Traditionen aber nicht nur im Jerusalemer Talmud gesammelt, vielmehr entstand im Laufe der Jahrhunderte auch die sog. Midraschliteratur. Bei der Textgruppe der Midraschim handelt es sich um Sammelwerke, die Einzelauslegungen zu biblischen Versen zusammenstellen. Zu den wichtigsten Midraschim gehört u. a. die Mekhilta de Rabbi Jischmael, die die gesetzlichen Passagen des Exodusbuches auslegt. Das umfangreichste Midraschwerk ist der sog. Midrasch Rabba zu den Büchern des Pentateuch sowie die Auslegungen zu den sog. Schriftrollen, d. h. zu den Büchern Ruth, Ester, Hoheslied, Klagelieder und Kohelet. Aber auch weitere Midraschim, die ihren Ursprung z. T. in Predigten der Synagoge haben, wie Pesiqta de Rav Kahana oder Pesiqta Rabbati sind hier zu nennen. Wichtig für unsere Zusammenhänge ist aber auch die Mekhilta de R. Jischmael, Midrasch Tehillim oder Pirqe de Rabbi Eliezer.

Die komplexen Datierungsfragen können hier nicht im Einzelnen erörtert werden. Man geht in der Regel davon aus, dass der Jerusalemer Talmud um ca. 500 n. Chr. abgeschlossen wurde, der Babylonische Talmud etwas später im 6. Jh. n. Chr. Die ältesten Midraschim, so die Mekhilta de Rabbi Jischmael, gehörten wohl schon in das 3. Jh.; die Mehrzahl der Midraschim ist aber viel später zu datieren, und es ist zu beachten, dass wir es hier mit einer Traditionsbildung zu tun haben, die sich bis in das Mittelalter hinein erstreckt. Zu den späteren Überlieferungen gehört auch der Midrasch zu den Psalmen oder Pirqe de Rabbi Eliezer. Gerade im letztgenannten Text findet auch ein Übergang zur sog. „rewritten Bible" statt, da nun die biblischen Erzählungen ein Stückweit auch nacherzählt werden können. Da Elia in der rabbinischen Literatur, wie wir unten noch sehen werden, als Toralehrer stilisiert werden kann, werden ihm auch die Midraschim Seder Eliyahu Rabba und Seder Eliyahu Zutta zugeschrieben. Diese sind wohl erst nachtalmudisch entstanden und enthalten auch einzelne Erzählungen zu Elia.

Grundsätzlich unterscheidet man zwischen der tannaitischen Zeit (bis ca. um 200 n. Chr.) und der amoräischen Zeit (bis ca. 500 n. Chr.), so dass man von tannaitischen und amoräischen Überlieferungen sprechen kann. Diese Aussagen zur Datierung der Texte schließen aber nicht aus, dass Einzelauslegungen innerhalb dieser Sammlungen viel älter sind; allerdings ist es im Einzelnen schwierig, die Überlieferungen exakt zu datieren.

Schließlich ist bei einem Blick auf die rabbinische Literatur auch auf die sog. Targume zu verweisen. Die Targume sind Übersetzungen der Hebräischen Bibel ins Aramäische, die zahlreiche Ausgestaltungen des biblischen Stoffes enthalten können. Sie entstanden in den ersten nachchristlichen Jahrhunderten wohl vor dem Hintergrund der Tatsache, dass das Hebräische eigentlich schon seit den letzten vorchristlichen Jahrhunderten als Umgangssprache immer mehr zugunsten des Aramäischen zurückgedrängt wurde. Im Zusammenhang mit dem Synagogengottesdienst ergab sich so die Notwendigkeit, die biblischen Texte in einer Fassung zu präsentieren, die allgemein verständlich war.

Insgesamt lässt sich feststellen, dass das rabbinische Judentum bis in die Zeit des Mittelalters hinein einen reichen Schatz von

Auslegungen hervorgebracht hat, der sowohl gesetzliche Überlieferungen als auch viele narrative Elemente und Geschichten enthält. Zu beachten ist beim Umgang mit dieser Literatur, dass hier bei der narrativen Darbietung der Stoffe weitgehend auf Systematisierungen verzichtet wird und manchmal verschiedene, teilweise auch widersprüchliche Konzepte nebeneinander stehen können. Dabei formuliert jedes seinen eigenen Wahrheitsanspruch im Hinblick auf eine ganz bestimmte Situation und Diskussionslage.

Wenn wir vor diesem Hintergrund einen Blick auf die rabbinischen Überlieferungen zu Elia werfen, so ist zunächst einmal darauf hinzuweisen, dass diese von unterschiedlicher Art sind. Denn wir haben es auf der einen Seite mit Texten zu tun, die sich direkt auf die biblischen Elia-Erzählungen beziehen und diese auf ihre Art und Weise ausdeuten und akzentuieren; auf der anderen Seite kennt die rabbinische Überlieferung aber auch eine Vielzahl von eigenständigen Elia-Traditionen, meist narrativer Art, die nur mittelbar an die biblische Überlieferung anknüpfen und so ganz neue Aspekte der Elia-Figur vermitteln.

4.1 Diskussionen um die biblischen Elia-Erzählungen

Zunächst zum Blick der Rabbinen auf die biblischen Erzählungen: Da es im Gegensatz zu den erzählenden Passagen im Pentateuch und in den Schriftrollen – hier vor allem zu Ruth und Ester – in den traditionellen Midraschim keinen fortlaufenden Auslegungsmidrasch zu Elia gibt, muss man auf zahlreiche Einzelüberlieferungen zurückgreifen, um den Blick der Rabbinen auf die Eliagestalt zu rekonstruieren. Dabei ist allerdings festzuhalten, dass die einzelnen Auslegungen nicht generell zu einem homogenen Eliabild zusammengefügt werden sollten, da sie z. T. ganz unterschiedlichen Werken und Zeiten entstammen; es ist gleichsam ein ideales Konstrukt der rabbinischen Elia-Figur, die so vor unseren Augen entsteht. Dass es nicht das eine, einheitliche Elia-Bild in der rabbinischen Literatur gibt, wird allein schon daran deutlich, dass die Rabbinen in bestimmten Punkten auch in ihren Vorstellungen über die Figur Elias differieren. Wie aber deutlich wird, lassen sich dennoch bestimmte Grundtendenzen und – zumindest in groben Zügen – auch Entwicklungslinien deutlich machen.

Wie Aharon Wiener, auf dessen Zusammenstellung des Materials ich mich hier beziehen möchte, festgestellt hat, kulminiert ein erster Interessenschwerpunkt dabei in der Frage nach der Herkunft Elias. Dieses Thema wurde insbesondere dadurch angestoßen, dass die biblische Überlieferung weder den Namen seines Vaters nennt noch auf die Stammeszugehörigkeit Elias verweist. Gerade dieses letzte Thema spielt daher in den Diskussionen der Rabbinen eine wichtige Rolle. Seine Zugehörigkeit zum Stamme Gad legt sich insofern nahe, dass Gilead, sein Herkunftsort, sich im Stammesgebiet Gads befindet. „Gad", was wörtlich auch „Glück" bedeuten kann, ist insofern auf Elia zu beziehen, als mit ihm das Glück der Welt gekommen sei, da er die Festungen der Heiden unterwerfen würde (hebr. *gadad*) (Midrasch Bereshit Rabba 71,9; s.a. Midrasch Bereshit Rabba 99,11).

Für eine Abkunft aus Benjamin spricht wiederum, dass in der Chronologie Benjamins in 1Chr 8,27 eine Gestalt namens Elia genannt wird. Der Disput, dessen Einzelargumentation an dieser Stelle nicht im Detail wiedergegeben werden kann, endet auf jeden Fall damit, dass Elia persönlich erscheint und sich als Nachkomme Rachels und damit Benjamins vorstellt (Midrasch Bereshit Rabba 71,9; vgl. auch Midrasch Shemot Rabba 71,4 mit einem Kompromiss zwischen Benjamin und Jerusalem bzw. Juda; s.a. Seder Eliyahu Zutta 199).

Nach einer dritten Meinung schließlich war Elia dem Stamme Levi zugehörig, denn im Midrasch Tehillim zu Ps 43,1 wird Gott darum gebeten, Elia als den Erretter aus dem Hause Aarons zu schicken. Eine solche Meinung vertritt auch der Midrasch Pesiqta Rabbati 4,2, wobei allerdings die vielen Parallelen zwischen Elia und Mose hier den argumentativen Ausschlag geben.

Ein weiterer Zug, der die Rabbinen zu einer Nacherzählung der Geschichte angeregt hat, ist die Tatsache, dass diese Gestalt in der biblischen Erzählung ganz unverhofft auftaucht. Hier nun greift die Auslegung ein häufig in der Midraschliteratur verwendetes Interpretationsmuster auf, das zwei aufeinanderfolgende Bibelverse kausal aufeinander bezieht. So wird zunächst in

1Kön 16,34 erzählt, dass Hiel aus Bet-El die Mauern Jerichos wieder aufgebaut habe. Der Tod seiner beiden Söhne Abiram und Segub bei der Grundsteinlegung bzw. beim Bau der Tore wurde dabei als Erfüllung der Prophezeiung von Jos 6,26 aufgefasst und als Fluch für den Versuch, Jericho wieder aufzubauen. Der folgende Vers, der für uns durch den Beginn eines neuen Kapitels weit davon entfernt zu sein scheint, erzählt dann von Elia und seiner Ankündigung der Dürre. Aus dieser Abfolge macht der Midrasch folgende Konstruktion: Ahab war ein enger Freund Hiels und so ging er zusammen mit Elia in dessen Haus, um sich nach dem Tod seiner beiden Söhne nach dessen Befinden zu erkundigen. Ahab räsonierte dabei darüber, warum sich der Fluch Josuas, wonach derjenige, der Jericho (bzw. eine andere Stadt dieses Namens) aufbaut, erfüllt habe, wohingegen Moses Fluch, wonach die Anbetung anderer Götter zu einer Trockenheit führt, nicht in Erfüllung ginge (s. Dtn 11,16). Daraufhin reagierte Elia prompt mit seiner Ankündigung, dass es in den nächsten Jahren weder Regen noch Tau geben werde. Nach seinem Gebet gab ihm Gott den Schlüssel des Regens, den er dann auch einsetzte (Babylonischer Talmud Sanhedrin 113a; vgl. eine ganz ähnliche Überlieferung in Talmud Yerushalmi Sanhedrin 10,2 [28b]).

In dem Predigtmidrasch Pesiqta Rabbati 44,3 finden wir auch eine Diskussion darüber, ob Elia sich mit seiner Ankündigung der Dürre als unbarmherzig zeigte. Dem aber wird explizit widersprochen: Elia habe aus Liebe gehandelt, um die Israeliten vor größerem Schaden – das meint hier wohl die Strafe im Endgericht – zu bewahren.

Elias Versorgung am Bach Krit wird in der Aggada in einen komplexen heilsgeschichtlichen Rahmen gestellt, wenn im Namen von R. Berekhja im Namen R. Abba erzählt wird, dass die Raben, die Elia versorgten, bereits zu Zeiten der Flut auserwählt wurden. Noah habe den Raben auf Befehl Gottes ausgeschickt (s. Gen 8,7), weil dieser ihm mitgeteilt hatte, dass die Welt eines Tages der Raben bedürfe – dann nämlich, wenn ein Gerechter „die Welt austrocknen" und Gott ihm die Raben senden würde. Zur Untermauerung dieser Aussage zitiert der Midrasch 1Kön 17,6 und macht so deutlich, dass hier kein anderer als Elia gemeint sein kann. Dieser wunderhaften Erklärung kann aber auch widersprochen werden, wenn R. Juda behauptet, dass der Begriff „^{c}*or*^{e}*bim*“, die Pluralform des Wortes „^{c}*oreb* – Rabe“ hier im Sinne von „die Bewohner der Stadt Arbo“ aufgefasst werden müsse. Die Diskussion schließt mit einem Diktum R. Nechemjas, der nochmals wiederholt, dass es sich bei der Versorgung Elias tatsächlich um Raben handelte (Midrasch Bereshit Rabba 33,5; vgl. eine ähnliche Diskussion im Babylonischen Talmud Chullin 5a).

Über die Herkunft der Speise, welche die Raben Elia brachten, sind die Rabbinen allerdings geteilter Meinung. Die Geschichte von Ahab und Elia im Babylonischen Talmud Sanhedrin 113a fügt hier ein Diktum R. Judas im Namen Rabs an, wonach die Nahrung Elias aus der Schlachterei Ahabs stammte (s.a. Babylonischer Talmud Chullin 5a). Midrasch Bereshit Rabba 33,5 betont dagegen, dass das Essen von König Josafat kam. Man ist zunächst etwas überrascht, warum hier der König des Südreichs, der mehr oder weniger ein Zeitgenosse des Königs Ahab war, ins Spiel gebracht wird. Dies klärt aber eine Parallele dieser Tradition in Bemidbar Rabba 73,9: Die Raben mussten deshalb das Brot von Josafat holen, weil das Haus des Königs Ahab wegen des dort stattfindenden Götzendienstes geradezu stigmatisiert war. Die Geschichte wird im vorliegenden Kontext als eine Art Exempel überliefert, das zeigt, wo und wie man von den Tieren etwas lernen kann.

Im Hinblick auf Elias Besuch bei der Witwe von Zarpat erzählt der Babylonische Talmud Sanhedrin 113a, dass Elia bei seinem Gebet um die Schlüssel der Totenauferstehung von Gott zunächst die Antwort bekommen habe, dass nicht die Mehrzahl der drei Schlüssel einer einzigen Person anvertraut werden könnte, nämlich der Schlüssel der Geburt, des Regens und der Totenauferstehung. „Soll“, so fährt Gott in seiner Rede an Elia fort, „gesagt werden, dass zwei Schlüssel in der Hand des Schülers sind und nur ein Schlüssel in der Hand des Meisters?“ Dass Elia dem hier implizit formulierten Wunsch, den Schlüssel des Regens zurückzugeben, entsprochen hat, leitet die Auslegung dann aus 1Kön 18,1 ab, wo Gott sagt: „und *ich* will Regen auf die Erde senden“. Während in 1Kön 17,1 ja Elia in der ersten Person spricht und die Dürre ankündigt, ist es nun Gott selbst, der dieser ein Ende bereitet. Damit wird in gewisser Weise die Wunderkraft Elias eingeschränkt. Für Pirqe de Rabbi Eliezer wird die Auferweckung des Sohnes bei der Witwe von Zarpat zum Exempel dafür, dass gute Taten (so die Aufnahme Elias in ihrem Haus) von Gott belohnt werden. Wie in dem älteren Midrasch BerR 50,11 kann aber auch hier noch erzählt werden, dass die Witwe Elia Vorwürfe macht, weil sie ihm unterstellt, durch seinen Aufenthalt in ihrem Haus ihren guten Ruf gefährdet zu haben. Elia aber betet zu Gott, dass er den Sohn trotz dieser Angriffe auf ihn zum Leben zurück bringen solle, um damit allen folgenden Generationen zu zeigen, dass es tatsächlich eine Wiederbelebung der Toten gibt (PRE 33).

Im Hinblick auf die Begebenheit auf dem Karmel weiß Midrasch Bemidbar Rabba 23,9 um die Hintergründe für die Wahl der Opfertiere, die bei der dortigen Opferprobe dargebracht werden sollten. Danach habe Elia veranlasst, dass zwei Stiere ausgesucht wurden, die sich in allem glichen, d. h. von derselben Mutter abstammten und im selben Stall aufgezogen worden waren. Dann sollte ausgelost werden, welcher Stier für JHWH und welcher für Baal bestimmt sei. Der für JHWH ausgesuchte Stier folgte Elia gleich willig zum Altar, während das Baal zugedachte Tier sich zunächst überhaupt nicht bewegen wollte. Auf die Aufforderung Elias hin, doch den Baalspropheten zu folgen, habe der Stier erwidert: „Mein Kamerad und ich, wir kommen beide aus demselben Mutterleib, von derselben Kuh und sind im selben Stall aufgewachsen; er aber ist dem Los des Allmächtigen zugefallen und dem Namen des Heiligen, er sei gepriesen, wohingegen ich dem Los Baals zugefallen bin und nun meinen Schöpfer herausfordern muss." Daraufhin habe Elia entgegnet, dass sich der Stier nicht fürchten, sondern mit den Baalspriestern gehen solle, damit diese keine Ausrede für ihr zu erwartendes Versagen hätten. Denn so wie der Name des Heiligen, gepriesen sei er, durch seinen Stier geheiligt werde, so werde dieser auch durch ihn geheiligt werden.

Die Rabbinen haben sich zudem auch Gedanken darüber gemacht, warum Elia auf dem Karmel sein Opfer darbringen und damit das Zentralisationsgebot umgehen konnte. Elia habe das nur deshalb getan, weil Gott ihm dies ausdrücklich erlaubt habe (so u.a. Midrasch Wayyiqra Rabba 22,9; Bemidbar Rabba 14,1; Kohelet Rabba 3,14,1; Pesiqta Rabbati 24,3). Elias Gebet auf dem Karmel, bei dem er sein Gesicht zwischen seinen Knien hielt (1Kön 18,42), wurde deshalb erhört, weil er durch diese Geste darauf aufmerksam gemacht hatte, dass er selbst keine Verdienste habe, aber auf die Beschneidung und das Verdienst der Patriarchen verweisen konnte (Midrasch Wayyiqra Rabba 31,4; s.a. Bemidbar Rabba 44,1; Shir ha-Shirim Rabba 7,6,1; ferner Kohelet Rabba 11,1,1 und Pesiqta Rabbati 52,4). Der Sinn dieser Erzählung liegt sicherlich darin, den Fokus von der Wunderkraft Elias wegzulenken und das Motiv der Gnade Gottes durch das Verdienst der Erzväter stärker zu machen.

Bezeichnend für die rabbinische Sicht auf die Episode am Horeb ist es nun, dass sich die Ausleger hier durchaus kritisch zu Elias Eifer äußern. Die Aussage in 1Kön 19,10 bzw. 19,14, wonach Elia gesagt habe, dass er für den Herrn geeifert habe, da die Kinder Israel den Bund vergessen hätten, wird in Midrasch Shir ha-Shirim Rabba 1,6 zum Aufhänger für ein Gespräch zwischen Gott und Elia.

> [Elijahu setzt hier ein: Ich eiferte mit vollem Eifer für JHWH, den Gott der Heerscharen], „denn die Kinder Israel haben deinen Bund verlassen“ (1Kön 19,14). Da sagte Gott zu ihm: Ist das mein Bund oder dein Bund? Er (Elijahu) sagte dann: „Sie haben deine Altäre nieder geworfen“ (ibid.) – Da sagte Gott zu ihm: Sind das meine oder deine Altäre? Da entgegnete Elijahu: „Und sie haben deine Propheten mit dem Schwert getötet“ (ibid). Da sagte Gott zu ihm: Das sind meine Propheten, was geht das dich überhaupt an? Da sagt er: „Ich bin alleine übriggeblieben, sie trachten danach, mein Leben von mir zu nehmen …“

Erst als Elia hier Gott klarmachen kann, dass er mit seiner eigenen Existenz in die Ereignisse verwickelt ist, scheint dieser mit seiner Kritik einzuhalten. Dennoch artikuliert sich hier eine deutliche Reserviertheit gegenüber Elias Handeln. Kritische Stimmen zu Elia finden sich aber auch in anderen Auslegungen. Nach der Mekhilta de R. Jischmael Abschnitt Pischa I (zu Ex 12,1) war Elia ein Prophet, der zwar – so die Auslegung zu 1Kön

19,10.14) – auf die Ehre Gottes achtete, aber die Ehre Israels aus den Augen verloren hat.

Selbstverständlich richten die Rabbinen ihr Interesse auch auf die Entrückung Elias. Eine Auslegung im Talmud Yerushalmi Berakhot 5,1 (8d) deutet 2Kön 2,11 und referiert unterschiedliche Meinungen der Rabbinen über den Gegenstand des Gesprächs Elias und seines Schülers Elisa. Verschiedene Rabbinen äußern hier unterschiedliche Meinungen: So hätten die beiden entweder über die Tora im Allgemeinen, über das Rezitieren des Gebets „Höre Israel", über die Schöpfung, über die „Tröstungen Jerusalems", also die künftige Erbauung der Stadt in Glanz und Herrlichkeit (s. Jes 40,2) oder aber über die Thronwagenvision des Propheten Ezechiel (s. Ez 1,4ff) gesprochen (s.a. die Überlieferung in Eliyahu Rabba 23).

Durch den Hinweis auf die Beschäftigung mit der Tora und anderen Themen der Schrift wird hier ein Eliabild entworfen, das den Propheten als rabbinischen Gelehrten zeichnet. Dabei ist aber zu beachten, dass dieses konstruierte Image insofern einen besonderen Akzent erhält, da die genannten Themen in gewisser Art und Weise Symbolcharakter haben. Denn sowohl die Beschäftigung mit der Schöpfung, im Fachterminus „Ma'ase Bereshit" genannt, als auch die Beschäftiung mit der Merkaba, d.h. Gottes himmlischem Thronwagen, dessen Erscheinung der Prophet Ezechiel bei seiner Vision am Flusse Kebar gesehen hat (genannt: Ma'ase Merkaba; s. Ez 1,4ff) stellen nach rabbinischem Verständnis Arkandisziplinen dar, die nur unter besonderen Umständen in einem direkten Lehrer-Schüler-Verhältnis weitergegeben werden dürfen (s. hierzu die Ausführungen in Mischna Hagiga 2,1). Wenn mit den „Tröstungen Jerusalems" auf die Zeit der eschatologischen Erlösung Israels verwiesen wird, so kommt deutlich zum Ausdruck, dass Elia wie auch sein Schüler Elisa sowohl mit den Geheimnissen der himmlischen Welt als auch denen der Geschichte im weitesten Sinne bestens vertraut sind. Somit werden diese nicht nur als „gewöhnliche" Rabbinen dargestellt, sondern vielmehr als solche, die einen besonderen Status haben.

Elia, so erzählt der Midrasch dann auf jeden Fall, wird von Gott hinweggenommen, denn dieser hat ihn – da Wirbelwind und

Sturm das Pferd Gottes sind (s. Nah 1,3) – auf seinem Pferd reiten lassen (Midrasch Bemidbar Rabba 14,3). Diese Entrückung Elias bedeutet freilich eine Art Segensverlust für die Welt, denn an dem Tag, an dem Elia die irdische Welt verließ, da erstand ein König in Edom (Midrasch Shir ha-Shirim Rabba 1,6,4). Diese Aussage hat insofern Symbolcharakter, da für die rabbinische Vorstellungswelt der Name „Edom" gleichsam die Chiffre für eine jede Fremdmacht darstellt, die Israel unterdrückt. Durch diese Verbindung zwischen der Abwesenheit Elias und dem Entstehen einer neuen Bedrohung kommt Elias segensreiche Existenz besonders deutlich zum Ausdruck. Sie kann aber auch als eine Art Negativfolie der Verbindung zwischen Elia und der Ankunft des Messias und dem Beginn der Heilszeit gesehen werden.

Im Hinblick auf die Vorstellung einer Entrückung Elias in die himmlische Welt artikulieren einzelne Midraschim eine durchaus kritische Sicht. So fügt z. B. der Targum zum 2Kön 2,1 und 2,11 vor der Angaben „in den Himmel" die kurze Wendung „als ob" ein und bringt damit zum Ausdruck, dass hier nur metaphorisch von Elias Himmelfahrt gesprochen werde. Deutlicher äußert sich Mekhilta de R. Jischmael im Traktat Bachodesh 4 zu Ex 19,18, wenn gesagt werden kann, dass „weder Mose noch Elija jemals in die Himmel hinaufgestiegen noch die Herrlichkeit jemals zur Erde herabgekommen" sei (s.a. Babylonischer Talmud Sukka 5a). Dies scheint aber nicht dem Hauptstrom der rabbinischen Überlieferung zu entsprechen: Wenn Elias Entrückung als solche auch in der rabbinischen Literatur an keiner Stelle detaillierter geschildert wird als dies bereits in der biblischen Überlieferung der Fall ist, so zeigen aber doch zahlreiche Belege, dass diese unhinterfragt vorausgesetzt wird. Denn nur so lassen sich die vielen Aussagen zu einer überzeitlichen Existenz Elias verstehen (Babylonischer Talmud Mo^ced Qatan 26a; Babylonischer Talmud Bava Batra 121b; Midrasch Bereshit Rabba 21,5; 25,1; Wayyiqra Rabba 27,4; Pesiqta de Rav Kahana 9,4; s.a. Pesiqta de Rav Kahana 1,4; Pesiqta Rabbati 48,2).

4.2 Neue Interessen an der Figur des Elia

Damit kommen wir zum zweiten großen Teil der rabbinischen Überlieferungen zu Elia. Auf der Basis des Motivs von Elias Entrückung und der Prophezeiung in Mal 3,23 kann nun auch – relativ losgelöst von der konkreten biblischen Elia-Tradition – von Elias gegenwärtigem Wirken und seiner künftigen Wiederkehr berichtet werden. In diesem Zusammenhang finden wir nun viele neue Elia-Erzählungen, die z.T. auch bislang unbekannte und unerwartete Handlungszusammenhänge konstruieren.

Dieser Überlieferungsstrom setzt bereits mit der Mischna und einigen früheren Midraschim ein. Das Gros der Überlieferungen entstammt aber freilich erst den Überlieferungen aus dem Midrasch Rabba, den homiletischen Midraschim sowie den beiden Talmuden. Dabei ist generell festzustellen, dass sich vor allem in den Überlieferungen des Babylonischen Talmuds ein Schwerpunkt der Sammlung von Elia-Traditionen findet. Bei aller Problematik einer Datierung der rabbinischen Texte kann so ganz generell festgestellt werden, dass wir ungefähr ab dem 4./5. Jh. n. Chr. eine immer deutlicher werdende Traditionsbildung im Hinblick auf die Figur Elias konstatieren können. Da sich diese späteren Überlieferungen doch beträchtlich von den früheren Überlieferungen unterscheiden, scheint es sinnvoll zu sein, das Material hier zunächst einmal in chronologischer Reihenfolge zu präsentieren.

Für die älteren Elia-Überlieferungen in der rabbinischen Literatur wird – explizit oder implizit – der Gedanke einer endzeitlichen Wiederkunft Elias, wie er uns in Mal 3,23–24 begegnet ist, vorausgesetzt. Bei seiner Wiederkunft wird Elia – so die Mischna ᶜEduyot 8,7 – über Abstammungsfragen entscheiden und Frieden zwischen den Gruppen unterschiedlicher Toraauslegungen stiften. Verschiedene Rabbinen raten dazu, bestimmte lebenspraktische Entscheidungen, die momentan nicht geklärt werden können, bis zur Wiederkunft Elias aufzuschieben: Seien es ungeklärte Besitzfragen von Geld (Mischna Bava Metsiᶜa 3,4–5; Mischna Sheqalim 2,5), von kostbaren Gefäßen aus Gold oder Glas (Mischna Bava Metsiᶜa 2,8) oder von Dokumenten, deren Besitzer und Inhalt man nicht kennt bzw. nicht versteht

(Mischna Bava Metsi[c]a 1,8) – all diese Dinge lässt man solange liegen, „bis dass Elijahu kommt".

Frühe Überlieferungen im Babylonischen Talmud, die sich in die tannaitische Zeit datieren lassen, sog. Baraitot, zeigen, dass man auch bei Entscheidungen im Hinblick auf die Auslegung der Schrift, die sich auf die Opfertora beziehen, bis zur Rückkehr Elias Zurückhaltung üben wollte (Babylonischer Talmud Menachot 63a; s.a. ibd. 45a).

Dass diese Wiederkunft Elias nicht einfach ein künftiges Geschehen darstellt, sondern vielmehr eschatologisch konnotiert ist, belegt ein Kettenspruch in Mischna Sota 9,15. Nach der hier genannten Tradentenangabe ist dieser Text ungefähr auf 200 n.Chr. zu datieren, so dass es sich hier wohl um die früheste rabbinische Bezeugung der Wiederkehr Elias handelt.

> Rabbi Pinchas b. Jair sagte: „Eifer führt zur Reinheit ..., Reinheit führt zur Heiligkeit, Heiligkeit führt zur Demut, Demut führt zur Sündenfurcht, Sündenfurcht führt zur Frömmigkeit, Frömmigkeit führt zum Heiligen Geist, der Heilige Geist führt zur Auferstehung der Toten, die Auferstehung der Toten kommt zu (andere Lesart: durch) Elijahu, sein Andenken sei zum Segen.

Der Text wirft zahlreiche Probleme auf, zumal die Lesart des Schlusses nicht eindeutig überliefert und noch dazu schwer verständlich ist. Man kann wohl generell sagen, dass die Gabe des Heiligen Geistes im vorliegenden Kontext eine Art Lohn für die hier aufgezählten Tugenden Eifer, Reinheit, Demut usw. darstellt. Die Verbindung vom Heiligen Geist mit der Auferstehung der Toten wiederum ist wohl am einfachsten auf dem Hintergrund der Vision Ezechiels von der Auferstehung der Toten zu verstehen (s. Ez 37). Am plausibelsten erscheint der Vorschlag Ulrich Kellermanns, wonach die „Reihenfolge ‚Heiliger Geist – Auferstehung der Toten – Elia Redivivus' nicht chronologisch verstanden werden" müsse; sie zeige vielmehr „eher einen Wirkungszusammenhang an. Nach dieser bisher ältesten rabbinischen Bezeugung bringt Elia Redivivus die heilsgeschichtliche Auferstehung der Toten oder leitet dieses zumindest aktiv ein" (Kellermann, Elia Redivivus, 75).

Auf die enge Verbindung zwischen Elia und der eschatologischen Zeit deutet auch eine Überlieferung aus der Mekhilta de Rabbi Jischmael wayassa 6 zu Ex 16,3 hin, wonach Elia das Manna, das Reinigungswasser sowie das Öl der Salbung, nach Aussage mancher Rabbinen sogar den Stab Aarons (s. Num 17,25), in der kommenden Welt zurückbringen wird. Die Wiederkunft Elias verbindet sich hier mit einem zentralen Motiv der eschatologischen Erwartungen des rabbinischen Judentums, nämlich der Wiedereinführung des Opferkultes (wobei es einmal dahingestellt sein mag, wie ernst es den Rabbinen mit der Durchsetzung dieses Ziels tatsächlich war, da dies ja de facto zu einer Re-Autorisierung der Priester und damit zu einem Machtverlust des Rabbinats führen würde). Gerard Willems geht bei der Interpretation dieses Abschnittes sogar soweit, dass er hier annehmen möchte, dass man in Elia den eschatologisch erwarteten Hohenpriester sah (Willems, Quelques textes, 99).

Wenn wir nun einen Blick auf die späteren rabbinischen Auslegungen zu Elia werfen, die ungefähr in die Zeit ab dem 5. Jh. zu datieren sind, so kann zunächst festgestellt werden, dass die älteren tannaitschen Traditionsstränge hier ihre Fortsetzung finden. Wie bereits in diesen Überlieferungen verweisen auch die amoräischen Texte auf weitere halakhische Streitfälle, die Elia in der Zukunft entscheiden wird (hierzu weiterführend mit zahlreichen Belegen Karin Hedner-Zetterholm, Elijah and the Book of Kings in Rabbinic Literature, 599). Außerdem kennen die amoräischen Überlieferungen Elia als einen Propheten der Endzeit. Er kann auch mit Mose verglichen werden; denn so wie Israel von Mose aus Ägypten erlöst wurde, so wird Elia einst von Rom erlösen (Midrasch Devarim Rabba 3,17).

Wie Ulrich Kellermann gezeigt hat, gehört die Verbindung Elias mit der Auferstehung der Toten zu einem festen Topos, der ausgehend von der oben zitierten Überlieferung der Mischna bis in die mittelalterliche jüdische Midraschliteratur belegt ist. So nimmt der Jerusalemer Talmud Sheqalim 3,4 (47c) den Kettenspruch aus der Mischna auf und ergänzt diesen um die entsprechenden Schriftzitate Ez 37,14 und Mal 3,23. Abgesehen von diesen frühen Belegen fällt aber auf, dass es vor allem mittelalterliche Midraschim sind, in denen sich diese Motivzusammenstellung findet. So muss z. B. nach dem Midrasch Shir ha-Shirim Zutta zu Hld 7,14, einem Text aus dem 10. Jh., der wiederkehrende Elia seine Identität dadurch beweisen, dass er die Toten auferweckt:

> Und an unserer Tür sind allerlei köstliche Früchte: Rabbi Jose sagte: Damit ist Elijahu gemeint. Er erscheint einst und spricht zu Israel: Ich bin Elijahu. Sie entgegnen ihm: Bist du Elijahu, so belebe uns die Toten. Und nicht etwa die Toten, die wir nicht nennen (andere Lesart: kennen), sondern die Toten, die wir nennen (andere Lesart: kennen) (zitiert nach Kellermann, Elia Redivivus, 73).

In dem späten Midrasch Bet ha-Midrash III, 65 – 68 heißt es – um hier noch ein weiteres Beispiel zu nennen:

> Wo Elijahu auf Befehl des Messias in die Posaune stoßen wird, da wird plötzlich das Licht der Schöpfungstage sichtbar, der Mond wie die Sonne scheinen und jeder Kranke genesen. Beim zweiten Posaunenschall werden die Toten auferstehen; sie werden von allen Enden der Erde auf Adlersflügeln zum Messias kommen (zitiert nach Kellermann, Elia Redivivus, 74).

Bezeichnenderweise findet sich in den Überlieferungen der rabbinischen Literatur, die in der amoräischen Zeit entstanden sind, nun aber nicht nur eine Fortführung älterer Motive, sondern – wie oben bereits angedeutet – auch eine deutliche Veränderung in der Zeichnung der Gestalt Elias. Elia kann nun auch als eine Figur erscheinen, die auf übernatürliche Weise bereits in der Gegenwart aktiv ist und hier auf unterschiedliche Art und Weise wirkt. So kann er als himmlischer Schreiber die Verdienste der Menschen in der himmlischen Welt aufzeichnen, für die diese dann belohnt oder bestraft werden sollen (Midrasch Wayyiqra Rabba 34,8; Ruth Rabba 5,6). In manchen Midraschim kann Elia nun auch, wie bereits in der älteren Überlieferung im Liber Antiquitatum Biblicarum 48 angedeutet, mit dem Eiferer Pinhas identifiziert werden (so Pirqe de Rabbi Eliezer 29; 47; Targum Yerushalmi zu Ex 6,18; vgl. ferner Midrasch Bemibar Rabba 21,3). Vermutlich ist diese Tradition auch in Targum Yerushalmi zu Dtn 30,3 vorausgesetzt, wenn Elia als Hohepriester bezeichnet wird.

Es ist das Verdienst Kristen H. Lindbecks, die Elia-Überlieferungen im Babylonischen Talmud einer eingehenden Untersuchung unterzogen zu haben. Auf der Basis von formkritischen und inhaltlichen Kriterien hat sie herausgearbeitet, dass sich das Material im Wesentlichen in drei verschiedene Gruppen unterteilen lässt. In einer ersten Gruppe erscheint Elia als eine Art Nothelfer, der – in der Regel unerkannt – in gefährliche und problematische Situationen eingreift und so oft geradezu lebensrettend agieren kann. Eine weitere Gruppe enthält Gespräche einzelner Rabbinen mit Elia, in denen dessen Rede in ganz unterschiedlichem Zusammenhang für die Beteiligten segensreich wirkt. Eine dritte und letzte Gruppe schließlich kann als eine Art Umkehrung dieser positiven Elia-Überlieferungen verstanden werden, wenn hier nun erzählt wird, dass Elia den regulären Kontakt mit bestimmten Menschen aufgibt und sie so auf sein segensreiches Wirken verzichten müssen, weil sie eine bestimmte Schuld auf sich geladen bzw. ein bestimmtes Vergehen begangen haben. Die Klassifikation Kristen H. Lindbecks sei hier aufgegriffen und als Raster für die Präsentation der verschiedenen Elia-Überlieferungen benutzt, wobei aber – neben Beispielen, welche die Autorin in ihrem Buch nennt – auch weitere Überlieferungen referiert werden sollen.

Wenden wir uns zunächst den Überlieferungen zu, in denen Elia inkognito erscheint: Wie Kristen H. Lindbeck festgestellt hat, spielen Gerichtsszenen in diesem Zusammenhang eine besondere Rolle, wenn drei der insgesamt sieben Geschichten, die in diese Kategorie gehören, im Kontext einer Gerichtsverhandlung mit den Römern spielen.

So wird im Babylonischen Talmud ᶜAvoda Zara 17b folgende Geschichte erzählt:

> Die Rabbanan lehrten: Als R. Eleazar b. Proto und R. Hanina b. Teradion inhaftiert wurden, sprach R. Eleazar b. Proto zu R. Hanina b. Teradion: Heil dir, der du wegen einer Sache inhaftiert worden bist, wehe mir aber, der ich wegen fünf Sachen inhaftiert worden bin. Da erwiderte ihm R. Hanina: Heil dir, der du wegen fünf Sachen in-

haftiert worden bist, und gerettet wirst, wehe aber mir, der ich wegen einer Sache inhaftiert worden bin, und nicht gerettet werden werde; du hast dich mit der Tora und mit Liebeswerken befaßt, ich aber habe mich nur mit der Tora befaßt. [...] Hierauf führte man R. Eleazar b. Proto vor und fragte ihn: Weshalb hast du [das Gesetz] studiert und weshalb hast du gestohlen? Er erwiderte: Ein Waffenträger ist kein Gelehrter und ein Gelehrter ist kein Waffenträger; und da das eine nicht zutrifft, so trifft auch das andere nicht zu. – Weshalb nennt man dich Meister? – Ich bin Webermeister. Da holten sie zwei Knäule und fragten ihn, welcher die Kette und welcher der Einschlag sein. Da geschah ihm ein Wunder, und es kam eine weibliche Biene und setzte sich auf die Kette, und eine männliche setzte sich auf den Einschlag; hierauf sagte er ihnen, dieser sei die Kette und jener sei der Einschlag. Alsdann fragten sie ihn: Weshalb hast du das Abidanhaus nicht besucht? Er erwiderte: Ich bin alt, und fürchtete, ihr würdet mich mit den Füßen zertreten. – Wieviel Greise sind bis jetzt zertreten worden? Da geschah ein Wunder, und ein Greis wurde an diesem Tage zertreten. – Und weshalb hast du deine Sklaven freigelassen? Er erwiderte ihnen: Ich weiß von nichts. Als hierauf jemand gegen ihn als Zeuge auftreten wollte, kam Elijahu, der sich als königlicher Würdenträger ausgab, und sprach zu diesem: Da ihm in allen anderen Sachen Wunder geschehen sind, so wird ihm auch in dieser Sache ein Wunder geschehen; du aber wirst nur deine Schlechtigkeit zeigen. Dieser beachtete es jedoch nicht. Als er auftrat, um gegen ihn auszusagen, hatten sie gerade einen von den königlichen Würdenträgern geschriebenen Brief an den Kaiser zu senden, und sie sandten ihn durch diesen Mann; da kam Elijahu und schleuderte ihn vierhundert Parasangen weit, sodaß er nicht zurückkehren konnte. Hierauf führten sie R. Hanina b. Teradion vor und fragten ihn: Weshalb hast du dich mit der Tora befaßt? Er erwiderte ihnen: Weil der Herr, mein Gott, mir dies befohlen hat. Da verurteilten sie ihn sofort; daß er verbrannt werde, daß seine Frau hingerichtet werde und daß seine Tochter einem Hurenhaus überwiesen werde" (zitiert nach Goldschmidt, Avoda Zara, 486–487).

Diese Erzählung spielt in der Zeit des 2. Jh., in der auch andere Überlieferungen der rabbinischen Literatur die Verfolgung durch die Römer beschreiben. Dabei werden zwei unterschiedliche Formen des Umgangs mit dieser Verfolgungssituation beschrieben. Während nämlich R. Haninas Geschichte als eine typische Märtyrererzählung gelten kann, ist die Erzählung von R.

Eleazar ben Proto – um hier die Nomenklatur Kristen H. Lindbecks aufzunehmen – als eine Geschichte des „antimartyrdom" aufzufassen. Da sich Eleazar ben Proto nicht nur mit dem Studium der Tora, sondern auch mit Liebeswerken beschäftigt hat, geschehen ihm bei der Gerichtsverhandlung alle möglichen Wunder, die schließlich durch das Erscheinen Elias und sein übernatürliches Eingreifen gekrönt werden. Er bringt einen königlichen Boten in Misskredit, da er ihm den Brief, den dieser überbringen muss, entwendet, so dass er sein Amt nicht ausführen kann. Der Midrasch formuliert eine deutliche Kritik an einer Konzentration auf das Torastudium, das den praktischen Aspekt, nämlich die Taten der Nächstenliebe, außer Acht lässt.

Deutlich wird, dass das Judentum im Martyrium nicht den einzigen Weg im Umgang mit der Verfolgung sah, sondern durchaus auch die Freiheit hatte, hier mit anderen Möglichkeiten zu spielen und an unerwartete Rettungen zu glauben. Die Geschichte durchbricht die Regeln in mehrerer Hinsicht, denn es ist der Märtyrer selbst, der den Protagonisten ermahnt, einen Ausweg aus dem Martyrium zu suchen. Elia wird auf jeden Fall zu einem Symbol der Rettung, das auf unvorhergesehene Möglichkeiten verweist.

Eine weitere Überlieferung im Babylonischen Talmud Ta^canit 21a erzählt, wie die Juden dem römischen Kaiser eine Geschenkkiste mit Edelsteinen und Perlen zukommen lassen wollen. Auf dem Weg entwenden Wirtsleute, bei denen der Überbringer nächtigt, die Kostbarkeiten und legen stattdessen nur Erde in die Kiste. Als der Kaiser das Geschenk öffnete und nur diese Erde vorfand, ist er selbstverständlich des Zornes voll, da er nun glaubt, dass die Juden ihn verspotten wollten und so trachtet er danach, den Überbringer des vermeintlichen Geschenkes zu töten. Da aber erscheint Elia in der Gestalt eines der ihren und weist darauf hin, dass dies vielleicht die Erde des Vaters Abraham sein könne, die sich beim Werfen zu Schwertern und Pfeilen verwandele. Tatsächlich gelingt es daraufhin den Römern, eine bislang nicht zu erobernde Provinz mit diesen Waffen einzunehmen, so dass der Überbringer der „Wundererde" Nahum Ish Gamzu mit reichen Geschenken belohnt wird. Auf dem Rückweg erzählt er diese Geschichte den Wirtsleuten, die sich daraufhin sofort auf den Weg machten, um auch ihrerseits dem Kaiser ein solches „Erdgeschenk“ zu übermitteln, in der Hoffnung, dass sie dadurch so reichlich entlohnt würden wie Nahum Ish Gamzu. Freilich, wie zu erwarten, entwickeln sich die Dinge ganz anders: Der Betrug fliegt schnell auf und die beiden Wirtsleute werden vom Kaiser getötet (vgl. auch die ganz ähnliche Überlieferung in bSanhedrin 108b–109a). Auch im Babylonischen Talmud Berakhot 58b erscheint Elia in einer so ambivalenten Position: Wenn er mit seiner Aussage das Falschzeugnis von R. Shila/Schela deckt, so rettet er diesen aus einer recht prekären Situation, bringt aber den vermeintlich Angeklagten die Bestrafung für ein Vergehen (nämlich die Rechtssprechung ohne Genehmigung des Königs) ein, das er gar nie begangen hat.

Insbesondere die Erzählung im Babylonischen Talmud ᶜAvoda Zara 18a–18b zeigt den humorvollen Charakter mancher Elia-Geschichten, der sogar oder vielleicht gerade in der Situation der Verfolgung durch die römische Fremdherrschaft zum Tragen kommt. So wird im Babylonischen Talmud ᶜAvoda Zara 18a–18b folgende Geschichte von R. Meir erzählt: Um seine Schwägerin aus einem Bordell zu befreien, in das sie nach dem Tode ihres Vaters Hanina ben Teradion gekommen war, hatte er den Wärter bestochen und ihm gleichzeitig gesagt, dass er mit dem Gebet „Gott Meirs, antworte mir“ aus jeglicher schwierigen Situation freikäme. Als der Bordellwächter dann wegen seines Vergehens an den Galgen geführt wurde und er selbstverständlich im Angesicht des Todes genau diese Worte ausrief, wurde R. Meir von den Römern gesucht, und unsere Geschichte fährt fort:

> Hierauf zeichneten sie das Gesicht R. Meirs an die Tür von Rom, und gaben Befehl: wer eine solche Person sieht, liefere sie ein. Eines Tages sah ihn jemand und verfolgte ihn, er aber lief fort und flüchtete sich in ein Hurenhaus. Manche erzählen, er sah da von Nichtjuden gekochte Speisen und tauchte in diese den einen [Finger] ein und saugte am anderen, und manche erzählen, Elijahu kam und verstellte sich als Hure und umarmte ihn. Da sprachen sie: Behüte und bewahre, wäre es R. Meir, so würde er dies nicht getan haben (zitiert nach Goldschmidt, ᶜAvoda Zara, 490).

Elia kann aber auch in anderen schwierigen Situationen hilfreich sein, die nicht mit der Römerherrschaft verbunden sind. Als ein gewisser R. Shimi b. Ashi einmal eine Schlange verschluckt hatte, da kam Elijahu, der sich als Reiter verstellt hatte, gab ihm Hopfen mit Salz zu essen und ließ ihn in seiner Gegenwart drei Mil laufen, worauf die Schlange ihn stückweise verließ (Babylonischer Talmud Shabbat 109b). Der Babylonische Talmud Qiddushin 40a erzählt wiederum, dass Elia den armen Rabbi Kahana, der vor einer Matrone geflüchtet war, die sich ihm auf dem Markt angeboten hatte, beim Sprung von einem Dach gerettet habe, indem er ihn aufgefangen hat.

Aber Elia wirkt nicht nur nach außen, sein Handeln kann auch eine innere Entwicklung anstoßen. Dies kommt besonders schön in einer Erzählung im Babylonischen Talmud Nedarim 50a zum Ausdruck. Der mittellose Aqiva hat die Tochter des Sohnes von Kalba Savua geheiratet, und diese ist von ihrem reichen Vater deshalb enterbt worden. Nun haben sie nichts als Stroh, auf dem sie schlafen können, und Aqiva muss jeden Morgen solches Stroh aus dem Haar seiner Braut entfernen. Da erscheint Elia in der Gestalt eines Bettlers an der Tür, der um nichts anders als Stroh für seine in den Wehen liegende Frau bittet. Die Begegnung mit dieser Gestalt scheint die Weltsicht R. Aqivas und wohl auch die seiner Frau zu ändern, denn er sagt zu ihr: Schau dir diesen Mann an, der nicht einmal Stroh hat! Daraufhin fordert R. Aqivas Frau ihren Mann auf, sich dem Torastudium zuzuwenden und – so können wir ergänzen – eine großartige Karriere eines Gelehrten kann beginnen! Wie Kristen H. Lindbeck bei der Präsentation dieser Erzählung festgestellt hat, rettet Elia hier nicht aus einer physischen Notsituation, aber aus einer Situation der persönlichen Verzweiflung, indem er den Blickwinkel der Protagonisten zu verändern vermag.

Aber auch außerhalb des Babylonischen Talmuds sind gelegentlich Erzählungen dieser Art zu finden. So kann Elia R. Jehuda ha-Nasi, der von furchtbaren Zahnschmerzen geplagt wird, in der Gestalt von R. Hiyya dem Älteren erscheinen und dessen Beschwerden durch Handauflegung heilen (Midrasch Bereshit Rabba 33,3; Bereshit Rabba 96,5). Elias verstecktes Rettungshandeln kann des Weiteren auf die Vergangenheit ausgedehnt werden: Harbona, der in der Estererzählung vorschlägt, einen Galgen für Haman zu errichten und damit einen wichtigen Beitrag zur Errettung der Juden in Persien leistet, wird im Midrasch Ester Rabbah 10,2 mit Elia identifiziert. Schließlich kann Elia als Bote Gottes fungieren, wenn er nach dem Bekanntwerden des Edikts gegen die Juden von Gott zu Mordechai geschickt wird, um Mordechai zum Gebet für sein Volk aufzufordern (Targum Sheni zu Est 4,1).

Eine weitere Gruppe von Elia-Erzählungen weiß von einem Dialog zwischen Elia und einem Rabbi, wobei vorausgesetzt werden muss, dass Elia mit den Rabbinen gemeinsam studiert. Das Material dieser Gruppe von Erzählungen lässt sich noch weiter ausdifferenzieren: Zum einen kann Elia hier als Ausleger der Schrift und Ratgeber bei halakhisch komplexen Fragen präsentiert werden; zum anderen erscheinen auch Dialoge, die um die Thematik der Ankunft des Messias und um die himmlische Welt kreisen. Mit beiden Motiven wird somit fortgeführt, was in den früheren rabbinischen Überlieferungen in der Mischna bereits schon anklang; nun aber bekommen diese Elemente in gewisser Art und Weise eine Gegenwartsrelevanz. So wird nach dem Babylonischen Talmud Yevamot 63a – um hier nur ein Beispiel von den von Kristen H. Lindbeck gesammelten Texten herauszugreifen – die Aussage, dass Gott dem Adam eine Hilfe machen möchte, dahingehend interpretiert, dass der Mann den Weizen und den Flachs, den er erntet, in dieser Form ja gar nicht unmittelbar gebrauchen kann, sondern dieser vielmehr einer Person bedarf, die ihm diese Naturprodukte zu Brot bzw. Kleidung weiterverarbeitet.

Auch in diesem Kontext finden wir wieder ein Beispiel außerhalb des Babylonischen Talmuds: So erzählt Midrasch Bereshit Rabba 35,2 ganz lapidar, dass Elia und R. Jehoschua b. Levi im Zusammenhang mit einem Ausspruch des bereits verstorbenen Simeon b. Jochai ein exegetisches Problem begegnet sei, das Elia dadurch klären kann, dass er einfach direkt bei R. Simeon b. Jochai nachfragt. Allerdings verliert der Midrasch keine Silbe darüber, wie man sich diese Kontaktaufnahme vorzustellen hat.

Für die zweite Gruppe, die sich auf die Geheimnisse der himmlischen Welt und der Endzeit bezieht, soll an dieser Stelle zunächst auf die wohl berühmteste Elia-Erzählung im Babylonischen Talmud Sanhedrin 98a hingewiesen werden.

> R. Jehoschua b. Levi traf einst Elijahu am Eingange der Höhle des R. Simeon b. Jochaj stehen; da sprach er zu ihm: Werde ich in die zukünftige Welt kommen? Dieser erwiderte: Wenn es diesem Herrn gefällig sein wird. R. Simeon b. Jochaj erzählte, er habe zwei Personen gesehen und die Stimme eines Dritten gehört. Hierauf fragte er ihn weiter: Wann wird der Messias kommen? Dieser erwiderte: Geh, frage ihn selbst. – Wo befindet er sich? – Am Tore von Rom. – Woran erkennt man ihn? – Er sitzt zwischen den mit Krankheiten behafteten Armen; alle übrigen binden [ihre Wunden] mit einem Male auf und verbinden sie wieder, er aber bindet sie einzeln auf und verbindet sie, denn er denkt: vielleicht werde ich verlangt, so soll keine Verzögerung entstehen. Hierauf ging er zu ihm und sprach: Friede mir dir, Herr und Meister! Dieser erwiderte: Friede mit dir, Sohn Levis! Er fragte: Wann kommt der Meister? Dieser erwiderte: Heute. Darauf kehrte er zu Elijahu zurück, der ihn fragte: Was sagte er dir? Er erwiderte: Friede mit dir, Sohn Levis! Da sprach dieser: Er hat dir und deinem Vater die zukünftige Welt verheißen. Jener entgegnete: Er hat mich belogen, denn er sagte mir, er werde heute kommen, und er kam nicht. Dieser erwiderte: Er hat es wie folgt gemeint: „wenn ihr heute auf seine Stimme hören werdet" (Ps 95,7) (Übersetzung auf der Basis von Goldschmidt, Sanhedrin, 70–71).

Es erscheint als ein Paradox, dass sich der Messias gerade in Rom befindet, jener Macht, die für das Judentum ja zum Symbol der Unterdrückung und Gottferne selbst geworden ist. In dieser Überlieferung wird nun deutlich gemacht, dass Israel nur dadurch die Ankunft des Messias beschleunigen kann, indem es auf die Stimme Gottes hört. Nach rabbinischem Weltverständnis meint dies nichts anderes als die Erfüllung der Tora, und man möchte damit allen anderen Versuchen, wie z. B. gewaltsamen politischen Aktionen, Einhalt gebieten. Selbstverständlich spiegelt sich in dieser Überlieferung eine Reaktion auf die Erfahrungen des Jüdischen Krieges und des Bar-Kochba-Aufstandes im Jahre 132 v. Chr., bei denen durch gewaltsame jüdische Aufstände und Angriffe gegen die Römer eine Spirale der Gewalt in Bewegung gebracht wurde, die Tausende von Menschen das Leben gekostet hat.

Auch andere Überlieferungen verbinden Elia mit dem Wissen um die zukünftige Welt. So kann er z. B. R. Beroqa auf dem Marktplatz auf Menschen aufmerksam machen, die „Kinder der zukünftigen Welt“ sind. Dies ist zum einen ein Kerkermeister, der jüdische Frauen vor Übergriffen von Nicht-Juden schützt und der inkognito bei den Nicht-Juden umhergeht, um den Rabbinen zu melden, wenn etwas gegen sie beschlossen wurde; zum anderen sind das aber auch zwei Brüder. Sie sind Possenreißer und erheitern die Betrübten. Im Falle von Streitigkeiten stiften sie Frieden (Babylonischer Talmud Ta^canit 22a).

Schließlich kennen auch palästinische Überlieferungen dieses Motiv. So kann Elia nach Pesiqta de Rav Kahana 18,5 R. Jehoschua b. Levi die Edelsteine zeigen, mit denen einst die Mauern des neuen Jerusalem errichtet werden (s.a. Pesiqta de Rav Kahana 32,3/4). Auch Bereshit Rabba 83,4 ist in diesem Kontext zu nennen, wenn Elia einen nicht näher genannten römischen Kaiser zur Rede stellt, weil er die Schätze seines Vaters verschwendet hat. Nach einer gängigen Auslegung macht diese Mahnung deshalb Sinn, weil diese Schätze eigentlich für den Messias bestimmt waren.

Neben den Geheimnissen der Endzeit weiß Elia aber auch um die Geheimnisse der himmlischen Welt. Berühmt ist die Überlieferung im Babylonischen Talmud Berakhot 3a – um hier nur noch einen weiteren Beleg zu nennen –, in der Elia Rabbi Jose, der einst bei einer Reise zum Gebet eine Ruine betreten hat, offenbaren kann, dass Gott in der himmlischen Welt dreimal am Tag seiner Trauer über die Zerstörung des Tempels und die Exilierung Israels durch Wehklagen Ausdruck verleiht.

Dass Elia mit der Mitteilung der eschatologischen Geheimnisse auch zu weit gehen konnte, weiß der Babylonische Talmud Bava Metsi^ca 85b zu berichten. Elia pflegte sich häufig im Lehrhaus R. Jehuda ha-Nasis aufzuhalten. Als Elia sich eines Tages verspätete, erklärt er ihm, dass er nacheinander Abraham sowie auch Isaak und Jakob aufgeweckt hätte, ihre Hände gewaschen, sie habe beten lassen und nach ihrem Gebet wieder schlafen gelegt hätte. Auf die Frage, warum er nicht alle zur gleichen Zeit habe beten lassen, entgegnet Elia, dass er dachte, dass diese dann so stark in ihrem Gebet werden könnten, dass sie den Messias vorzeitig herbeibringen könnten. Die Geschichte fährt fort:

> Alsdann fragte er ihn: Gibt es ihresgleichen in dieser Welt? Dieser erwiderte: Es gibt R. Hija und seine Söhne. Hierauf ordnete Rabbi einen Fasttag an und ließ R. Hija und seine Söhne hinabsteigen. Als er dann sprach: ‚er läßt den Wind wehen', begann ein Wind zu wehen, als er sprach: ‚er läßt den Regen herniederfallen', kam Regen, und als er darauf begann: ‚der die Toten belebt', erbebte das Weltall. Da sprachen sie im Himmel: Wer hat das Geheimnis in der Welt offenbart? Man erwiderte: Elijahu. Hierauf holte man Eijahu und versetzte ihm sechzig Feuerschläge. Da nahm er die Gestalt eines feurigen Bären an und lief zwischen sie und verwirrte sie (zitiert nach der Übersetzung von Goldschmidt, Bava Metsiᶜa, 733).

Weitere Traditionen gruppieren sich schließlich um die Vorstellung, dass Elia den Kontakt mit einem Gelehrten abbricht, weil ihm dessen Verhalten missfällt. Diese Geschichten bilden gleichsam die Negativfolie all jener Erzählungen, die von der heilvollen Gegenwart Elias berichten. So erzählt der Babylonische Talmud Ketubbot 61a:

> Von jenen zwei Frommen, manche sagen, R. Mari und R. Pinchas, den Söhnen R. Hisdas, ließ einer [den Tischdiener] vorher essen, und der andere nachher; mit dem, der ihn vorher essen ließ, unterhielt sich Elijahu, mit dem aber, der ihn nachher essen ließ, unterhielt sich Elijahu nicht (zitiert nach Goldschmidt, Ketubbot, 191).

Elia, soviel wird deutlich, will mehr als die Einhaltung des Gesetzes, ihm geht es um den Geist, der in der Tora ist, und um die Sorge um die Armen und Geringen. So brach Elia nach dem Babylonischen Talmud Bava Batra 7b auch den Kontakt mit einem Frommen ab, weil dieser ein Torhaus an seinem Anwesen errichten ließ. Dieses Handeln wirkt auf den ersten Blick nur schwer verständlich, aber der große mittelalterliche Gelehrte, Talmud- und Schriftausleger Raschi (1040–1105) kann hierzu erklären, dass die Funktion eines solchen Torgebäudes darin bestehen konnte, die Armen, die um Almosen betteln, von dem eigentlichen Haus des reichen Hausbesitzers abzuhalten. Der Erbauer des Hauses wird somit für seine unsoziale Art bestraft, und Elia wird zum Anwalt einer sozialen Gerechtigkeit, die über die eigentliche Halakha hinausgeht.

Im Babylonischen Talmud Sanhedrin 113a-b wird schließlich sogar eine Erzählung dieses Typs überliefert, in der Elia selbst zum Anlass des Konflikts wird. So hat R. Jose für seine Aussage, dass Elia ein jähzorniges Wesen war, dadurch büßen müssen, dass Elia für drei Tage nicht mehr zu ihm kam. Diese Erzählung kann einer gewissen Selbstironie nicht entbehren, denn durch seine schroffe Reaktion bestätigt Elia ja geradezu den Vorwurf, der an ihn gerichtet wird. Die Tradition stellt insgesamt aber eher eine Ausnahme dar, die Figur Elias ist – wie die verschiedenen Auslegungen deutlich zeigen konnten – im Wesentlichen eine sehr, sehr positive Gestalt, die sowohl für die Kräfte des Lebens in dieser als auch in jener Welt steht. Er gehört zu den Gerechten, die die eschatologische Auferstehung der Toten bereits in der jetzigen Zeit vorweggenommen haben (Midrasch Bereshit Rabba 77,1; Bemidbar Rabba 2,13; Wayyiqra Rabba 27,4; Pesiqta de Rav Kahana 9,4; Elijahu Rabba 14) und kann sogar in die Nähe des großen Mose gerückt werden (Midrasch Pesiqta Rabbati 4,2).

Wenn man ein Fazit aus all diesen unterschiedlichen Traditionen zu Elia ziehen möchte, so kann festgestellt werden, dass in der rabbinischen Literatur eine Integration der Figur Elias in das rabbinische Wertgefüge und die rabbinischen Ideale stattfindet. Dabei ist es bezeichnend, dass ganz bestimmte Charakteristika der Figur Elias, wie sie für die biblische Überlieferung eine bedeutende Rolle spielen, hier nicht rezipiert bzw. sogar durch andere Motive eindeutig kritisiert werden. So fällt auf, dass Elias Wundertaten für die rabbinische Literatur gar keine Rolle spielen. Elia kann zwar noch als Eiferer auftauchen, aber die komödiantenhaften Züge seines Wesens wie sie gerade in den Geschichten erscheinen, in denen Elia inkognito auftritt, karikieren dieses Eliabild geradezu. Wenn Elia als Berater in halachischen Fragen auftritt, so erscheint er dazu noch geradezu als der ideale Rabbi.

Man muss sich in diesem Zusammenhang immer vor Augen halten, dass die rabbinische Darstellung Elias nicht homogen ist, sondern in sich verschiedene Facetten enthält. Die Aussage, wonach Elia nicht in die himmlische Welt hinaufgestiegen ist, stellt sicherlich ein Extrem dar, das die anderen Auslegungen so nicht teilen. Vielmehr ist festzustellen, dass sowohl die Traditionen, die die gegenwärtige Bedeutung Elias als Retter und Ratgeber betonen, sowie auch diejenigen, die auf seine eschatologische Relevanz abzielen, implizit eine Entrückung Elias in die himmlische Welt voraussetzen, da diese ja geradezu die logische Bedingung für die verschiedenen gegenwärtigen und künftigen Aktivitäten Elias bildet. Wenn Elia so gewissermaßen eine Figur darstellt, die nicht nur für die Vergangenheit relevant ist, so scheint dies eine Veränderung seines Charakters und eine Integration in das rabbinische Wertesystem geradezu provoziert zu haben. Dabei spielen mehrere Faktoren eine Rolle: Zum einen stellt für die rabbinische Weltsicht die Vorstellung vom Ende der Prophetie ein wichtiges Motiv dar, das dazu führte, dass man den Propheten Elia, wollte er weiter wirksam sein, umgestalten musste. Vor diesem Hintergrund formulieren diese Erzählungen eine deutliche Kritik an einer fanatischen Weltsicht, die die künftige Erlösung gleichsam gewaltsam herbeizwingen möchte. Vielmehr ermutigen sie zu einem ethisch integren Handeln und zeigen zudem auch die Unverfügbarkeit der göttlichen Rettung, die durchaus auch überraschend in das Leben der Einzelnen eindringen kann.

5. Elia-Rezeptionen vom Mittelalter bis zur Gegenwart

Vor dem Hintergrund des reichen rabbinischen Überlieferungsstromes, der von der Antike nach der Zeit der Zerstörung des Jerusalemer Tempels bis ins Mittelalter hineinreicht, können wir uns nun weiteren Elia-Überlieferungen zuwenden. Im Mittelalter und später werden die rabbinischen Erzählungen weitertradiert, oft auch mündlich, und finden nach und nach Eingang in die volkssprachliche Überlieferung. So erscheint im Jahre 1604 in Basel erstmals das Ma'ase-Buch, in dem die Erzählungen nun in jiddischer Sprache zusammengestellt werden. Darüber hinaus entstehen nun aber auch immer neue Elia-Geschichten. Da diese ihren Ursprung in der mündlichen Überlieferung haben, ist es im Einzelnen oft schwierig, ihre Ursprungszeit genauer zu bestimmen. Eine der wichtigsten Zusammenstellungen dieser Literatur stellt das mehrbändige Werk von Dan Ben-Amos,

Dov Noy u. a. „Folktales of the Jews“ dar, das einen guten Einblick in die Breite dieses Überlieferungsstromes gibt. Weitere Traditionen finden sich im Israel Folktale Archive. Wenn Haim Schwarzbaum in seinem im Jahre 1999 erschienenen Artikel zu Elia in der „Enzyklopädie des Märchens“ feststellen kann, dass Elia in 500 von 12000 Aufzeichnungen als Handlungsträger fungiert, so ist davon auszugehen, dass die Zahl volkstümlicher Überlieferungen in der Zwischenzeit noch zugenommen hat.

Die volkstümlichen Erzählungen des späten Mittelalters und der Neuzeit sind relativ kurze, einfache Geschichten, in denen das exegetische Moment, sei es durch Auslegungen oder durch die Einbettung in ein größeres Gesamtwerk, das sich wie Midrasch oder Talmud der Auslegung der Schrift bzw. der Mischna verpflichtet fühlt, keine wesentliche Rolle mehr spielt. Hier nun werden die Motive der rabbinischen Elia-Erzählungen aufgenommen und weitergeführt. Dabei ist festzustellen, dass beide Motivstränge aus der rabbinischen Literatur, nämlich sowohl Elias eschatologisches Wirken als auch seine unmittelbare Zuwendung zu Menschen in Not, aufgenommen werden. Selbstverständlich gibt es auch hier wieder gewisse Verschiebungen. So wird Elia nun nicht mehr nur als Helfer bestimmter Rabbinen gekennzeichnet, sondern er kann jetzt eigentlich allen, die sich durch ihre Frömmigkeit als seiner würdig erweisen, zur Hilfe kommen. Elias Aufgabe als Lehrer, der beim Torastudium behilflich ist, spielt in der Volksliteratur aus verständlichen Gründen keine Rolle mehr, da Lernen und Gelehrsamkeit keine Vorstellungen sind, die für eine breitere Unterhaltung passend sind. Dieses Motiv wird freilich von der Kabbala, der jüdischen Mystik, aufgenommen und weitertradiert, wenn nun eine Belehrung durch Elia als Belohnung für den Lerneifer und die Frömmigkeit der Kabbalisten genannt werden kann. Da eine Behandlung dieses Traditionsstranges den Rahmen der vorliegenden Untersuchung sprengen würde, sei hier auf das entsprechende Kapitel „Elijah in Jewish Mysticism“ in dem Werk zu Elia von Aharon Wiener verwiesen (ibid. 78–111). Neben dem narrativen Aspekt der Elia-Tradition ist in diesem abschließenden Kapitel aber auch auf verschiedene Rituale des religiösen Lebens, konkret auf das Havdalahgebet am Ausgang des Sabbats, auf die Beschneidungszeremonie und auf den Sederabend des Passahfestes hinzuweisen, die in einem engen Bezug zu den Erzähltraditionen und ihren grundlegenden Aussagen stehen.

5.1 Elia als Vorbote des Messias

Wenn wir uns zunächst einmal der messianischen Komponente der Elia-Traditionen zuwenden, so sei hier nur auf ein Beispiel verwiesen. So wurde in den 60er-Jahren eine Geschichte aufgezeichnet, die sich nach der Angabe der Informantin acht Jahre zuvor ereignet haben soll. Danach pilgerten zwei Jeschiwa-Studenten von Polen unter großen finanziellen Anstrengungen ins Heilige Land, weil sie voll der Zionssehnsucht waren. In Jerusalem angekommen, ist es kein geringerer als Elia selbst, der ihnen den Weg zum Grab Davids zeigt und ihnen prophezeit, dass sie dort den großen König Israels finden würden, der umgeben von Reichtümern seine Hand nach einem Glas Wasser ausstrecken würde. Dieses sollten sie ihm aus dem Krug reichen, der unmittelbar über seinem Haupte stünde, denn sie könnten auf diese Art und Weise die Ankunft des Messias herbeibringen. Als die beiden jungen Männer beim Grab Davids stehen und alles genau so vorfinden, wie es ihnen beschrieben wurde, sind sie von dem Glanz der Reichtümer so geblendet, dass sie vergessen, den Auftrag Elias zu erfüllen – und dies hat nun verheerende Konsequenzen: David zieht seine Hand wieder zurück und verschwindet, und nun erst realisieren die beiden jungen Männer, dass sie mit ihrem Handeln die Chance, die Ankunft des Messias herbeizubringen, versäumt haben. Die Geschichte schließt mit dem Wunsch, dass Silber und Gold unsere Augen nicht länger blenden mögen und dass beim nächsten Mal, wenn wieder einmal die richtige Stunde gekommen sei, die Ankunft des Messias nicht noch einmal aufgeschoben werden möge (Noy, Folktales from Israel, 8–9).

Das Motiv der Hoffnung auf die Wiederkehr Elias, das in dieser Erzählung thematisiert wird, hat nun, wie bereits eingangs erwähnt wurde, auch einen ganz konkreten Platz in jüdischen Ritualen. Dies zeigt bereits ein Blick auf die jüdische Gebetspraxis:

So findet sich nach einer jeden Mahlzeit im Rahmen eines Gebets auch die Bitte, dass Gott den Propheten Elia senden möge, der gute Zeiten, Hilfe und Trost vermitteln soll. Ganz ähnlich wird auch in den Segenssprüchen nach der wöchentlichen öffentlichen Sabbatlesung aus den Propheten („*Haftara*") der Hoffnung auf die Wiederkehr Elias und des Messias Ausdruck verliehen. Eine besondere Rolle spielt Elia bei der Zeremonie am Ausgang des Sabbats, bei der sog. Havdala. In traditionellen jüdischen Häusern werden dabei Elia-Lieder gesungen, die seine vergangenen Wundertaten preisen und der Hoffnung auf seine baldige Erscheinung und damit auf den Beginn der Erlösung Ausdruck verleihen.

Das bekannteste dieser Lieder hat folgenden Wortlaut:

> Elijahu, der Prophet, Elijahu, der Tischbi, Elijahu, der Gileadi, rasch komme er zu uns mit dem Sohne Davids, dem Gesalbten.
> Der Mann, der für den Namen des Ewigen eiferte,
> der Mann, dem von Jekuthiel (Mosche) Frieden verheißen ward,
> der Mann, der hintrat und sühnte für die Kinder Israel.
> Der Mann, dessen Augen zwölf Geschlechter schauten,
> der Mann, der nach seinem härenen Mantel bezeichnet wurde,
> der Mann, dessen Lenden ein Ledergurt umschlang.
> Der Mann, der den Bilderanbetern grollte,
> der Mann, der eilig schwur, kein Regen soll vom Himmel kommen,
> der Mann, der drei Jahre Tau und Regen verschloß.
> Der Mann, der wegging, seiner Seele Ruhe zu finden,
> der Mann, den die Raben speisten, daß er nicht ins Grab sank,
> der Mann, dessentwillen Mehl- und Ölkrug gesegnet ward.
> Der Mann, dessen Zurechtweisungen die Lechzenden annahmen,
> der Mann, der von den Himmelshöhen durch Feuer erhört wurde,
> der Mann, dem sie zuriefen: Der Ewige ist Gott.
> Der Mann, der einst vom hohen Himmel herab gesandt werden wird,
> der Mann, eingesetzt für alle guten Nachrichten,
> der Mann, der ein treuer Bote, der Kinder Herz mit dem der Eltern zu vereinen.
> Der Mann, der einst rief, herrlich habe ich für den Ewigen geeifert,
> der Mann, der auf feurigen Rossen im Sturm emporfuhr,
> der Mann, der nicht kostete des Todes und des Grabes Geschmack.
> Der Mann, Tischbi wird sein Name genannt,
> laß uns durch ihn in der Thora fördern,
> aus seinem Munde laß uns rasch gute Nachricht vernehmen,

führe uns aus der Dunkelheit zum Licht.
Der Mann Tischbi, durch ihn rette uns aus der Löwen Rachen,
verkünde uns gute Nachrichten,
erfreue Kinder an den Eltern an der Sabbate Ausgang.
Wie geschrieben steht: Siehe, ich schicke euch den Propheten Elijahu, bevor der Tag des Ewigen kommt, der große und furchtbare, er wird der Eltern Herz zu dem der Kinder und das Herz der Kinder zu dem der Eltern zurückführen.
Heil dem, der sein Angesicht im Traume geschaut,
heil dem, der ihm den Frieden entboten und dem er den Gruß erwidert hat. Der Ewige segne sein Volk mit Frieden (zitiert nach S. Bamberg, Siddur Sefat Emet, Basel 1986, 197 – 198).

Die Hinwendung zu Elia gerade am Sabbatausgang lässt sich wohl am besten damit erklären, dass hier beim Übergang von der heiligen Zeit als einer Zeit der Fülle, die den Vorgeschmack der künftigen Erlösung atmet, in die profane Zeit der Ausblick auf die gesamte Woche mit ihren Mühen und Nöten die Erlösungsbedürftigkeit der Welt am deutlichsten und schmerzhaftesten zu Bewusstsein kommen lässt.

Schließlich spielt Elias künftiges Erscheinen auch im Kontext des Passahfestes eine wichtige Rolle. Bei diesem Fest, das alljährlich im Frühjahr gefeiert wird, erinnert sich Israel an seine Errettung aus Ägypten und blickt gleichzeitig auch auf seine künftige Erlösung. Erinnerung und Hoffnung werden dabei nicht nur rein verbal zum Ausdruck gebracht, sondern sind in ein festes Ritual eingebunden und werden z. T. auch symbolisch veranschaulicht. Der Ablauf der Mahlzeit sowie der Wortlaut des Textes ist in der sog. Pessach-Haggada niedergeschrieben worden, die heute in verschiedenen Versionen vorliegt. Bei der Mahlzeit werden vier Becher Wein nach einer genau festgelegten Abfolge getrunken; bestimmte Speisen, wie z. B. Bitterkräuter oder das Brot der Armut, die hier in einer fest vorgeschriebenen Ordnung in Verbindung mit deutenden Worten eingenommen werden, versinnbildlichen die bittere Not oder die ärmliche Existenz der Israeliten in Ägypten.

Während der gesamten Mahlzeit befindet sich bereits ein für Elia bestimmter Becher Wein auf dem Tisch, um den sich die ganze Familie beim Sedermahl versammelt hat. Dabei gibt es lokal unterschiedliche Bräuche, wann der Becher mit Wein zu füllen ist – entweder gleich am Anfang oder erst dann, wenn Elia tatsächlich ins Spiel kommt. Nach dem dritten Becher Wein, wenn die Erzählung des Auszugs aus Ägypten bereits abgeschlossen ist, werden traditionellerweise die biblischen Feindpsalmen Ps 79,6 f; 69,25 sowie Klgl 3,66 rezitiert, in denen Gott darum gebeten wird, seinen Zorn über den Feinden Israels „auszugießen" (so explizit Ps 79,6 f) und an ihnen Rache zu üben. Bei der Rezitation dieser Psalmen wird die Tür des Hauses geöffnet, um Elia den Weg in die versammelte Festgemeinde zu ermöglichen, und man spricht die traditionelle Begrüßungsformel: „Gesegnet sei, der da kommt!" Dieser Abschnitt wurde im Mittelalter als ein Reflex auf die zahlreichen Verfolgungen, denen die Juden in Deutschland, England und Nordfrankreich ausgesetzt waren, in die Pessach-Haggada aufgenommen. Die Zeit um das Pessachfest war insofern eine besonders heikle Zeit, da sie mit der Osterzeit zusammenfiel, in welcher der Vorwurf der Ermordung des Gottessohnes und der Hostienschändung, der den jüdischen Gemeinden im aschkenasischen Bereich ab dem 13. Jh. entgegengebracht wurde, gleichsam alljährlich eine besondere Aktualität erlangte.

Wie Eric Friedland in einem einschlägigen Artikel des Jahrbuchs für Biblische Theologie aus dem Jahre 1993 gezeigt hat, bildete dieser Abschnitt mit seinem aggressiven Ton gerade für das liberale Judentum ein großes Problem, und so gab es Bestrebungen, auf die Rachepsalmen hier zu verzichten und anstelle dessen einen Text wie Ps 117 zu lesen, der einen ganz anderen Duktus hat. Letztendlich konnte sich aber im Angesicht der Erfahrung des Holocausts eine solche Entwicklung nicht durchsetzen, und wir finden in vielen neueren Haggadot zwar einerseits die Rachepsalmen, die in Verbindung mit dem Öffnen der Tür für Elia gesprochen werden, aber andererseits auch Erklärungen, die versuchen, diese gewalttätigen Worte durch eine Art historische Kontextualisierung etwas abzuschwächen.

5.2 Elia als Beistand und Nothelfer

Darüber hinaus wird Elia in den verschiedenen Erzählungen aber auch als eine Figur präsentiert, die als Retter, Ratgeber, Helfer und Beschützer fungiert. So kann Elia – wie es in der bereits aus dem Mittelalter stammenden Geschichte „Die sieben guten Jahre“ erzählt wird – unverhofft Reichtümer bringen. Auch das talmudische Thema, dass er in Verfolgungssituationen errettet, findet hier seine Fortsetzung. Wie Kristen H. Lindbeck in ihrem Überblick betont, erscheint Elia aber nun weniger als Retter von einzelnen Personen, sein segensreiches Handeln kommt vielmehr häufig ganzen Gemeinden zugute.

Die Lebendigkeit dieser Vorstellung bis in die jüngste Zeit wird deutlich, wenn Kirsten H. Lindbeck eine Erzählung anführt, die von einem anonymen Sammler 1909 in Polen aufgezeichnet wurde. Hier wird erzählt, dass der Zar Nikolaus beschlossen hatte, dass der Talmud verbrannt werden sollte. Der Rabbi der Gemeinde verkleidete sich daraufhin als Zar und verbrannte das Edikt, auf dem der Befehl geschrieben war, vor dem Kanzler. Als der Zar das Edikt unterschreiben wollte und man ihm sagte, er habe dieses doch selbst bereits zerrissen, erwiderte er: „Wenn der Prophet Elia sich in die Sache einmischt, dann kann ich nichts dagegen tun!“ (Weinreich, Yiddish Folktales, 320). Die Geschichte passt in die Zeit der Regierung des Zaren Nikolaus I. (1894 bis 1917), in der es in den Jahren 1903 bis 1906 ja tatsächlich zu Judenpogromen gekommen war; sie kann aber auch ältere traumatische Verfolgungserfahrungen, wie sie mit der Ermordung des Zaren Alexander II. im Jahre 1881 verbunden sind, die den Juden angelastet wurde, reflektieren.

Während die alten Erzählungen häufig eine Elia-Figur kennen, die inkognito in der realen Welt auftritt, finden wir – wie Kristen H. Lindbeck betont – nun auch die Vorstellung, dass Elia einem Menschen im Traum erscheint und ihm auf diese Art und Weise eine wichtige Botschaft zukommen lässt. Manche Erzählungen berichten, dass Elia jüdischen Gemeinden zu Hilfe kam, wenn diese des Ritualmordes beschuldigt wurden. Interessant dabei ist, dass diese Bedrohung, die eigentlich für die aschkenasische Welt typisch ist, auch in Traditionen aus dem Orient verarbeitet werden kann. Der Erscheinungsmodus im Traum könnte dabei – so Kristen H. Lindbeck – auf den zunehmenden Rationalismus, der auch für die jüdische Vorstellungswelt auf dem Weg in die Moderne typisch war, zurückzuführen sein.

Gerade in Verbindung mit der Pessachfeier entstanden im Laufe der Jahre viele Legenden, die Elia tatsächlich in die versammelte Festgesellschaft eintreten lassen. Der israelische Spezialist für die Erforschung der israelischen Volksliteratur bzw. mündlicher volkstümlicher Geschichten Dov Noy hat hierzu wichtiges Material in einem hebräischsprachigen Aufsatz mit dem Titel „Elijah the Prophet at the seder night" zusammengestellt (s. hierzu auch Dov Noy, Folktales from Israel, 22 f).

In wieder einem anderen Erzähltypus finden wir die Vorstellung, dass Elia bei der Durchführung eines Gebots behilflich ist bzw. für den Gebotsgehorsam und ethisches Verhalten belohnt. Das häufigste Thema ist dabei die Vorstellung, dass der Prophet hilft, den Minyan, d. h. das für das gemeinsame Gebet notwendige Quorum von zehn Männern, aufzufüllen. Das wohl bekannteste Beispiel hierfür ist die Ätiologie für den Namen der sog. Elijahu-ha-Navi-Synagoge in der Jerusalemer Altstadt. Als nämlich einmal für den Yom-Kippur-Gottesdienst noch eine Person zum Minyan fehlte, da erschien in letzter Minute ein alter Mann am Eingang der Synagoge. Nach dem Feiertag und dem gemeinsamen Gottesdienst wollte die Gruppe der Beter ihrem Gast danken, aber dieser war nun verschwunden. Da wurde es ihnen allen klar, dass es kein anderer als „Elijahu, der Prophet" gewesen war, der unter ihnen geweilt hatte, und so nannten sie nun ihre Synagoge ihm zu Ehren: Elijahu-ha-Navi-Synagoge (Ben-Amos, Folktales of the Jews, Bd. 2, 2–3).

Auch diese Vorstellung von Elia als Helfer und Beschützer hat Eingang in das jüdische Ritual gefunden. Bei der Zeremonie der Beschneidung, bei der als Zeichen der Zugehörigkeit eines männlichen Kindes zum Bund Gottes mit seinem Volk am 8. Tag nach der Geburt dessen Vorhaut operativ entfernt wird, wird der sog. „Stuhl Elijahus" aufgestellt, der während der gesamten Zeremonie leer bleibt. Nach der Begrüßung des Kindes wird dieses dem sog. *Sandek*, dem Beschneidungspaten, überreicht, der das Kind kurz auf dem Stuhl Elias niederlegt. Dadurch soll wohl angedeutet werden, dass das Kind mit der symbolischen Präsenz des Propheten verbunden wird. Weiteres erfahren wir aus den Worten, die der *Mohel,* d.h. also jene Person, die die Beschneidung durchführt, zu Beginn der Zeremonie spricht, denn nun heißt es:

> Dies sei der Stuhl für Elijahu, zum Guten sei seiner gedacht. Auf deine Hilfe hoffe ich, Ewiger. Ich harre auf deine Hilfe, Ewiger, deine Gebote erfülle ich. Elijahu, des Bundes Engel (hebr.: *malakh hab^erit*), auf ihn sind wir vorbereitet. Er stehe zu meiner Rechten und stütze mich. Ich harre auf deine Hilfe, Ewiger. Ich freue mich über dein Wort wie einer, der reiche Beute gefunden. Reicher Friede denen, die deine Tora lieben, sie straucheln nicht. Heil dem, den du erwählst und dir nahen lässt, dass er in deinen Höfen wohne (zitiert nach S. Bamberger, Siddur Sefat Emet, 287).

Hier in diesem Segensspruch wird die Funktion, die Elia bei der Beschneidung zukommt, explizit artikuliert, und Elia scheint zunächst für den *Mohel* eine bedeutende Rolle zu spielen, insofern er ihn in seiner Arbeit unterstützen soll. Dies mag zunächst überraschen, aber die jüngsten Diskussionen um die Beschneidung haben deutlich gezeigt, dass dieser medizinische Eingriff zahlreiche Risiken in sich birgt und wohl auch für den Beschneider selbst eine Herausforderung darstellt. Dies galt sicherlich noch in einem vermehrten Maße für die früheren Zeiten, in denen die medizinische Entwicklung und die hygienischen Standards bei Weitem nicht so hoch waren wie in der Moderne. Selbstverständlich kommt die segensreiche Wirkung Elias dann natürlich auch dem neugeborenen Kind zu, das sowohl durch die Beschneidung aber auch durch die Situation im Allgemeinen ja doch sehr gefährdet war.

Die Vorstellung von Elia als einem Schutzpatron der Beschneidung hat eine lange Traditionsgeschichte, die mit der Rettungs- und Schutzfunktion Elias generell zusammenhängt. In diesen Zusammenhang gehört bereits die biblische Erzählung von der Auferweckung des Sohnes der Witwe von Zarpat (1Kön 17,17–24); darüber hinaus zeigt ja auch Sir 48,9–10, dass mit der Figur Elias eine lebensgarantierende Kraft verbunden wurde.

Interessant ist nun, dass Elia als Vertreiber von Dämonen, die

Neugeborenen schädlich sein können, insbesondere auf Zauberschalen und mittelalterlichen Amuletten erscheint. Dies zeigt ein Beleg aus der Kairoer Geniza, in dem es in einem Text, der mit „Bitte des Elija“ überschrieben ist, heißt:

> Sprich diese (Namen) über alle Sorten von Samen, und er wird Gold. Und zu einem unfruchtbaren Mann oder einer unfruchtbaren Frau sprich ihn (den Namen), | so werden ihre Kinder leben. Gepriesen (seist du, Herr), Schild (Abrahams) (zitiert nach Schäfer, Texte aus der Kairoer Geniza, 63).

Jacob Neusner verweist darüber hinaus noch auf eine interessante babylonische Zauberschale, die wohl in das 7. oder 8. Jh. zu datieren ist. Hier wird erzählt, wie Elia unterwegs einmal auf die Dämonin Lilith trifft, die ihrerseits gerade zu einer Frau unterwegs ist, die in den Wehen liegt. Liliths Ziel ist es, Frau und Kind zu töten. Als Elia dies erfährt, bannt er Lilith und sie schwört ihm, dass sie von ihrem bösen Vorhaben ablassen wird. Außerdem verrät Lilith Elia ihre fünfzehn weiteren Namen, welche sie – wenn sie diese geschrieben sieht – ebenfalls von ihrem Tun abhalten werden. Die Geschichte endet, indem Elia Lilith nochmals beschwört und sie so gleichsam von ihrem Opfer „scheidet“.

Das Motiv der Dämonenbannung wird in antiken Erzählungen sowohl mit Salomo als auch mit R. Chanina ben Dosa verbunden. So wird im sog. Testament Salomos 13,1 – 5 beschrieben, dass es Salomo gelingt, der Dämonin Obyzouth, die nachts umherstreicht und Neugeborene erstickt, die „Information“ abzuringen, dass sie mit einem Zettel zu bannen ist, auf dem der Name des Engels Rafaels steht (zum Ganzen Busch, Testament Salomos, 181 – 190). Im Babylonischen Talmud wiederum wird erzählt, wie Hanina ben Dosa der Dämonenkönigin Igrat, der Tochter Mahalats, begegnet, die den ganzen Tag über die Erlaubnis hatte, ihr zerstörerisches Werk zu tun und ihr abringen kann, dass sie nur noch in der Nacht des Sabbats und des Mittwochs angreifen kann (bPesachim 112b). Da diese Überlieferungen allesamt älter sind als die Eliabelege, ist anzunehmen, dass die Elia-Figur im Laufe der Zeit solche Züge auf sich gezogen hat.

Die oben genannte Vorstellung, dass Elias Gegenwart bei der

Beschneidung durch einen Stuhl repräsentiert wird, findet sich in dem frühmittelalterlichen Midrasch Pirqe de Rabbi Eliezer zum ersten Mal. Dort heißt es in Kap. 29:

> Von hier sagten die Weisen: Man bedeckt die Vorhaut und das Blut mit Erdenstaub. Und außerdem werden [die Israeliten] mit Staub verglichen, denn es heißt: *Und dein Same wird sein wie der Staub des Landes. (Gn 28,14)* Und so pflegten die Israeliten die Beschneidung zu vollziehen, bis dass sie in zwei Königreiche geteilt wurden. Und die aus dem Königreich Ephraim wandten sich von der Beschneidung ab. Da erstand Elija, [sein] Angedenken zum Guten, und ihn ergriff ein großer Eifer, so dass er den Himmel beschwor, weder Tau noch Regen auf das Land herabfallen zu lassen. Und Isebel hörte [davon] und trachtete, ihn zu töten. Elija stand auf und betete vor dem Heiligen, gepriesen sei er. Der Heilige, gepriesen sei er, sagte zu ihm: Bist du etwa etwas Besseres als deine Väter [, fliehe]! Esau trachtete, Jakob zu töten, denn es heißt: *Es werden die Tage der Trauer um meinen Vater näher kommen, und dann werde ich Jakob, meinen Bruder, erschlagen. (Gn 27,41)* Und er floh vor ihm und entkam, denn es heißt: *Da entfloh Jakob in das Gefilde von Aram. (Hosea 12,13)* Pharao trachtete, Mose zu töten, und er floh vor ihm und entkam, denn es heißt: *[Und Pharao hörte die Sache und trachtete, Mose zu töten.] Da floh Mose vor Pharao. (Ex 2,15)* Saul trachtete, David zu töten, und er floh vor ihm und entkam, denn es heißt: *[Und Saul trachtete, David mit der Lanze zu treffen …] Und David entfloh und entkam. (1 Sa 19,10)* Um dich zu lehren, dass jeder, der flieht, [auch] entkommt. Elija stand auf und floh aus dem Land Israel [zum Berg Horeb] und entkam, denn es heißt: *Da stand er auf und aß und trank. (1Kg 19,8)* Der Heilige, gepriesen sei er, offenbarte sich ihm und sprach zu ihm: *Was hast du hier [zu suchen] Elija? (1 Kg 19,10) Er sprach: Ich habe geeifert [für JHWH]. (1 Kg 19,10)* Der Heilige, gepriesen sei er, sagte: Bist du nicht ständig dabei zu eifern? Du hast [bereits] in Schittim wegen des Aufdeckens der Blöße geeifert, denn es heißt: *Pinchas der Sohn des Eleasar [Sohn Aarons, des Priesters, … hat meinen Grimm von den Kindern Israels abgewendet, indem er an meiner Statt unter ihnen eiferte, das ich nicht in meinem Eifer die Kinder Israels aufrieb]. (Nu 25,11)* Und hier hast du [ebenfalls] geeifert. Bei deinem Leben, kein Israelit wird den Bund der Beschneidung vollziehen, bis du es mit deinen Augen siehst. Von hier ordneten die Weisen an, dass man einen Ehrensitz für den Boten des Bundes [der Beschneidung] macht, denn es heißt: *Und der Bote des Bundes, nach dem ihr verlangt, siehe, er kommt. (Mal 3,1)* Gott

> Israels, eile und bring zu unseren Lebzeiten den Messias, uns zu trösten und unsere Herzen zu erneuern, denn es heißt: *Er wird das Herz der Väter zurückführen zu den Kindern [und das Herz der Kinder zu ihren Vätern]. (Mal 3,24)* (zitiert nach Börner-Klein, Pirqe de Rabbi Eliezer, 330 – 334).

Bemerkenswert ist an dieser Stelle zunächst, dass Elia hier – wie bereits aus dem letzten Kapitel bekannt – direkt mit Pinhas verbunden wird. Dabei werden verschiedene Vorstellungen und Bibelverse in einer phantasievollen Art und Weise miteinander verknüpft. So wird zum einen Mal 3,1 mit Mal 3,23 zusammen gelesen, wodurch Elia zum „*malakh ha-bᵊrit*" wird. Diese Wendung ist insofern doppeldeutig, da der hebräische Begriff „*malakh*" zunächst einmal schlichtweg „Bote" bedeutet und erst dann – vor dem Hintergrund übernatürlicher Boten, die von Gott geschickt werden – im Sinne von „Engel" zu verstehen ist. Elia wird im vorliegenden Midrasch so eher als eine Figur gezeichnet, die die Bedeutung des Bundes verkündigt. Er ist damit zunächst weniger „Schutzengel" als ein Prophet, der Israel an dieses Zeichen seiner Zugehörigkeit zu seinem Gott zu erinnern hat – und genau das ist sein Eifer, der auf dem Horeb laut geworden ist. Dabei ist ein gewisser Ton des Vorwurfs nicht zu überhören.

Pirqe de Rabbi Eliezer 29 stellt den frühesten Beleg für den „Stuhls Elijas" dar. Wie Kristen H. Lindbeck deutlich gezeigt hat, reflektiert der Midrasch mit großer Wahrscheinlichkeit hier aber einen bereits bestehenden Brauch. Explizit erwähnt Rabbi Nissim ben Jakob aus dem tunesischen Kairouan im 10. Jh. zum ersten Mal die Verwendung eines solchen Stuhls im Rahmen der Beschneidungszeremonie. Im Hinblick auf weitere Belege für einen Stuhl Elias ist dann vor allem auf das religionsgesetzliche Werk „Schulchan Aruch" zu verweisen, in dem der Rabbiner und Kabbalist Joseph Karo (1488 – 1575) die in seiner Zeit verbindlich zu praktizierende Halakha zusammengestellt hat. Danach soll bei einer Beschneidungszeremonie explizit gesagt werden, dass es sich bei diesem freien Stuhl um den Stuhl des Propheten Elia handelt.

Die Form dieses Stuhls als solche ist freilich flexibel und variiert in den verschiedenen jüdischen Traditionen. Wie Michele

Klein in ihrem Werk „A Time to be Born“ deutlich macht, hat sich im Laufe der Jahre ein reiches und lokal unterschiedliches Brauchtum um diesen Stuhl Elias entwickelt:

> In the eighteenth and nineteenth centuries, synagogue congregations in England, Alsace, parts of Germany and Austria, and Safed in the Holy Land acquired large, benchlike double chairs in which the sandek could sit on the one half, leaving the other half free for the prophet. In contrast, at that time some synagogues in Provence had a small, fancy symbolic Chair of Elijah installed on the wall. There have been recent reports of such small, symbolic chairs on the walls of Synagogues in Sefrou (Morocco), Kurdistan and Yemen. In Italy two centuries ago, the community charitable society that helped with circumcision expenses sometimes commissioned the making of a beautiful Chair of Elijah. In Morocco in the early twentieth century, childless couples sometimes commissioned such a chair, in the hope of meriting a child by this deed. Alternatively, they commissioned the chair when a first son was born after a long period of bareness. In both instances, the chair was made available for the use of all the Jews in the community.
>
> Jews of Herat, Afghanistan, who are now living in Israel, prepare a chair with a beautiful covering on which Elijah could sit, and also stick on which he could lean when standing. They tell that parents have kept the stick in the baby’s room for two days after the circumcision as a protective charm for the boy’s wellbeing. They have attributed healing properties on the stick“ (Klein, A time to be born, 185 f).

Mit der Vorstellung, dass Elia mehr oder weniger in der Gegenwart helfend eingreifen kann, sind wir wieder bei unserem Ausgangsmotiv angekommen. Die Tatsache, dass bis in die jüngste Gegenwart Elia-Geschichten erzählt werden (und vermutlich immer wieder neue solcher Traditionen entstehen können), erklärt sich sicherlich auch dadurch, dass die Figur Elias sowohl mit ihrer präsentischen als auch mit ihrer eschatologischen Komponente durch die Beschneidungszeremonie bzw. das Sedermahl gleichsam immer wieder ins Gedächtnis gerufen wird. Dabei können sich die verschiedenen Aspekte natürlich auch gegenseitig beeinflussen, so dass auch neue Verbindungen und Motivkomplexe entstehen können. Elia kann einem Ehepaar, das ihn in der Pessachnacht freundlich aufgenommen hat, die Geburt des langersehnten Kindes ankündigen oder aber auch in militärisch prekären Situationen als Beschützer erscheinen. Menschliche Nöte, Wünsche und Ängste reflektieren sich so immer wieder aufs Neue in dem lebendigen Prozess der Traditionsbildung, und es bietet sich hier reiches Forschungsmaterial im Spannungsfeld von Anthropologie, Soziologie, Religions- und Literaturwissenschaften.

6. Ausblick: Elia-Traditionen im Spiegel der Jahrhunderte

Wie diese einzelnen Geschichten deutlich machen, ist es in der Tat ein weiter Weg vom Wundermann des 9. Jh. v. Chr. zum schutzengelhaften Elia des 21. Jh., und es ist offensichtlich, dass jede Zeit die Figur des Elia auf ihre eigene, ihr charakteristische Art und Weise gestaltet hat. Auf der Basis der biblischen Überlieferung, die von der Entrückung Elias weiß, entwickelte sich bereits in der hellenistischen Zeit die Vorstellung seiner endzeitlichen Wiederkehr (Mal 3,23), wobei durch den unmittelbaren Kontext mit Mal 3,22 Elia, der sich schon in den Erzählungen der Königsbücher als Eiferer für Gottes Sache präsentierte, nun auch mit dem Toragehorsam generell in Verbindung gebracht werden konnte.

Elias Eifer, seine Himmelfahrt und seine Wiederkunft sind dann auch die Motive, die in den anderen Quellen aus der hellenistischen Zeit von Bedeutung sind. Elias Eifer scheint vor allem in der Zeit der Auseinandersetzung mit Antiochus IV. (175 – 168 v. Chr.) eine inspirierende Rolle gespielt zu haben, da diese Haltung für die Makkabäer wohl das Ideal schlechthin war, mit dem sie ihren Kampf gegen die verhasste Seleukidenherrschaft motivierten.

Auffällig sind die unterschiedlichen Referenzen auf Elias Himmelfahrt. Während ein Teil der Quellen hier eine gewisse Zurückhaltung zum Ausdruck bringt (so LXX 2Kön 2,11), findet in der griechischen Übersetzung der Weisheitsschrift Jesus Sirachs geradezu eine Dramatisierung des Geschehens statt, wenn der himmlische Wagen nun das Transportmittel wird, mit dem Elia in die himmlische Welt hinauffährt. Außerdem schmückt diese Überlieferung auch die Vorstellung seiner endzeitlichen Wiederkehr aus, wenn Elia nun explizit auch mit der Rückführung der Stämme Israels und der Auferstehung der Toten in Verbindung gebracht wird.

In der rabbinischen Literatur, die nach der Zerstörung des Jerusalemer Tempels im Jahre 70 n. Chr. entstand und auch auf diese reflektiert, werden diese Linien weitergeführt und z. T. auf ganz charakteristische Art gebrochen. Wenn das Motiv der Entrückung Elias narrativ auch nicht weiter ausgestaltet wird, so scheint es doch – zumindest nach dem Hauptstrom der rabbinischen Überlieferung – eine allgemein verbreitete Vorstellung gewesen zu sein. Dieser Gedanke bildet die inhaltliche Voraussetzung für die weitere Motiventwicklung, die in den älteren Quellen zunächst auf Elias eschatologische Bedeutung rekurriert, um dann aber in den amoräischen Quellen auch seine Wirksamkeit in der Zeit der Rabbinen thematisieren zu können. Wenn die Traditionen auch nicht homogen sind, so kann doch festgestellt werden, dass hier nun dezidiert eine Integration der Figur Elias in das rabbinische Wertgefüge stattfindet. Ein solcher Prozess lässt sich auch bei anderen biblischen Gestalten beobachten; bei Elia war dies aber sicherlich ein ganz besonderes Anliegen, da er durch seine himmlische Existenz so etwas wie ein „Zeitgenosse" der Rabbinen war. Zunächst erscheint Elia in der rabbinischen Literatur durch seine Toragelehrsamkeit und seine Taten der Nächstenliebe geradezu als der ideale Rabbi. Er belohnt nicht nur diejenigen, die diesem Ideal entsprechen, durch seine Hilfe und Gegenwart, sondern kann sich den Rabbinen entziehen, wenn sie bestimmte Ideale der Nächstenliebe nicht erfüllen. In narrativer Hinsicht erfolgt der Hinweis auf die rabbinischen Werte somit gleich von doppelter Seite. Durch sein Eintreten in schwierigen Situationen übernimmt Elia in gewisser Art und Weise zudem die Funktion eines Schutzengels. Diese Funktion, die in den älteren Texten aus der hellenistischen Zeit z. B. durch die Tobiterzählung vertreten ist, war ja im rabbinischen Judentum in gewisser Art und Weise „neu zu besetzen", da sich hier – wohl auch als Reflex auf den jüdischen Krieg, bei dem militärische Schutzengel für die zelotische Bewegung bedeutsam waren – ein extrem negatives Engelbild entwickelt hatte.

Andere Wesenszüge Elias spielen dafür in den rabbinischen Texten kaum eine Rolle oder werden deutlich zurückgedrängt. So scheinen sich die Rabbinen so gut wie gar nicht für die Wundertaten Elias zu interessieren. Dazu findet eine ganz klare Distanzierung von seiner Neigung zu geradezu fanatischen Auftritten statt. Er kann zwar – wie die in manchen Midraschim erscheinende Identifikation mit Pinhas zeigt – gelegentlich als Eiferer erscheinen. Verschiedene Midraschim üben aber eine überaus deutliche Kritik an dieser Verhaltensweise und die geradezu komödiantenhaften Züge seines Wesens, die in manchen rabbinischen Elia-Erzählungen zu greifen sind (man denke nur daran, dass er in der Gestalt einer Prostituierten R. Meir umarmen kann …), karikieren dieses Eliabild geradezu. Vor diesem Hintergrund formulieren diese Erzählungen eine deutliche Kritik an einer fanatischen Weltsicht, die die künftige Erlösung gleichsam gewaltsam herbeizwingen möchte. Vielmehr ermutigen sie zu einem ethisch integren Handeln und zeigen zudem auch die Unverfügbarkeit der göttlichen Rettung, die durchaus auch überraschend in das Leben der Einzelnen eindringen kann.

Die Ausgestaltung des rabbinischen Eliabildes ist somit als Reflex auf die rabbinischen Werte des Torastudium und der Taten der Nächstenliebe zu sehen, steht aber auch in enger Verbindung mit existentiellen Nöten. Dabei spielt die Bedrohung durch die römische Fremdherrschaft eine herausragende Rolle, aber auch allgemeinmenschliche Nöte in finanzieller oder medizinischer Hinsicht können hier reflektiert werden.

Wenn wir abschließend einen Blick auf den späteren, bis heute lebendigen Überlieferungsprozess werfen, so ist prinzipiell eine Demokratisierung zu greifen, die mit einer Ritualisierung einhergeht. Neben der performativen Einbindung der eschatologischen Erwartung in die Sederfeier des Pessachfestes wird Elias Schutzengelfunktion nun in gewisser Art und Weise auch dadurch popularisiert, dass er in den zahlreichen volkstümlichen Elialegenden prinzipiell allen erscheinen kann, die ihre ethische Integrität durch ihre freundliche Hinwendung zu dieser (ihnen unbekannten) Figur demonstrieren. Dabei reflektieren die Erzählungen mehr oder weniger mittelbar auf aktuelle existenzielle Herausforderungen, seien es die mittelalterlichen Verfolgungen der jüdischen Gemeinden oder aber andere schwierige Situationen wie Pogrome oder die Einwanderung in das Gebiet des späteren Staates Israel während der britischen Mandatszeit. Narration und Ritual stehen hier in einem wechselseitigen Zusammenhang und inspirieren sich gegenseitig, so dass die Gestalt Elias weiterhin wirksam und lebendig bleibt.

7. Literaturhinweise (Auswahl)

Albertz, Rainer, Elia. Ein feuriger Kämpfer für Gott, BG 13, Leipzig 2006.

Bamberger, Selig, Siddur Sefat Emet, Basel 1986.

Bauckham, Richard J., Visiting the Places of the Dead in the Extra-Canonical Apocalypses, in: ders. (Hg.), The Fate of the Dead. Studies on the Jewish and Christian Apocalypses, NT.S 93, Leiden 1998, 81–96.

Ben-Amos, Dan/Noy, Dov, Folktales of the Jews, Philadelphia 2006.

Berger, Klaus, Das Buch der Jubiläen, JSHRZ II/3, Gütersloh 1981.

Billerbeck, Paul, Der Prophet Elias nach seiner Entrückung aus dem Diesseits. Altjüdische Legenden und Spekulationen, Nathanael 30, 1914, 43–114.

Blum, Erhard, Der Prophet und das Verderben Israels. Eine ganzheitliche, historisch-kritische Lektüre von 1 Reg xvii-xix, VT 47, 1997, 277–292.

– Die Nabotüberlieferungen und die Kompositionsgeschichte der Vorderen Propheten, in: Schriftauslegung in der Schrift, hg. von Kratz, R.G./Krüger, T./Schmid, K., BZAW 300, Berlin 2000, 11–128.

Börner-Klein, Dagmar, Pirke de-Rabbi Elieser. Nach der Edition Venedig 1544 unter Berücksichtigung der Edition Warschau 1852, SJ 26, Berlin 2004.

Busch, Peter, Testament Salomos, TU 153, Berlin 2006.

Dietzfelbinger, Christian, Pseudo-Philo. Antiquitates Biblicae, JSHRZ II/2, Gütersloh 1975.

Dochhorn, Jan, Die Verschonung des samaritanischen Dorfes (Lk 9.54–55). Eine kritische Reflexion von Elia-Überlieferung im Lukasevangelium und eine frühjüdische Parallele im Testament Abrahams, NTS 53/3, 2007, 359–378.

Friedland, Eric, „Elija der Prophet möge bald mit dem Messias kommen". Messianismus in der Pesach-Haggada des fortschrittlichen Judentums, JBTh 8, 1993, 251–271.

Gese, Hartmut, Zur Bedeutung Elias für die biblische Theologie, in: Congress Volume, Leuven 1989, hg. von Emerton, J.A., Leiden/New York 1991, 126 – 150.

Goldschmidt, Lazarus (Hg.), Der Babylonische Talmud. Neu übertragen, 12 Bände, Berlin 1981.

Grünwaldt, Klaus/Schroeter, Harald (Hg.), Was suchst du hier, Elia? Ein hermeneutisches Arbeitsbuch, Hermeneutica 4, Rheinbach-Merzbach 1995, darin besonders:

- Grünwaldt, Klaus, Elia zeitgeistlich – Eine kleine Forschungsgeschichte, 17 – 26,
- Thiel, Winfried, Zu Ursprung und Entfaltung der Elia-Tradition, 27 – 39,
- Grünwaldt, Klaus, Von den Ver-Wandlungen des Propheten. Die Elia-Rezeption im Alten Testament, 43 – 54,
- Beyerle, Stefan, Erwägungen zu ‚Utopie' und ‚Restauration' als Aspekte der Elia-Haggada, 55 – 71,
- Kellermann, Ulrich, Elia redivivus und die heilszeitliche Auferweckung der Toten. Erwägungen zur ältesten Bezeugung einer Erwartung, 72 – 84.

Gutmann, Joshua/Sperlin, S. David, Art. Elijah, EJ 6, Detroit 2007, 331 – 333.

Häfner, Gerd, Der verheißene Vorläufer. Redaktionskritische Untersuchung zur Darstellung Johannes des Täufers im Matthäus-Evangelium, Stuttgart 1994 (Kapitel: E. Die Tradition vom Elija redivivus im alttestamentlichen, frühjüdischen und urchristlichen Schrifttum, 321 – 343).

Hedner-Zetterholm, Karin, Elijah and the Books of Kings in Rabbinic Literature, in: The Books of Kings. Sources, Composition, Historiography and Reception, ed. by Lemaire, A./Halpern, B., VT.S 129, Leiden/Boston 2010, 585 – 606.

Hentschel, Georg, Die geschichtlichen Wurzeln der Elijatradition, in: Dein Wort beachten. Alttestamentliche Aufsätze, hg. von Reindl, J., Leipzig 1981, 33 – 57.

Kaiser, Otto, Der Prophet Elia in Flavius Josephus Ant. XVIII und XIX, in: Geschichte Israels und deuteronomistisches Geschichtsdenken. FS Winfried Thiel, hg. von Mommer, P./Scherer, A., AOAT 380, Münster 2010, 152 – 163.

Kellermann, Ulrich, Elia redivivus: siehe bei Grünwaldt, Klaus.

Klein, Michele, A Time to be born. Customs and Folklore of Jewish Birth, Philadelphia 1998.

Köckert, Matthias, Elia. Literarische und religionsgeschichtliche Probleme in 1Kön 17 – 18, in: Der eine Gott und die Götter. Polytheismus und Monotheismus im antiken Israel, hg. Oeming, M./Schmid, K., AThANT 82, Zürich 2003,111 – 144.

Levin, Christoph, Erkenntnis Gottes durch Elia, in: ders., Fortschreibungen. Gesammelte Studien zum Alten Testament, BZAW 316, Berlin 2003, 158 – 168.

Levinsohn, Moses Wolf, Der Prophet Elia. Nach den Talmudim- und Midraschquellen, New York 1929.

Lindbeck, Kristen H., Elijah and the Rabbis. Story and Theology, New York 2010.

Maier, Johann, Die Qumran-Essener. Die Texte vom Toten Meer, 3 Bände, München 1995. 1996.

Meinhold, Arndt, Maleachi, BK 14, Neukirchen-Vluyn 2006.

Meyer, Rudolf, „Elia" und „Ahab" (Tg.Ps.-Jon. zu Deut. 33,11), in: Rudolf Meyer. Beiträge zur Geschichte von Text und Sprache des Alten Testaments. Gesammelte Aufsätze, hg. von Bernhardt, W., BZAW 209, Berlin 1993, 170–182.

Necker, Gerold, Art. Elia II. Judentum, RGG 2, Tübingen 1999, 1211.

Neusner, Jacob, A History of the Jews in Babylonia. 5: Later Sasanian Times, Leiden 1970.

Noy, Dov, Elijah the Prophet at the seder night (hebr.), Machnayim 43, 1960, 100–106.

Oeming, Manfred, Naboth, der Jesreeliter. Untersuchungen zu den theologischen Motiven der Überlieferungsgeschichte von I Reg 21, ZAW 98, 1986, 363–383.

Oswald, Nico, Art. Elia. II. Judentum, TRE 9, Berlin 1982, 502–504.

Oberhänsli-Widmer, Gabrielle, Elija als Pate des Bundes, oder die Dynamik rabbinischer Rezeption, in: Kontexte der Schrift. 1: Text, Ethik, Judentum und Christentum, Gesellschaft, hg. von Gelardini, G., Stuttgart 2005, 126–137.

Overholt, Thomas, Cultural Anthropology and the Old Testament, Minneapolis 1996.

Poirier, John C., The Endtime Return of Elijah and Moses at Qumran, DSD 10/2, 2003, 221–242.

Sauer, Georg, Elia und die Baalsverehrung, Wiener Jahrbuch für Theologie 6, 2006, 35–44.

– Jesus Sirach, JSHRZ III/5, Gütersloh 2001, 483–644.

Schäfer, Peter, Magische Texte aus der Kairoer Geniza, TSAJ 64, Tübingen 1997.

Schäfer-Lichtenberger, Christa, Josua und Elischa – eine biblische Argumentation zur Begründung der Autorität und Legitimität des Nachfolgers, ZAW 101, 1989, 198–222.

Schmitt, Hans-Christoph, Prophetie und Tradition. Beobachtungen zur Frühgeschichte des israelitischen Nabitums, ZThK 74, 1977, 253–272.

Schmoldt, Hans, Elijas Begegnung mit Jahwä (1Kön 19,9–14), BN 43, 1988, 19–26.

Schwarzbaum, Haim, Art. Elias, in: Enzyklopädie des Märchens 3, Berlin 1999, 1343–1346.

Schwemer, Anna Maria, Elija als Araber. Die haggadischen Motive in der

Legende vom Messias Menahem ben Hiskija (yBer 2,4 5a; EkhaR 1,16 § 51) im Vergleich mit den Elija- und Elischalegenden der Vitae Prophetarum, in: Die Heiden. Juden, Christen und das Problem des Fremden, hg. von Feldmeier, R./Heckel, U., WUNT 70, Tübingen 1994, 108 – 157.

– Studien zu den frühjüdischen Prophetenlegenden *Vitae prophetarum*, II: Einleitung, Übersetzung und Kommentar, TSAJ 50, Tübingen 1996.

Seebaß, Horst, Art. Elia, TRE 9, Berlin 1982, 498 – 502.

Seybold, Klaus, Elia am Gottesberg. Vorstellungen prophetischen Wirkens nach 1. Könige 19, EvTh 33, 1973, 2 – 18.

Smend, Rudolf, Das Wort Jahwes an Elia, VT 25, 1975, 525 – 543.

–, Der biblische und der historische Elia, VT.S 28, Leiden 1975.

Stolz, Fritz, Weltbilder der Religionen. Kultur und Natur, Diesseits und Jenseits, Kontrollierbares und Unkontrollierbares, Zürich 2001.

Thiel, Winfried, Art. Elia I. AT, RGG 2, Berlin 1999, 1209 – 1211.

– Deuteronomistische Redaktionsarbeit in den Elia-Erzählungen, in: Gelebte Geschichte. Studien zur frühen prophetischen Geschichtsdeutung Israels, hg. von Mommer, P./Pottmann, S., Neukirchen-Vluyn 2000, 139 – 160.

– Gebete in der Elia- und Elisa-Tradition, in: Gott und Mensch im Dialog. FS Otto Kaiser, hg. von Witte, M., BZAW 345, Berlin/New York 2004, 439 – 447.

Thomas, Samuel, Enoch, Elijah and the (Eschatological) Torah, Henoch 31/1, 2009, 54 – 59.

Wagner, Siegfried, Elia am Horeb. Methodologische und theologische Überlegungen zu 1 Reg 19, in: Prophetie und geschichtliche Wirklichkeit im alten Israel. FS Siegfried Herrmann, hg. von Liwak, R./Wagner, S., Stuttgart 1991, 415 – 424.

Weinreich, Beatrice, Yiddish Folktales, Tel Aviv 1997.

Welten, Peter, Nabots Weinberg (1Kön 21), EvTh 33, 1971, 18 – 32.

Wiener, Aharon, Elijah in Jewish Mysticism, in: ders., The Prophet Elijah in the development of Judaism. A depth-psychological study, London 1978.

Willems, Gerard F., Élie le prophète: Bible, tradition, iconographie, Leuven 1988, darin besonders:

– Willems, Gerard F., Quelques textes rabbiniques anciens à props du prophète Élie, 91 – 114,

– Guigui, Albert, Le prophète Élie dans la liturgie juive, 115 – 135,

– Dequeker, Luc, Le prophète Élie dans l'iconographie juive ancienne, 137 – 154.

Xeravits, Géza, Some Remarks on the Figure of Elijah in Lives of the Prophets 21:1 – 3, in: Hilhorst, A./Puech, É./Tigchelaar, E. (Hg.), Flores Florentino. Dead Sea Scrolls and Other Early Jewish Studies in Honour of Florentino García Martínez, JSJ.S 122, Leiden 2007, 499 – 508.

Christfried Böttrich

Elia im Christentum

1. Einleitung: Propheten und Berge

> Wenn der Berg nicht zum Propheten kommen will, muss der Prophet zum Berg kommen. (Deutsches Sprichwort, Beyer/Beyer 450)

Zwischen Propheten und Bergen scheint es eine ganz besondere, geradezu schicksalhafte Beziehung zu geben. Was das Sprichwort formuliert, steht vor dem Hintergrund einer langen und gewichtigen Tradition. Der Prophet kann sich seinem Geschick nicht entziehen. Wenn er Gottes Stimme nicht mehr vernimmt, dann muss er selbst aufbrechen. Der Satz könnte allerdings auch genau andersherum lauten: Wenn der Prophet nicht zum Berg kommen will, dann muss der Berg zum Propheten kommen! Gott holt ihn in jedem Falle ein. Unstrittig ist lediglich, dass der Berg für Offenbarung und Gottesnähe steht.

Die Vorstellung von „Götterbergen" ist bei den Religionen des alten Orients weit verbreitet. Das mag zunächst an jenem Weltbild liegen, das grundlegend zwischen Erde und Himmel unterscheidet und damit die Berge auf ganz natürliche Weise zu den bevorzugten Orten für Gottesbegegnungen macht. Vor allem aber spielt hier wohl die Einsamkeit eine bedeutsame Rolle, die den Menschen aus seiner sozialen Umgebung herauslöst und mit dem Schauder einer anderen Welt konfrontiert. Auf dem Berg scheint der Mensch der Sphäre des Göttlichen näher zu sein. Herrscher, die sich in ihrer Hybris den Göttern gleichzusetzen versuchen, thronen auf Bergen – wie der König von Tyros (Ez 28,1–19) oder der König von Babel (Jes 14,3–27). Opferstätten errichtet man gern auf den Höhen. In Kanaan sind solche Höhenheiligtümer eine feste Institution. Selbst Israel macht sich diesen Brauch zunutze, wenn es nach geeigneten Orten für Opferaltäre sucht.

Nun haben diese Vorstellungen an sich noch nichts mit dem Auftreten von Propheten zu tun. Als Boten Gottes, die sein Wort vernehmen und dem Volk übermitteln, sind sie nicht an bestimmte Orte gebunden. Zwar gibt es auch in den Heiligtümern des Landes Kultpropheten. Aber die großen prophetischen Gestalten der biblischen Überlieferung werden von Gott vorzugsweise mitten in ihrem Alltag ergriffen, berufen oder angesprochen. Damit Gottes Wort an den Propheten „ergehen“ kann, bedarf es keiner besonderen Situation. Dennoch wählt sich auch der Gott Israels auf eigentümliche Weise Berge aus, um sie zu Orten seiner Offenbarungen zu machen. Zentrale Bedeutung gewinnt hier der Sinai, an dem Mose und das Volk die Tora empfangen (Ex 19–24). Auf einem Berg unterzieht Gott den Abraham der schwersten Prüfung seines Lebens (Gen 22). Vor allen anderen Bergen avanciert der Zion zu jenem Ort, an dem Gott selbst fortan Wohnung nimmt (1Kön 11,36; Ps 132,13 u. ö.). Er wird zum „heiligen Berg“ (Ps 2,6; 121,1; Jes 27,13 u. ö.), zu dem der Beter seine Augen erhebt – in der Hoffnung auf Gottes Hilfe. Deshalb duldet der Zion auch keine Konkurrenz. Die Höhenheiligtümer im Lande werden im Zuge der josianischen Reform (7. Jh. v. Chr.) geschleift; die alten kanaanäischen Kultstätten auf dem Hermon oder Tabor verfallen dem Verdikt des Götzendienstes; allein der Garizim vermag sich als Ort der Anbetung Gottes auch weiterhin zu behaupten (Joh 4,20–21), was jedoch in der Folge zu einem Schisma zwischen Juden und Samaritanern führt.

Insofern spielen Berge in den Erzählungen über Propheten dann doch immer wieder eine wichtige Rolle. Mose, den die biblische Überlieferung zunehmend als einen Propheten versteht, begegnet Gott am brennenden Dornbusch zu Füßen des Horeb (Ex 3); zum Empfang der Tora wird er den „Gottesberg“ später noch mehrfach besteigen (Ex 19–34). Dass Mose das Heilige Land von ferne sehen darf, wird ihm vom Gipfel des Berges Nebo aus gestattet, wo Gott selbst auch für seine Bestattung sorgt (Dtn

32,48–52; 34,1–6). Elia trägt den Konflikt mit den Baalspropheten auf dem Berg Karmel aus (1Kön 18,20–40); vor den Nachstellungen der Isebel flieht er zum Horeb (1Kön 19), wo schon einst Mose von Gott Weisung erhalten hatte. Dem David, der ebenfalls in die Schar der Propheten eingeordnet wird, kündigt Gott den Bau eines Hauses auf dem Zion an, wo „sein Name wohnen" werde (2Sam 7). Hier findet im 7. Jh. n. Chr. schließlich noch einmal die Entrückung des Propheten Mohammed statt.

Es verwundert deshalb nicht, dass auch die Geschichte des Propheten Jesus aus Nazaret eine Reihe wichtiger Episoden auf Bergen platziert hat. In der Versuchungsgeschichte führt der Teufel Jesus „auf einen sehr hohen Berg" (Mt 4,8) – im Horizont von Ez 38 und Jes 14 offensichtlich die angemessene Kulisse, um für sich die Anbetung zu fordern. Später kehrt Jesus wiederholt auf Berge zurück: Auf einem Berg erfolgt die Konstituierung des Zwölferkreises (Mk 3,13/Lk 6,13); nach Johannes findet die Speisung der 5.000 am Fuß eines Berges statt (Joh 6,3), auf den sich Jesus anschließend vor der Menge zurückzieht; verschiedene Heilungen haben ihren Ort auf einem Berg (Mt 15,29); vor allem aber ist es die berühmte „Bergpredigt", in der das Szenario ganz von der herausgehobenen Situation des Ortes bestimmt wird (Mt 5,1/8,1). Gelegentlich zieht sich Jesus zum Gebet auf einen Berg zurück (Mk 6,46/Mt 14,23), wofür die „Verklärung" auf einem „hohen Berg" das prominenteste Beispiel darstellt (Mk 9,2–13/ Mt 17,1–13/Lk 9,28–36). Schließlich bestellt der Auferstandene seine Schüler nach Galiläa auf „den Berg", um sich dort von ihnen mit dem Auftrag zur Mission wirkungsvoll zu verabschieden (Mt 28,16–20).

Berge sind offensichtlich Orte der Gottesnähe, an denen sich der Mensch seiner selbst im Gegenüber zu Gott ohne alle störenden Zwischentöne bewusst wird. Das hat nichts mit einer Der-Berg-ruft-Romantik zu tun, sondern mit einem Wissen um die unausweichliche, erschreckende wie stärkende Erfahrung Gottes. Gerade der Prophet kann dieser Erfahrung nicht entfliehen. Wenn er sich entzieht, greift Gott nach ihm. Und wenn Gott schweigt, dann muss er sich selbst auf den Weg machen.

Von solchen Erfahrungen sind die Erzählungen um Elia und

Elisa durchdrungen. In ihrer dichten, packenden Art haben sie auch auf die Jesusgeschichte der Evangelien eingewirkt. Elia und Mose, die ihre prägendsten Erfahrungen mit Gott auf dem Horeb/ Sinai gemacht haben, erscheinen auf einem Höhepunkt der Erzählung gemeinsam mit Jesus auf jenem „Berg der Verklärung“, den die spätere Überlieferung (seit Cyrill von Jerusalem im 4. Jh.) dann mit dem Berg Tabor identifiziert hat. Gott bleibt sich treu, wenn er mit seinen Propheten spricht – auch wenn er dazu keines besonderen Ortes bedürfte. Denn auf diese Weise wird der große biblische Zusammenhang sichtbar, den schließlich auch die islamische Überlieferung noch einmal aufzunehmen versteht.

2. Elia in den Schriften des Neuen Testaments

Keiner von den alttestamentlichen Propheten (Mose ausgenommen) wird in den Schriften des Neuen Testaments so häufig erwähnt wie Elia. Das betrifft nicht nur die 29 Stellen, an denen sein Name ausdrücklich zu finden ist. Vielmehr taucht die Erinnerung an seine markante Gestalt sowie an den Erzählkranz um seine Person immer wieder in zahlreichen Anspielungen und Assoziationen auf. Dabei liegt ein deutliches Schwergewicht bei dem Propheten selbst. Sein Schüler Elisa, dessen Erzählkranz (2Kön 2–13) mit dem des Elia (1Kön 17–2Kön 2) in der Überlieferung zu einer großen Einheit verschmolzen ist, wird nur einmal namentlich genannt (Lk 4,27). Immerhin erscheint auch der Prophetenschüler im Hintergrund einiger weiterer Texte, in denen ganz offensichtlich auch die Kenntnis seiner Geschichte vorausgesetzt wird.

Interessant ist die Streuung der Belege. Fast ausnahmslos begegnen Bezugnahmen auf Elia und Elisa in der Jesusgeschichte der Evangelien. Röm 11,2 und Jak 5,17 erwähnen Elia beiläufig; unter den Glaubensvorbildern in Hebr 11 kommt das Geschick des Elia noch einmal in den Blick, ohne dass dabei jedoch sein Name genannt würde. Eine solche Konzentration kommt nicht von ungefähr. Denn im 1. Jh. n. Chr. zieht der Prophet Elia in der Volksfrömmigkeit das größte Interesse als ein Vorbote des Kommens Gottes auf sich. Das verdankt er der Verheißung in Mal

3,23–24: „Bevor aber der Tag des Herrn kommt, der große und furchtbare Tag, seht, da sende ich zu euch den Propheten Elia. / Er wird das Herz der Väter wieder den Söhnen zuwenden und das Herz der Söhne ihren Vätern, damit ich nicht kommen und das Land dem Untergang weihen muss." Alle prophetischen Aufbrüche in Israel werden deshalb im Lichte dieser Worte geprüft. Das gilt in besonderem Maße für Gestalten wie den Täufer Johannes oder den Prediger aus Nazaret. Tritt in ihnen möglicherweise Elia selbst schon in Erscheinung? Und wem ist der Vorläufer Gottes zuzuordnen in einer Geschichte, die von der Sendung des Sohnes erzählt? Diese Fragen drängen sich unwillkürlich auf. In der Jesusgeschichte der Evangelien müssen sie beantwortet werden.

Zugleich bricht sich in den christlichen Gemeinden der ersten Generation eine neue Erfahrung Bahn: Der Geist Gottes, der einst von Propheten wie Elia Besitz ergriff, greift auch gegenwärtig nach Menschen, die er mit prophetischer Rede begabt. Die christologische Lektüre der Schriften Israels konzentriert sich deshalb vorzugsweise auf die großen Schriftpropheten. In den Gemeindegottesdiensten treten Männer und Frauen mit inspirierter Rede auf (1Kor 11). Apostel, Propheten und Lehrer werden zu den ersten Funktionsträgern einer noch offenen Gemeindestruktur (1Kor 12,28). Die Erinnerung an Elia wird für sie zu einer Erinnerung an den prophetischen Geist Gottes überhaupt, der als ein Kontinuum die Geschichte Gottes mit seinem Volk begleitet.

2.1 Prophetisches Erbe – Prophetenchristologie in der Jesusgeschichte

Seit der Zeit der makkabäischen Revolte (Mitte 2. Jh. v.Chr.) blickt man in Israel mit einer gewissen Wehmut auf die Zeit eines Elia zurück. Es scheint so, als sei der prophetische Geist von Gottes Volk gewichen. Umso stärker musste der Eindruck sein, den Jesus aus Nazaret auf seine Zeitgenossen machte: Einer, der zur Umkehr aufruft und die Nähe der Gottesherrschaft verkündet, Wundertaten vollbringt, in drastischen, ungewöhnlichen Gleichnissen spricht und zeichenhafte Handlungen vollzieht, konnte kaum anders als ein Prophet wahrgenommen werden. Diese älteste, nächstliegende Deutung der Person Jesu hat man deshalb gelegentlich als „Prophetenchristologie“ bezeichnet. Sie ist in den Evangelien bewahrt geblieben, auch wenn sie dort nicht das letzte Wort zur Sache bleibt. Um in Jesus aus Nazaret einen Propheten zu sehen, bedarf es zwar nicht zwingend der Erinnerung an Elia. Doch als einer der markantesten Vertreter der prophetischen Zunft vermag gerade Elia dieser Wahrnehmung noch einmal Farbe und Profil zu verleihen.

2.1.1 „Die Propheten haben sich schlafen gelegt“

Das Empfinden, in einer prophetenlosen Zeit zu leben, macht sich in einer Reihe von Texten aus der Zeit der hellenistisch-römischen Herrschaft in Palästina bemerkbar. Sicher kann man dabei nicht von einem regelrechten „Dogma“ reden, wie das einige Ausleger getan haben. Eher ist es eine Art Grundstimmung, die von vielen geteilt wird.

Ps 74,9 (evtl. 2. Jh. v. Chr.) resümiert nüchtern: „Unsere Zeichen sehen wir nicht, kein Prophet ist mehr da, und keiner ist bei uns, der etwas weiß.“ Woran soll man sich dann orientieren? In 1Makk 4,46 geht es um die Frage, was nach der Wiedereroberung Jerusalems mit den Steinen des entweihten Brandopferaltars geschehen solle; man schiebt eine Klärung auf, „… bis ein Prophet käme, der anzeigte, was man damit tun sollte.“ Eine solche Situation fasst 1Makk 9,27 mit den Worten zusammen: „Und in Israel war solche Trübsal und Jammer, dergleichen nicht gewesen ist, seitdem man keine Propheten gehabt hat.“ Dabei bleibt es. Noch die syrische Baruchapokalypse stellt am Ende des 1. Jhs. n. Chr. unter dem Eindruck der Tempelzerstörung durch die Römer fest: „Jetzt aber sind die Gerechten zu ihren Vätern versammelt, und die Propheten haben sich schlafen gelegt … (2Bar 85,3).“

Eine große Faszination geht deshalb gerade von jenen biblischen Texten aus, die eine Rückkehr der Propheten für das Ende der Zeiten in Aussicht stellen. Joel etwa kündigt ein allgemeines Wiedererwachen prophetischer Begabung an: „Und danach will ich meinen Geist ausgießen über alles Fleisch, und eure Söhne und Töchter sollen weissagen, eure Alten sollen Träume haben, und eure Jünglinge sollen Gesichte sehen … (Joel 3,1–5).“ Mose selbst verweist auf einen Nachfolger: „Einen Propheten wie mich wird dir der Herr, dein Gott, erwecken aus dir und deinen Brüdern. Auf den sollt ihr hören (Dtn 18,15)!“ Schließlich präsentiert Maleachi die Wiederkehr des Elia: „Bevor aber der Tag des Herrn kommt, der große und furchtbare Tag, seht, da sende ich zu euch den Propheten Elia … (Mal 3,22–23).“ Je trister die Wirklichkeitserfahrung, umso größer die Hoffnung. Dass die prophetischen Erwartungen unter der bedrückenden römischen Fremdherrschaft eine Intensivierung erlebten, lässt sich leicht nachvollziehen.

Der jüdische Historiker Flavius Josephus berichtet gerade im Vorfeld des jüdischen Krieges gegen die Römer (66–70 n.Chr.) von einer Reihe prophetischer Bewegungen, die jedoch alle nach kurzer Zeit schon wieder in sich zusammenbrechen oder blutig niedergeschlagen werden. Nichts von ihren Ankündigungen trifft ein. Dennoch gibt es offensichtlich immer wieder Gestalten, die der verbreiteten Erwartungshaltung zu entsprechen versuchen. Allmählich aber erlischt deren Kraft.

Für den Autor der syrischen Baruchapokalypse besteht das prophetische Defizit nach der Katastrophe Jerusalems erst recht. Auch der Prophet aus Nazaret zählt für ihn – wenn er ihn überhaupt wahrgenommen hat – offensichtlich zu den Irrtümern seiner Zeit.

2.1.2 „Ein großer Prophet ist unter uns aufgestanden“

Unstrittig ist der starke prophetische Eindruck, den Jesus in seinem galiläischen Umfeld hinterlassen hat. Darüber geben vor allem zwei Meinungsumfragen Auskunft, die von den synoptischen Evangelien aufbewahrt und ausgestaltet worden sind.

Die erste findet in einer relativ frühen Phase statt und steht in engem Zusammenhang mit dem gewaltsamen Tod des Täufers Johannes (Mk 6,14–16/Mt 14,1–2/Lk 9,7–9). Herodes Antipas, der in Galiläa und Peräa als Tetrarch von Roms Gnaden regiert, hat den unbequemen Unheilspropheten gerade umbringen lassen. Als er nun von Jesu Auftreten hört, ist er beunruhigt. Er scheint wohl zu spüren, dass es zwischen beiden eine auffällige Geistesverwandtschaft gibt. Deshalb zieht er Erkundigungen ein, wer dieser neue Prediger wohl sei. Die Antworten, die er von seinen Leuten erhält, spiegeln die Volksmeinung wider: „Und sie sagten: Johannes der Täufer ist von den Toten auferstanden, und deshalb wirken solche Kräfte in ihm. Andere aber sagten: Er ist Elia, andere aber sagten: ein Prophet wie einer der Propheten (Mk 6,14–15)." Interessant ist die Annahme, dass der Täufer selbst von den Toten zurückgekehrt sein könnte; meldet sich darin vielleicht das Wissen um begangenes Unrecht zu Wort? Die nächstliegende Option aber ist Elia. Und wenn nicht der, dann einer der Propheten, vielleicht einer „wie Mose"? Die Reaktion des Herodes Antipas bleibt in der Schwebe: Nach Mk 6,14/Lk 9,7 wird ihm die Täufer-Vermutung zugetragen; nach Mt 14,2 formuliert er sie selbst; die abschließende Aussage „Johannes, den ich enthaupten ließ" (Mk 6,16/Lk 9,9) lässt sich als ungläubige Frage wie auch als strikte Zurückweisung verstehen. Wie auch immer: Dass dieser Jesus aus Nazaret als eine profilierte Prophetengestalt wahrgenommen wird, ist das klare Ergebnis.

Wenig später startet Jesus eine ganz ähnliche Meinungsumfrage unter seinen Schülern (Mk 8,27–30/Mt 16,13–20/Lk 9,18–21). Sie steht an einem Wendepunkt der Erzählung. Die Gruppe befindet sich bei Cäsarea Philippi, von wo aus nun der Weg nach Jerusalem und damit zur Passion beginnt. Markus hat in dieser Szene einen Diskurs um die Deutung der Person Jesu einzufangen versucht. Auf der Erzählebene geht der Impuls von Jesus selbst aus, der seine Schüler fragt: „Wer sagen die Leute, dass ich sei?" Die Schüler, allesamt Männer aus dem Volk, wissen nichts anderes zu sagen als die Zuträger des Herodes Antipas: „Johannes der Täufer, andere Elia, wieder andere aber einer der Propheten (Mk 8,28)." Nach Mt 16,14 bringen sie zudem noch Jeremia ins Spiel; nach Lk 9,19 fügen sie hinzu: „Einer der alten Propheten sei auferstanden." Der Tenor bleibt der gleiche. Damit aber ist der Ausgangspunkt markiert, von dem aus Markus nun das weitere Gespräch entfaltet. „Ihr aber, wer sagt ihr, dass ich sei?" – fragt Jesus weiter. Petrus spricht daraufhin als Wortführer der anderen sein vollmundiges Messiasbekenntnis aus, das Jesus weder bestätigt noch abweist, jedoch durch die Ankündigung seines Leidensweges kommentiert. Als Petrus dagegen aufbegehrt, wird er mit überraschender Schärfe in die Schranken gewiesen. Die prophetische Wahrnehmung Jesu ist nicht falsch, aber sie erfasst nur einen Teilaspekt. Weiter greift das Messiasbekenntnis. Doch auch das bedarf mit der Leidensankündigung einer neuen, ungewohnten Zuspitzung, um die zunächst noch heftig gerungen wird. Der Prophet aus Nazaret sagt sein Geschick als das eines leidenden Messias an – und lässt damit den prophetischen Typos hinter sich. Diese neue Sicht wird sich erst von der Ostererfahrung her begreifen lassen. Zunächst aber bietet die Prophetenchristologie noch die wichtigste Brücke, das Besondere an Jesus aus Nazaret wahrzunehmen.

Es hat den Anschein, als ob sich Jesus selbst diese Sicht zu eigen macht. Als er das erste Mal in der Synagoge seiner Heimatstadt Nazaret auftritt, erleidet er ein Fiasko (Mk 6,1 – 6/Mt 13,53 – 58/Lk 4,16 – 24). Die Familie Jesu ist hier bestens bekannt. Man erinnert sich wohl noch des Kindes und Teenagers, und überhaupt: Das ist doch einer von uns! Etwas Besonderes vermag da niemand zu sehen. Jesus zieht weiter und kommentiert das Geschehen mit den resignierten Worten: „Nirgends ist ein Prophet missachtet außer in seiner Vaterstadt und unter seinen Verwandten und in seinem Haus (Mk 6,4/Mt 13,57/Lk 4,24; vgl. Joh 4,44).“ Das klingt nach einem verbreiteten Sprichwort. Doch indem Jesus diese Sentenz aufgreift, stimmt er ihr unwillkürlich zu. Noch nicht einmal einen Propheten vermögen die Leute von Nazaret in ihm zu sehen!

In der Passionsgeschichte kommt die Sicht auf den Propheten erneut, nun aber in dramatischer Brechung, zum Zuge. Auf dem Weg nach Jerusalem bzw. schon in Jerusalem selbst platzieren Matthäus und Lukas eine alte Tradition, in der Jesus auf das Motiv von dem gewaltsamen Geschick der Propheten in Israel anspielt: „Jerusalem, Jerusalem, die du tötest die Propheten und steinigst, die zu dir gesandt sind, wie oft habe ich versammeln wollen deine Kinder … (Mt 23,37/Lk 13,34).“ Beim Einzug in Jerusalem notiert Matthäus: „Die Volksmenge aber sagte: Dieser ist der Prophet Jesus von Nazaret aus Galiläa (Mt 21,11).“ Das wissen nach Mt

21,46 auch die Pharisäer, weshalb sie alles Aufsehen zu vermeiden suchen. Im Palast des Hohenpriesters wird Jesus nach dem entscheidenden Vorverhör verspottet (Mk 14,65/Mt 26,67–68/Lk 22,63–65). Die Akteure sind hier keine Römer, sondern vermutlich Mitglieder der Tempelpolizei. Natürlich wissen sie, was man von einem Propheten erwarten kann und machen deshalb die Probe aufs Exempel: „Und einige begannen ihn anzuspucken, verhüllten sein Gesicht, schlugen ihn und sagten zu ihm: Prophezeie! Und die Bediensteten gaben ihm Schläge (Mk 14,65)."; Mt 26,68/Lk 22,24 präzisieren: „Prophezeie uns, (Christus)! Wer ist es, der dich schlug?" Jesus geht auf diese Provokation nicht ein und bleibt damit in den Augen seiner Peiniger den Nachweis prophetischer Fähigkeiten schuldig.

Über diese Episoden hinaus finden sich viele Aussagen, in denen die prophetische Sicht Jesu eher nebenbei anklingt. Das ist ganz besonders bei Lukas der Fall, der diesen Zug noch stärker als die anderen Evangelisten hervorhebt. Ein erstes Signal setzt die Geschichte von der Auferweckung des Jünglings zu Nain, die von Lukas mit deutlichen Anspielungen an die entsprechenden Erzählungen eines Elia oder Elisa ausgemalt wird (Lk 7,11–17). Die Volksmenge, die im Trauerzug Zeugin des Geschehens geworden ist, reagiert stilgemäß mit einem Chorschluss: „Furcht aber ergriff alle und sie verherrlichten Gott und sprachen: Ein großer Prophet ist unter uns aufgestanden!, und: Gott hat sein Volk besucht!" Wenig später ist Jesus im Haus ein Pharisäers zum Gastmahl eingeladen (Lk 7,36–50). Da taucht plötzlich eine Frau in dieser Männerrunde auf, die vom Erzähler als „Sünderin" bezeichnet wird. Sie kniet vor Jesus nieder, benetzt seine Füße mit ihren Tränen, trocknet sie mit ihrem gelösten Haar und salbt sie schließlich mit kostbarem Öl. Das ist die Geschichte eines Skandals, der alle Teilnehmer dieses Gastmahls brüskiert – ganz besonders aber den Gastgeber. Der reagiert immerhin zurückhaltend: „Als aber der Pharisäer, der ihn eingeladen hatte, das sah, sprach er bei sich selbst und sagte: Wenn dieser ein Prophet wäre, hätte er erkannt, wer und was für eine diese Frau ist, die ihn berührt, nämlich eine Sünderin (Lk 7,39)." Er hatte seinen Gast also ursprünglich in der Annahme eingeladen, einen Propheten zu ehren – und sieht sich nun aufgrund des Eklats getäuscht. Auf dem Weg nach Jerusalem spielt Jesus nachdrücklicher als bei Matthäus auf das gewaltsame Geschick der Propheten an. Der Klage über Jerusalem, das seine Propheten tötet, schickt er voraus: „Aber ich muss heute und morgen und am folgenden Tag noch wandern, denn es geht nicht an, dass ein Prophet umkommt außerhalb von Jerusalem (Lk 13,33)." Noch am Ostertag ist die Erinnerung der beiden Emmausjünger ganz in dem Prophetenschema befangen. Als der scheinbar fremde Wanderer sie fragt, was denn der Gegenstand ihres Gespräches sei, antwortet Kleopas: „Das mit Jesus von Nazaret, der ein prophetischer Mann war, mächtig in Tat und Wort vor Gott und dem ganzen Volk (Lk 24,19)." In der Apostelgeschichte greift Lukas dann noch zweimal auf die Verheißung eines „Propheten wie Mose" (Dtn 18,15) zurück, um damit die Sendung Jesu zu erklären (Act 3,22–26; 7,37).

2.1.3 „Der Vater, der mich gesandt hat"

Der Evangelist Johannes, der die christologische Frage am tiefgründigsten durchdacht hat, setzt im Blick auf die prophetischen Züge im Auftreten Jesu noch einmal eigene Akzente.

Grundlegende Bedeutung hat für ihn das Schema von der Sendung des Sohnes. Vom Prolog an bis zu Karfreitag und Ostern wird seine Erzählung von einer großen Linie durchzogen, die zwei Phasen durchläuft: Abstieg und Aufstieg, Menschwerdung und Erhöhung, Ankunft und Rückkehr. Der göttliche Logos tritt in diese Welt ein als derjenige, der den Vater „auslegt" (Joh 1,18). Nach vollzogenem Auftrag kehrt er wieder zum Vater zurück. Damit bedient sich Johannes des „Gesandtenschemas", das im alten Orient wohl bekannt ist. Der Gesandte repräsentiert den, der ihn sendet. Er steht unter dessen besonderem Schutz und kann sich auf das Botenrecht berufen. „Der Vater, der mich gesandt hat" wird deshalb bei Johannes zu einer der bevorzugten Gottesprädikationen. Genau das aber ist die Art und Weise, wie Gott in der Geschichte immer wieder Propheten als seine Boten zu Israel sendet. Allerdings kommt der Prophet Jesus nicht nur aus der Mitte des Gottesvolkes, sondern überhaupt aus der Welt

Gottes. Das unterscheidet ihn von seinen zahlreichen Vorgängern und Nachfolgern.

Für die Volksperspektive aber bleibt der prophetische Typos nach wie vor die einleuchtendste Analogie. Als Jesus am Jakobsbrunnen mit einer Samaritanerin ins Gespräch kommt, erklärt sie ihm nach dem ersten Wortwechsel: „Herr, ich sehe, dass du ein Prophet bist (Joh 4,19)!" Nicht anders ist der Eindruck der Volksmenge nach der Speisungsgeschichte: „Als nun die Menschen das Zeichen sahen, das er getan hatte, sagten sie: Dieser ist wahrhaftig der Prophet, der in die Welt gekommen ist (Joh 6,14)." Auch der Blindgeborene kann nach seiner Heilung nur feststellen: „Er ist ein Prophet (Joh 9,17)."

In Jerusalem kommt es zu einem interessanten Disput, der sich auch als Seitenstück zu den synoptischen Meinungsumfragen verstehen lässt (Joh 7,40 – 43). Nach einer Rede Jesu stellt sich das Publikum offenbar die Frage, was genau man von diesem Prediger halten solle: „Einige aus dem Volk sagten nun, als sie diese Worte hörten: Dieser ist wahrhaftig der Prophet. Andere sprachen: Er ist der Christus." Sofort aber melden sich auch Zweifel zu Wort: „Einige aber sprachen: Soll der Christus etwa aus Galiläa kommen? Sagt nicht die Schrift: Von dem Samen Davids und aus dem Ort Bethlehem, wo David war, soll der Christus kommen?" Einem Propheten mag man die Herkunft aus Galiläa gerade noch zugestehen, für den Messias aber kommt sie schon allein aufgrund des Prophetenwortes (Mi 5,2) nicht in Frage. Der Disput zieht seine Kreise und gelangt vor die Ohren der Hohenpriester und Pharisäer. Nikodemus, der für Jesus Partei ergreift, wird mit der Frage konfrontiert: „Bist du nicht auch aus Galiläa? Forsche nach und sieh: Aus Galiläa steht kein Prophet auf (Joh 7,52)!" Die Jerusalemer Autoritäten sprechen – anders als das Volk – einem Galiläer sogar alle prophetischen Qualitäten ab.

Nach einer weiteren, konfliktreichen Rede über die Rolle Abrahams halten die Gesprächspartner Jesus vor: „Bist du etwa mehr als unser Vater Abraham, der gestorben ist? Und die Propheten sind gestorben. Wozu machst du dich selbst (Joh 8,53)?" In dieser Frage klingt die verbreitete Überzeugung an, dass die Zeit der Propheten der Vergangenheit angehöre. Allein schon der

Anspruch, als Prophet aufzutreten, erscheint als Provokation und wird entsprechend zurückgewiesen. Daran wird deutlich: Auch die „Prophetenchristologie" ist nicht etwa darauf aus, den Ball möglichst flach zu halten. Sie sagt im Kontext ihrer Zeit bereits etwas Außerordentliches über die Person Jesu aus.

2.2 Prophetische Erinnerung – Anklänge an Elia in den Evangelien

Von den Propheten Israels ist Elia ganz besonders in Erinnerung geblieben. Das liegt wohl vor allem daran, dass er weniger ein Mann der langen Reden oder inhaltsschweren Worte, als vielmehr ein Mann der drastischen Aktionen und einprägsamen Geschichten war. Gerade in den Episoden um Elia und Elisa haben sich Gotteserfahrungen verdichtet, die immer wieder neu erzählt und immer wieder neu angeeignet werden.

2.2.1 Perspektiven prophetischer Botschaft

Bei ihrer christologischen Lektüre der Schriften Israels nimmt die frühe Christenheit die Figur des Elia in einer doppelten Perspektive wahr. Zum einen rezipiert man die Erzählkränze aus 1Kön 17 bis 2Kön 13 als einen Teil der Geschichte des Gottesvolkes. Dabei wird Elia in historischer Perspektive betrachtet. An seinem Vorbild kann man sich orientieren. Seine Wundertaten verweisen auf die Macht Gottes, die sich von neuem in den Taten Jesu aus Nazaret erweist. Mit Elias Verzweiflung, seiner Verfolgung und seinem Mut kann man sich identifizieren. Der Prophet reiht sich in die lange Reihe der Glaubenszeugen Israels ein. Zum anderen rezipiert man die Verheißung aus Mal 3,23–24. Dabei kommt Elia in eschatologischer Perspektive in den Blick. Mit seinem verheißenen Kommen verbindet sich die Hoffnung auf eine Wende der gegenwärtigen, bedrückenden Umstände. Er fungiert als Vorbote einer besseren Welt. Dabei gilt es nun, ihn in dieser Perspektive vor allem zu dem Messias Jesus aus Nazaret in Beziehung zu setzen.

Bereits die alttestamentlichen Bezugstexte lassen eine Entwicklung der Eliagestalt erkennen. Vom Nordreichpropheten und radikalen Streiter für den Monotheismus avanciert er zur Identifikationsfigur jüdischer Frömmigkeit überhaupt und wird schließlich zum Hoffnungszeichen für die Erneuerung Israels. Was das Elialied in Sir 48,1–11 exemplarisch zusammenfasst, wird sogleich wieder zum Ausgangspunkt eines weiteren Bogens, der nun die christlichen wie jüdischen Eliaerwartungen gleichermaßen umspannt. Das Neue Testament ist ein Teil dieser Wachstums- und Entwicklungsgeschichte der Eliatradition, die auf diese Weise eine der großen Linien gesamtbiblischer Theologie markiert. Was an ihrem Ausgangspunkt einmal an historischer Erinnerung gestanden hat, verblasst allmählich angesichts der theologischen Anliegen, die sich der Gestalt des Propheten anheften und nun von ihr durch die Jahrhunderte hindurch transportiert werden.

In dieser langen biblischen Überlieferungsgeschichte kommt es zwangsläufig auch zu Akzentverschiebungen. Was Elia ursprünglich charakterisiert, ist seine Radikalität. Als ein Eiferer tritt er gegen die Kulturwelt am Königshof auf. Mit geradezu fundamentalistischer Kompromisslosigkeit kämpft er für die Einzigkeit Gottes in Israel. Er scheut nicht davor zurück, 450 Baalspropheten niederzuhauen. Dass er im Verlauf der Überlieferung dann erzählerisch gelegentlich auf Mose bezogen wird und damit integrative Züge gewinnt, rückt ihn jedoch schon in ein neues Licht. Die schroffen und intoleranten Züge treten zunehmend zurück hinter das exemplarische Bild des Frommen, der sich von Gott berufen und in Dienst nehmen lässt. Die Gestaltung der beiden Erzählkränze um Elia und Elisa eröffnet zugleich ein intertextuelles Spiel mit weiteren Motiven biblischer Geschichte von der Genesis bis zu den Königserzählungen. Dabei entsteht allmählich ein etwas moderateres Bild des ursprünglich so unheimlichen Propheten. In der weiteren Rezeption richtet sich das größte Interesse dann vor allem auf seine Funktion als Mahner, der Gott am Sinai begegnet und schließlich von ihm entrückt zum Platzhalter einer künftigen Heilszeit wird. Was es von seinem Schüler Elisa zu erzählen gibt, bewegt sich vollends im Schatten dieser neuen Profilierung. Namentlich die Strafwunder Elisas bleiben Episoden, die man besser übergeht. So halten es auch die Autoren des Neuen Testaments, wenn sie die Rolle Elias als die eines Vorläufers in den Mittelpunkt stellen. Zwar bleibt er als Mahner eine unbequeme Figur. Aber die Hoffnung, die sich mit seinem Kommen verbindet, überstrahlt deutlich die Gerichtsdrohung, die in seiner Botschaft angelegt ist.

2.2.2 Themen prophetischer Existenz

Elia ist in der Jesusgeschichte der Evangelisten nicht nur da präsent, wo er namentlich genannt wird. Häufig sind es thematische Zusammenhänge, die an Verhaltensweisen oder Taten des Propheten erinnern und damit das Spielfeld intertextueller Bezüge erweitern.

Einer der auffälligsten Zusammenhänge besteht hinsichtlich des Phänomens „Nachfolge“. Jesus sammelt zu Beginn seines öffentlichen Auftretens einen Schülerkreis um sich, mit dem er fortan durch Galiläa und schließlich nach Jerusalem zieht. Für diese Form der Lehrer-Schüler-Beziehung liegt das Modell Elias und der Prophetenschüler am nächsten. Zudem bewahrt die unstete Existenz der Jesusbewegung, die zu Recht als „Wanderradikalismus“ bezeichnet worden ist, etwas von der prophetischen Radikalität eines Elia.

An Elia wird ganz besonders deutlich, wie gefährlich ein Prophet lebt. Wenn er unbequeme Wahrheiten anzusagen hat, zieht er sich Verfolgungen und die Bedrohung seines Lebens zu. Nicht selten erleidet er einen gewaltsamen Tod. Diese Situation prägt auch die Jesusgeschichte. In Getsemani (Mk 14,32 – 42/Mt 26,36 – 46/Lk 22,39 – 46) zieht sich Jesus zurück und ringt mit Gott um seinen weiteren Weg – so wie Elia am Horeb (1Kön 19). Wie Elia (1Kön 19,5 – 8) wird auch Jesus von einem Engel gestärkt (Lk 22,43). Elia vermag dem Tod zu entgehen, doch mit seiner Entrückung (2Kön 2,1 – 11) wird er wiederum zum Vorbild des Auferstanden (Lk 24,36 – 53/Act 1,1 – 12).

Unverkennbar ähneln sich auch die Gotteserfahrungen Elias und Jesu, wenn sich beide in die Einsamkeit der Wüste zurückziehen. Elia flieht vor den Nachstellungen der Isebel; 40 Tage lang eilt er dem Gottsberg zu (1Kön 19,8), von dem aus Mose einst in umgekehrter Richtung mit Israel 40 Jahre lang dem Land der Verheißung entgegen gezogen war (Num 14,33). 40 Tage zieht sich Jesus in die Wüste zurück, bevor er mit seiner Botschaft an die Öffentlichkeit tritt (Mk 1,12 – 13/Mt 4,1 – 11/Lk 4,1 – 13). Während Elia, der am Leben zu verzweifeln droht, von Engeln gestärkt und mit einem neuen Auftrag versehen zurückkehrt, besteht Jesus die „Versuchung“ durch den Diabolos, woraufhin ihm die Engel Gottes ebenfalls zu Diensten sind (Mt 4,11).

Essen und Trinken spielen in den Eliageschichten eine wichtige Rolle. Der ausbleibende Regen gefährdet die elementaren Lebensgrundlagen – sowohl für den Propheten selbst (1Kön 17,3 – 7) als auch für die Bevölkerung des Landes (1Kön 17,8 – 16). Elia ist auf seiner Flucht zum Gottesberg auf die wunderbare Ernährung durch Gottes Engel angewiesen (1Kön 19,5 – 8). Sein Schüler Elisa vermag in einer Notsituation 100 Männer mit 20 Gerstenbroten zu speisen (2Kön 4,42 – 44). Auch für Jesus hat die Mahlgemeinschaft eine große Bedeutung. Immer wieder sitzt er zu Tisch und wird von seinen Gegnern rundheraus als „Fresser und Weinsäufer“ bezeichnet (Mt 11,19/Lk 7,34). Diese Gastmähler haben weniger die unmittelbare Not als vielmehr die Integration derer zum Ziel, die ansonsten aus der Gemeinschaft ausgeschlossen sind. Deshalb kommt dem Speisungswunder in der Jesusgeschichte eine solche Bedeutung zu, dass es gleich zweimal erzählt wird (Mk 6,30 – 44 und Mk 8,1 – 9). Schließlich wird im Rahmen der Passionsereignisse ein symbolträchtiges Mahl zum Vermächtnis Jesu für seine Anhängerinnen und Anhänger. Seine Botschaft nimmt auch jene elementaren Bedürfnisse ernst, die den Alltag jenseits großer Worte bestimmen.

Die deutlichsten Anklänge an Elia und Elisa finden sich in den Wundererzählungen. Nicht nur das Speisungswunder schlägt ein gemeinsames Thema an. Vor allem in den auffälligen und merkwürden Totenauferweckungen drängt sich die Erinnerung an Elia und seinen Schüler mit Macht auf (1Kön 17,17 – 24; 2Kön 4,18 – 37). Allein mit Strafwundern hält es Jesus grundsätzlich anders als die beiden alten Propheten. Das Ansinnen seiner Schüler, Feuer vom Himmel fallen zu lassen, weist er strikt zurück (Lk 9,52 – 55). Die Zeit der Strafwunder ist vorbei.

Eine letzte thematische Erinnerung stellt sich bei der Erzählung von Jesu „Himmelfahrt“ ein (Lk 24,50–53/Act 1,1–12), auch wenn hier die Unterschiede stärker zutage treten. Während Jesus durch den Tod hindurchgeht, wird Elia am Ende seines Lebens unmittelbar zu Gott entrückt (2Kön 2,1–18). Entscheidend ist, dass es in beiden Fällen um den Beginn einer ganz besonderen Gottesgemeinschaft geht, die in sich bereits die Verheißung einer künftigen „Parusie“ trägt.

2.2.3 Modelle prophetischen Auftretens

In wenigstens drei Zusammenhängen hat das Auftreten des Elia auf programmatische Weise für die Jesuserzählung der Evangelisten Modell gestanden. Das hat in der Exegese zu weitreichenden Hypothesen geführt, die sich zwar im Einzelnen hinterfragen lassen, jedoch im Ganzen die Orientierungsfunktion der Erzählungen um Elia und Elisa für die Autoren der Jesusgeschichte unzweifelhaft herausstellen.

Der Anfang einer Erzählung hat es bereits in sich. Hier werden die ersten Weichen gestellt und die wichtigsten Signale gesetzt. Markus als ältester der Evangelisten, der mit seiner Jesusgeschichte formbildend wirkt, verfährt dabei mit großer Sorgfalt: „Anfang des Evangeliums von Jesus Christus, des Sohnes Gottes. Wie geschrieben steht bei dem Propheten Jesaja: ‚Siehe, ich sende meinen Boten vor dir her, der deinen Weg bereiten soll (Mal 3,1).‘ Es ist die Stimme eines Rufers in der Wüste: ‚Bereitet den Weg des Herrn, macht seine Pfade eben (Jes 40,3)!‘“ Nur scheinbar fällt Markus hier mit der Tür ins Haus, wenn er an diese Eröffnung sofort das Auftreten des Täufers Johannes anschließt. Denn mit Hilfe dieses auffälligen Mischzitates fängt er sogleich die lange Hoffnungsgeschichte Israels ein, zu der auch die Erwartung des wiederkehrenden Elia gehört. Treffend ist dieser Anfang bei Markus deshalb als eine Art „Prolog wie vom Himmel her“ bezeichnet worden. Die Jesusgeschichte setzt nicht etwa übergangslos mit dem Täufer ein, sondern wächst aus dem Glauben Israels hervor, den die Propheten immer wieder bestärkt und erneuert haben. Was die Sendung des „Boten“ schon andeutet, führt der Ort der Wüste weiter aus. Wer zu hören versteht, weiß nun schon: In der folgenden Geschichte wird es genau um jenes Kommen Gottes gehen, auf das sich die Hoffnungen Israels seit den Ankündigungen der Propheten ausgerichtet haben. Dass Matthäus und Lukas diesen Anfang dann weiter ausgestalten und der Erzählung vom Auftreten des Täufers noch Geburtsgeschichten Jesu voranstellen, ändert nichts an diesem Modell, das sich grundlegend der Erwartung Elias und mit ihm der Erwartung der Heilszeit verdankt.

Für die Jesusgeschichte des Lukas ist der Erzählzusammenhang von 1Kön 17 bis 2Kön 13 noch einmal in ganz besonderer Weise zum Modell geworden. Nicht nur die „Prophetenchristologie" hat Lukas stärker betont als die anderen. Auch die Bezugnahmen auf die Elia- und Elisageschichten sind dichter und bewusster platziert. Die Entsprechungen sind so zahlreich, dass man die Erzählkränze um Elia und Elisa als eine Art Subtext der lukanischen Geschichte betrachtet hat. Wer sucht, der findet. Schon in den Geburtsgeschichten des Täufers und Jesu (Lk 1–2) kann man Analogien erkennen, und noch in der Apostelgeschichte setzen sich die Vernetzungen fort. Teils handelt es sich dabei um eine vergleichbare Abfolge von Themen, teils um auffällige sprachliche Muster, teils um ganze Motivkomplexe. Einem Theologen wie Lukas, der in und mit den „Schriften" lebte, werden solche Text- und Erzähltraditionen immer wieder in die Feder geflossen sein. Man liest das Lukasevangelium jedenfalls mit deutlich größerem Gewinn, wenn man auch mit der Elia- und Elisageschichte vertraut ist.

Unter den sozialen Beziehungen Jesu nimmt das Verhältnis zu seinem Lehrer eine besondere Stellung ein. Übereinstimmend beginnt die Jesusgeschichte bei allen vier Evangelisten mit dem Auftreten des Täufers. Jesus lässt sich von ihm taufen und erweist sich so als dessen Schüler. Zumindest stimmt er damit der Botschaft des Täufers grundsätzlich zu. Für den weiteren Verlauf der Erzählung entsteht dadurch jedoch ein Problem, denn Jesus setzt mit seiner Verkündigung ganz andere Akzente und läuft seinem „Lehrer" schon bald auch ganz unverkennbar den Rang ab. Zitiert er indessen nicht selbst jenes verbreitete Sprichwort: „Der Schüler steht nicht über dem Lehrer und der Sklave nicht über dem Herrn (Mt 10,24)“? Verdankt er nicht alles, was er ist und hat, seinem Lehrer – oder gibt es in dieser Beziehung noch eine andere Ebene? Um diese Fragen zu klären, hat die frühe Christenheit vor allem das Vorläufermodell gewählt, das ihr in Mal 3 schon vorgegeben war. Nun lässt sich freilich nicht nachweisen, dass es im frühen Judentum schon eine feste Tradition über Elia als den Vorläufer des Messias gegeben hätte. Stets ist er der Vorläufer für das Kommen Gottes selbst. Doch wenn man sieht, dass Jesus die Nähe der Gottesherrschaft proklamiert, dann relativiert sich dieser Unterschied. Das Vorläufermodell des Elia wird jedenfalls zum entscheidenden Interpretationsschlüssel, um die Beziehung zwischen Jesus und dem Täufer plausibel zu erklären.

2.3 Prophetischer Typos – Elia und der Täufer Johannes

Bei der Suche nach einem Haftpunkt für die Figur des Elia in der Jesusgeschichte der Evangelien tritt der Täufer Johannes zuerst in den Blick: So wie Elia dem Kommen Gottes vorausgeht, geht der Täufer dem Kommen des Messias voraus. Zumindest wird das Lehrer-Schüler-Verhältnis von den synoptischen Evangelien in genau dieser Weise gedeutet. Wenn mit Jesus aus Nazaret Gott selbst „sein Volk besucht“ (Lk 7,16), dann liegt es nahe, den Täufer Johannes mit Elia zu identifizieren.

2.3.1 Johannes und die „Stimme eines Rufers in der Wüste“

Bevor Jesus selbst die Bühne der Evangelienerzählungen betritt, beherrscht mit dem Täufer zunächst eine andere Figur die Szene. Darin sind sich alle vier Evangelisten einig. Allein durch ihre Erzählchronologie machen sie somit schon deutlich, dass mit dem Auftreten dieser prophetischen Gestalt das folgende Geschehen vorbereitet wird und die Täuferpredigt den Auftakt zur Botschaft Jesu darstellt. Wenn das „Evangelium von Jesus Christus, dem Sohn Gottes“ (Mk 1,1) mit dem Täufer beginnt, dann muss dieser Täufer auch in besonderer Weise auf Jesus bezogen sein.

Um den Täufer einzuführen, beginnt Markus seine Erzählung mit einem Zitat. Zwar beruft er sich dabei auf den Propheten Jesaja. Tatsächlich aber handelt es sich um ein Mischzitat aus Ex 23,20/Mal 3,1/Jes 40,3: „Siehe, ich sende meinen Boten vor deinem Angesicht her, dass er deinen Weg herrichten soll. Stimme eines Rufers in der Wüste: Bereitet den Weg des Herrn! Macht seine Pfade gerade!" Daran schließt sich sofort die Erzählung über das Auftreten des Täufers an: „So geschah es: Johannes der Täufer war in der Wüste und verkündigte ..." (Mk 1,4). Für die Hörerinnen und Hörer kann also gar kein Zweifel bestehen: Der Täufer Johannes ist dieser Bote, von dem Jesaja spricht; was die Zitatenkombination assoziieren lässt, erfüllt sich in seiner Geschichte. Johannes ist demnach einer, der „vorhergesandt" wird und dessen Aufgabe darin besteht, einem anderen den Weg zu bereiten.

Geht man dem Mischzitat weiter nach, so stellt sich die Identität dieses Boten jedoch keineswegs als eindeutig heraus. Ex 23,20 dreht sich im Kontext des Bundesbuches (20,22–23,33) um den Aufbruch des Volkes Israel vom Sinai und seinen Weg in das verheißene Land, dem Gott seinen Schutz und sein Geleit zusagt. Bei dem „Boten" ist dabei vermutlich an eine Engelsgestalt gedacht. Der große Abschnitt Mal 3,1–24 handelt zentral vom Kommen Gottes zum Gericht und zum Heil. Er wird von der Ankündigung eines Boten gerahmt, der in 3,1 als „mein Bote" bzw. als „Bote des Bundes, den ihr erhofft / ersehnt / erwartet / begehrt" fungiert; in 3,23 wird er dann nachträglich identifiziert: „Und siehe, ich sende euch Elia, den Propheten (den Thisbiter LXX), bevor der große und schreckliche Tag des Herrn kommt ..." Insgesamt trägt die Gerichtspredigt den Ton, auch wenn Elia das Volk „vorbereiten" wird, um das drohende Gericht noch abzuwenden. In Jes 40,3 wiederum gehört die Stimme wohl dem unbekannten Propheten („Deuterojesaja") selbst. Der Text lässt sich in zweifacher Weise verstehen: „Eine Stimme ruft: In der Wüste bereitet dem Herrn ...", oder: „Stimme eines Rufers in der Wüste: Bereitet dem Herrn ..." Die erste Möglichkeit entspricht eher der Situation der Exulanten, deren Weg aus Babylon in die Heimat gleich einem neuen Exodus durch die Wüste führt; die zweite lässt bereits an den Täufer denken, der in der Wüste auftritt und als eine Art „Wüstenprophet“ seine Botschaft ausrichtet. In jedem Falle aber geht es auch hier um Befreiung und Aufbruch, wobei Jes 40 sehr viel stärker für die Perspektive des Heils, der Täufer hingegen für die des Gerichtes wie in Mal 3 steht.

Vor diesem Hintergrund behält der „Prolog“ des Markusevangeliums eine gewisse Offenheit. Eindeutig lässt sich die Absicht des Erzählers erkennen, den Täufer als einen Vorläufer einzuführen, der in den Schriften bereits angekündigt ist. Das Kommen Gottes, um das es dort geht, ereignet sich nun im Kommen des Messias. Darin liegt das Neue. Markus interpretiert die alten Verheißungen mit Blick auf Jesus aus Nazaret. Den Täufer aber taucht er in das Licht der alten Erwartungen, die um den „Schutzengel“ Israels, den Propheten Elia oder die Stimme jenes wortgewaltigen Propheten aus dem Jesajabuch kreisen. Ohne Frage ist Elia dabei der Favorit. An ihn denken die Hörerinnen und Hörer dieses Prologs wohl zuerst. In den folgenden Jahrhunderten verfestigt sich diese Assoziation immer weiter. Denn nun endet der Kanon des christlichen Alten Testaments genau mit Mal 3,23–24 – woran sich unmittelbar der Beginn des Matthäusevangeliums anschließt. Dem Auftreten des Täufers ist hier zwar noch einmal die Geburtsgeschichte Jesu vorangestellt. Aber spätestens bei Mt 3,3 erinnert man sich dieser Verse wieder, wenn es jetzt ganz direkt heißt: „Dieser ist es, von dem gesagt wird …“

Auch Lukas schaltet dem Auftritt des Täufers noch eine Geburtsgeschichte Jesu vor. Genau genommen sind es freilich zwei, denn auf kunstvolle Weise verbindet der Evangelist hier einen Erzählkranz um die Geburt Jesu mit einem solchen um die Geburt des Johannes. Chronologisch einleuchtend geht dabei auch das Kind Johannes dem Kind Jesus voraus. Der Evangelist Lukas aber nutzt zusätzlich die Gelegenheit, den Bezug des Täufers auf den Propheten Elia schon in diese Geburtsgeschichte vorzuziehen. Als der Erzengel Gabriel dem Vater Zacharias die Geburt eines Sohnes ankündigt, tut er das mit bedeutungsschweren Worten: „Und er wird vor ihm hergehen im Geist und in der Kraft des Elia, um die Herzen der Väter zu den Kindern und die Ungehorsamen zu der Klugheit der Gerechten zu bekehren, um zu bereiten dem Herrn ein Volk, das wohl vorbereitet ist (Lk 1,17).“

Nicht allein, dass der Prophet Elia ausdrücklich benannt wird – auch sein Auftrag aus Mal 3,23 wird im Wortlaut übernommen. Johannes tritt somit in die Fußtapfen dieses großen Propheten und führt aus, was von ihm vorausgesagt ist. Darauf vermag sich Zacharias dann auch zu beziehen, wenn er nach der Geburt des Kindes seinen großen Hymnus anstimmt (Lk 1,68 – 79): „Und du, Kind, wirst Prophet des Höchsten heißen; denn du wirst dem Herrn vorangehen und ihm den Weg bereiten (Lk 1,76)."

Jahre später, als das Kind herangewachsen ist, gibt es auch zu seinem Erscheinungsbild Auffälliges zu berichten: Der erwachsene Täufer trägt ein Gewand aus Kamelhaar und einen Ledergürtel, er ernährt sich von Heuschrecken und wildem Honig (Mk 1,6/Mt 3,4), er lebt in der Wüste und tritt als schroffer Gerichtsprediger hervor. Wie sollte man da nicht an Elia denken, dessen haariger Mantel und lederner Schurz eigens erwähnt werden (2Kön 1,8), der sich auf der Flucht in die Wüste zurückzieht und der vor allem durch seine schroffen Gerichtsdrohungen Aufsehen erregt? Dass gerade der Gerichtsprediger Johannes die größte Nähe zu dem Gerichtsprediger Elia hat, liegt auf der Hand. Damit aber sind schon die wichtigsten Signale gesetzt: Johannes, der dem Messias Jesus vorausgeht, repräsentiert das Kommen des Propheten Elia am Ende der Zeit.

2.3.2 Johannes und die Schar der Propheten vor ihm

Trotz eines solchen Identifikationsangebotes besteht jedoch weiterer Diskussionsbedarf. In Joh 1,21.25 etwa lässt der Evangelist den Täufer drei Erwartungen, die an ihn herangetragen werden, ganz nachdrücklich zurückweisen: Er ist weder der Christus, noch Elia, noch „der" Prophet. Der Evangelist legt also Wert darauf, sofort klarzustellen: Der Täufer ist nur Zeuge des „Lammes"; seine Tauftätigkeit am Jordan hat lediglich die Funktion, diesen Einen wie bei einer Rasterfahndung aus der großen Menge herauszufinden und bekannt zu machen (Joh 1,30 – 34). Hier tritt der Täufer am deutlichsten hinter Jesus zurück. Die Ehre eines Vorläufers „in Geist und Kraft des Elia" mag ihm der Evangelist Johannes nicht zugestehen.

Die Synoptiker kennen eine solche Scheu jedoch nicht und bleiben ihrer Linie treu. Auch im weiteren Verlauf ihrer Erzählungen spielen sie den Propheten Elia immer wieder ein, um die Beziehung zwischen Jesus und dem Täufer zu bestimmen. Als der Täufer bereits in Haft sitzt, schickt er seine Schüler zu Jesus, um dessen Identität zu erfragen. Matthäus und Lukas schließen daran eine kleine Rede an, in der Jesus nun seinerseits die Identität des Täufers thematisiert (Mt 11,7 – 15/Lk 7,24 – 28): Der in der Wüste ist einer, der weiß was er will, der sich mit den Herrschenden anlegt, der „mehr als ein Prophet" ist. Das allein würde schon genügen, um an Elia zu denken. Doch wie zur Verdeutlichung greifen beide Evangelisten nun auch noch einmal auf jenes Mischzitat vom Anfang zurück: „Dieser ist es, von dem geschrieben steht: Siehe ich sende meinen Boten vor dir her … (Mt 11,10/Lk 7,27)." Der Täufer ist kein gewöhnlicher Prophet, der in der Schar seiner Vorgänger aufginge, sondern ein ganz besonderer, exponierter und alle anderen überragender: Er ist der Elia. So deutlich wird es Jesus dann zwar erst nach der Verklärungsgeschichte aussprechen (Mk 9,13/Mt 17,12 – 13). Aber die Sache ist auch hier schon klar.

Jesu kleine Rede über den Täufer endet mit den Worten: „Unter den von Frauen Geborenen ist niemand größer als Johannes. Der Kleinste aber in der Gottsherrschaft ist größer als er (Mt 11,11/Lk 7,28)." In einem Disput über die Reichweite der Tora findet sich später der Spruch: „Das Gesetz und die Propheten reichen bis zu Johannes. Von da an wird die Gottesherrschaft verkündigt, und jeder drängt sich mit Gewalt hinein (Lk 16,16; vgl. Mt 11,12)." Beide Male scheint Johannes die Vergangenheit mit der Zukunft zu verbinden, wie auch Elia die Glaubensgeschichte Israels mit der Hoffnung auf das Kommen Gottes verbindet. Und so wie die Ankündigung des Elia in Mal 3 in der Anordnung des christlichen Kanons auf der Schwelle zum Evangelium stehen bleibt, bleibt auch der Täufer auf der Schwelle zur Gottesherrschaft stehen. Allein Lukas geht hier einen Schritt weiter und lässt ihn schon „Evangelium verkünden" (Lk 3,18), so dass der Vorläufer die Rolle der späteren Nachfolger vorwegnimmt.

2.3.3 Johannes und die „Verklärung“ Jesu auf dem Berg

Seinen größten Auftritt in der synoptischen Jesusgeschichte hat Elia auf dem Berg der „Verklärung“ (Mk 9,2 – 10/Mt 17,1 – 9/Lk 9,28 – 36). Während er ansonsten nur zitatweise oder durch Anspielungen in Erinnerung gerufen wird, erscheint er nun selbst.

Das Geschehen im kleinen Kreis hat die Form einer irritierenden Vision. Petrus, der nie um eine Antwort verlegen ist, weiß plötzlich nicht mehr, was er sagen soll. Für einen kurzen Moment zeigt sich den drei galiläischen Anhängern Jesu die Welt Gottes, und deren Repräsentanten sind keine Geringeren als Mose und Elia. Die ganze Szene changiert zwischen Wachen und Traum (Lk 9,32). Kaum geschaut, verhüllt eine Wolke die beiden Gestalten auch schon wieder und die Stimme Gottes erklingt. Wie bei der Taufe proklamiert sie Jesus erneut als den „geliebten/erwählten Sohn“ – und dann ist auch schon alles wieder vorbei. Dass dieses Gipfeltreffen prominenter Propheten auf einem „hohen Berg“ (Mk 9,2/Mt 17,1/Lk 9,28) stattfindet, kann kaum verwundern. Dass dabei jedoch zwei Gestalten aus Israels Vergangenheit mit Jesus zusammentreffen, durchbricht jede Wirklichkeitserfahrung. Man erinnert sich an das geheimnisumwobene Ende des Mose (Dtn 34,5 – 6) oder an die Entrückung des Elia (2Kön 2,1 – 11). Beide scheinen Wanderer zwischen den Welten zu sein. Ihre „Herrlichkeit“ aber weist sie nun als Teil eines Theophaniegeschehens aus, in dem Vergangenheit, Gegenwart und Zukunft verschwimmen.

Die Erzählung schließt unmittelbar an das Messiasbekenntnis des Petrus bei Cäsarea Philippi (Mk 8,27 – 30) und den damit verbundenen Diskurs über die Christologie an. Unerwartet und provozierend hatte Jesus seine Messianität durch die erste Leidensankündigung interpretiert (Mk 8,31 – 33) und durch eine kleine Spruchsammlung zum Thema Leidensnachfolge ausgeweitet (Mk 8,34 – 9,1). Nicht nur geographisch – auch theologisch ist damit ein Wendepunkt markiert. Von Cäsarea Philippi aus beginnt nun der zielgerichtete Weg nach Jerusalem und damit der Weg zu Tod und Auferstehung.

Dass sich Jesus mit dem „harten Kern“ seiner Schüler vor dem Aufbruch nach Süden noch einmal auf einen Berg zurückzieht, wird von Lukas mit der Praxis des Gebetes begründet (Lk 9,28). Auf jeden Fall aber hat diese Szene Schlüsselfunktion. So wie die Taufe im Jordan dem Auftreten Jesu in Galiläa vorausgeht, so geht nun die Gebetsklausur auf dem Berg dem Weg Jesu nach Jerusalem voraus. Die Verbindung zwischen beiden Episoden wird in der Himmelsstimme hörbar, die Jesus aus Nazaret fast gleichlautend als Gottessohn proklamiert. Am Jordan ist der Täufer der entscheidende Zeuge; auf dem Berg sind es Mose und Elia. Das ist ganz bestimmt kein Zufall. Mose und Elia fungieren hier nicht etwa als Vertreter von Gesetz und Prophetie. Vielmehr gelten sie in der jüdischen Tradition beide als profilierte Propheten. Vor allem aber erscheinen sie nun als Gestalten aus der Welt Gottes. An den Schaltstellen der Jesusgeschichte muss der Prediger aus Nazaret gegen den Augenschein und gegen alle Missverständnisse nachdrücklich „als Sohn Gottes“ proklamiert werden. Dazu bedarf es prophetischer Gestalten, die das Gehörte bezeugen. Beide Male sind die Zeugen Vorläufergestalten. Unverkennbar wird jedoch auf dem Berg das Geschehen vom Jordan übersteigert bzw. transzendiert. Die Gottesstimme bleibt zwar die gleiche. Aber die Zeugen treten nun aus einer anderen Wirklichkeit hervor, und von der Herrlichkeit Gottes fällt schon jetzt ein Abglanz auch auf Jesus. Für eine solche vorgreifende Verwandlung des äußeren Erscheinungsbildes steht die Erfahrung des Mose (Ex 34,29–35). Für die herandrängende Nähe Gottes aber steht der Auftrag des Elia (Mal 3). So wie der Täufer vom Jordan an Elia denken lässt, erinnert Elia auf dem Berg an den Täufer.

Diese Erinnerung wird im Anschluss an die Verklärungsgeschichte noch einmal aufgearbeitet (Mk 9,11–13/Mt 17,10–13). Während des Abstieges vom Berg hatte Jesus eines seiner Schweigegebote ausgesprochen, diesmal jedoch ausdrücklich bis zur Auferstehung befristet. Der Blick geht also schon über die Passionsereignisse hinaus. Das ist sicher auch der Sinn jenes kurzen Zusatzes bei Lukas, Mose und Elia hätten mit Jesus über seinen „Exodus“ in Jerusalem gesprochen (Lk 9,31). Auf jeden Fall sieht der erneut von Gott Proklamierte trotz aller bevorstehenden Ängste schon weiter als seine Schüler, die untereinander noch grundsätzlich diskutieren, was „von den Toten auferstehen“ denn bedeute (Mk 9,10). Hier schließt sich ein kurzes Gespräch an, das mit der Frage nach Elia beginnt. Die Schüler Jesu wollen wissen: „Warum sagen die Schriftgelehrten, zuerst müsse Elia kommen?“ Auf der Erzählebene ist diese Frage ganz offensichtlich durch die Erscheinung Elias auf dem Berg veranlasst. So unmittelbar hatten die Drei die Nähe Gottes erfahren, dass sie die Gegenwart schon voll und ganz als Heilszeit empfanden. Petrus, der in seiner Verwirrung auf dem Berg Hütten bauen wollte, wähnte sich wohl schon selbst bei Gott und in den „Wohnungen der Gerechten“. Was also bleibt dann noch für Elia zu tun übrig? Die Antwort Jesu fällt einigermaßen überraschend aus, weil sie diese Präsenz des Heils – wenngleich nun wieder am Fuße des Berges und zurück auf dem Boden der Tatsachen – zu bestätigen scheint: „… Elia ist schon gekommen, und sie taten ihm, wie sie wollten, wie über ihn geschrieben steht (Mk 9,13).“ Matthäus aber legt noch nach: „Da verstanden die Jünger, dass er über Johannes den Täufer zu ihnen sprach (Mt 17,13).“ Die Zeit ist längst weitergegangen. Elia war schon da. Man hat ihn nicht erkannt. Sein Ende entsprach dem der Propheten vor ihm, die der Willkür und Gewalt ihrer Zeitgenossen ausgeliefert waren. Noch deutlicher lässt sich der Täufer Johannes nicht mit dem Propheten Elia identifizieren.

2.4 Prophetische Erwartungen – Elia und Jesus von Nazaret

Das Motiv des Vorläufers, der dem Messias vorausgeht, ist freilich nicht die einzige Brücke, auf der die Figur des Elia die Jesusgeschichte der Evangelien betritt. Neben der eindeutigen Identifizierung beider Prophetengestalten finden sich auch Aussagen, die einen solchen Zusammenhang rundheraus abweisen und die Figur des Elia stattdessen auf Jesus selbst beziehen. In jenen Meinungsumfragen, die der Volksmeinung abgelauscht sein wollen (Mk 6,14–16parr; Mk 8,27–30parr), erscheint Elia immerhin auch als eine von mehreren Optionen, um die Identität Jesu zu bestimmen. Wenn Jesus die nahe Gottesherrschaft verkündet, dann übernimmt er selbst die Rolle des Vorboten – auch wenn dies in seiner Person auf eine ganz exklusive, den Anbruch der Gottesherrschaft schon vollziehenden Weise geschieht. Für den Täufer Johannes bliebe in dieser Beziehung nur noch die Rolle eines Vorläufers des Vorläufers übrig. In der Perspektive prophetischer Erwartungen jedenfalls statten die Evangelisten immer wieder Jesus selbst mit Zügen aus, die von Elia entlehnt sind.

2.4.1 Jesu provokante Antrittspredigt in Nazaret

Bereits den „Prolog" des Markusevangeliums, der mit jenem Mischzitat aus Ex 23,20/Mal 3,1/Jes 40,3 die Hoffnungsgeschichte Israels aufnimmt, kann man auch auf den Propheten Jesus deuten. Wenn der Prediger aus Nazaret als Herold der nahen Gottesherrschaft verstanden wird und wenn mit dem Herrn, dessen Wege bereitet werden sollen, Gott gemeint ist – dann lassen sich der Bote, Rufer oder eben auch der Prophet Elia aus der Zitatenkombination ebenso mit Jesus selbst identifizieren.

Dass sich die Evangelisten diese Möglichkeit zumindest offenhalten, zeigt die Erzählung von der Versuchung Jesu in der Wüste, die in der Abfolge der Ereignisse unmittelbar auf die Taufe am Jordan folgt. Bei Matthäus und Lukas, die hier einen ausgeführten Dialog Jesu mit dem Diabolos aufbieten (Mt 4,1 – 11/Lk 4,1 – 13), klingen vor allem Erinnerungen an die Wüstenzeit des Mose an. Markus, der die Episode nur en passant in zwei kurzen Sätzen referiert, scheint mehr an Elia zu denken. Ob Jesus in der Wüste auch eine besondere Gottesbegegnung erlebt wie Mose oder Elia, bleibt wiederum offen. Doch der Bezug auf die Wüstenerfahrung gerade dieser beiden Gestalten ist unverkennbar.

Danach beginnt bei den Synoptikern übereinstimmend die öffentliche Wirksamkeit Jesu in Galiläa. Lukas setzt dabei jedoch noch einmal einen ganz besonderen Akzent. Während bei Markus und Matthäus Jesus zunächst Schüler beruft, Heilungen vollbringt und verschiedene Streitgespräche führt, bevor er schließlich auch in seinen Heimatort Nazaret kommt (Mk 6,1 – 6/Mt 13,53 – 58), zieht Lukas diese Episode nach vorn und macht sie zum programmatischen Auftaktgeschehen überhaupt (Lk 4,16 – 30). Bei ihm klingt diese „Antrittspredigt" in Nazaret wie ein

Paukenschlag, der sofort das künftige Geschick Jesu ins Bewusstsein bringt: Wertschätzung und Ablehnung, Offenheit und Missverständnis, Bewahrung und Bedrohung begleiten fortan seinen Weg bis nach Jerusalem. Um dies zu verdeutlichen, muss Lukas die Nazaret-Episode weiter ausgestalten. Markus und Matthäus erwähnen lediglich das Faktum einer eindrucksvollen Synagogenpredigt einerseits sowie der anschließenden Geringschätzung durch die Anwesenden andererseits. Lukas aber teilt nun darüber hinaus nicht nur den Ablauf des Synagogengottesdienstes mit Lesung und Predigt, sondern auch noch den Predigttext wie den Beginn der Predigt selbst mit. Schließlich schildert er, wie die Bewunderung in Wut umschlägt und der Prediger mit knapper Not der Lynchjustiz durch die Nazarener entgeht. Erneut wird diese Darstellung von gewichtigen Elia-Erinnerungen durchzogen.

Der Text, den Jesus nach Lk 4,16–19 liest, stammt aus Jes 61,1–2. Es handelt sich dabei um eine der wortgewaltigsten Heilsverheißungen der Nachexilszeit, die ein unbekannter Prophet („Tritojesaja") in eine Situation enttäuschter Hoffnungen hineinspricht: „Der Geist des Herrn ist auf mir, weil er mich gesalbt hat, frohe Botschaft zu verkündigen den Bettelarmen. Er hat mich gesandt, um den Gefangenen die Freilassung zu verkündigen und den Blinden das Sehendwerden, um die Zerschlagenen in Freiheit zu entlassen, um zu verkündigen ein angenehmes Jahr des Herrn." Auf diese Zusagen richtet sich die Hoffnung all derer, die unter den gegenwärtigen bedrückenden Lebensumständen unbeirrt auf Gott vertrauen. Der Text führt aus, was die Kennzeichen der Heilszeit sind, wenn sich Gott wieder seinem Volk zuwenden wird. Nach der Lesung nimmt Jesus Platz und signalisiert damit den Beginn einer Predigt. Anstatt den Text nun aber in gewohnter Weise auszulegen, beginnt er mit einer Proklamation: „Heute ist diese Schriftstelle erfüllt in euren Ohren." Das bedeutet nicht weniger als: Mit mir, mit meiner Verkündigung, fängt die Heilszeit an, ich selbst bin jener Geistgesalbte, der frohe Botschaft verkündigt.

Dabei ist jedoch nicht nur an den mit Gottes Geist gesalbten Propheten aus Jes 61 gedacht. Auch Elia, der dem Kommen Gottes vorausgeht (Mal 3), tritt gleich darauf ins Bild. Nachdem die versammelte Gemeinde diese Proklamation zunächst mit Bewunderung aufzunehmen scheint, nimmt die Predigt eine überraschende Wendung. Kaum sind die steilen Worte ausgesprochen, beginnt der Prediger, seine Hörerinnen und Hörer zu brüskieren. Natürlich liefert dieser Text nicht das Stenogramm einer tatsächlich gehalten Predigt, denn unter kommunikativen Gesichtspunkten wäre das, was nun folgt, völlig unverständlich. Vielmehr handelt es sich um eine Skizze, in der Lukas alles auf den Kontrast zwischen Zustimmung und Zurückweisung konzentriert. Alle Zwischentöne fallen aus. Jesus kontert – scheinbar in prophetischer Weitsicht – die Kritik seines Publikums, die auf der Textebene noch gar nicht zur Sprache gekommen ist. Dabei konfrontiert er sie auch mit zwei ausgesprochen ärgerlichen Vorbildern, die dem Erzählkranz um Elia und Elisa entstammen: „In Wahrheit aber sage ich euch: Viele Witwen waren in Israel in den Tagen des Elia, als der Himmel verschlossen war drei Jahre und sechs Monate, als ein großer Hunger über die ganze Erde kam, / und zu keiner von ihnen wurde Elia gesandt außer zu einer verwitweten Frau nach Sarepta in Sidonien. / Und viele Aussätzige waren in Israel unter dem Propheten Elisa, und keiner von ihnen wurde gereinigt außer Naeman der Syrer (Lk 4,25 – 27)." Beide Male handelt es sich um Nichtjuden, die einen Vorzug vor den Angehörigen des Gottesvolks erhalten. Beide öffnen sich der Botschaft des Propheten Elia – ganz im Gegensatz zu jenen Israeliten, die den Propheten verwerfen und verfolgen. An dieser Stelle kippt die Stimmung. Man wirft Jesus aus der Synagoge und aus dem Ort hinaus; als man ihn jedoch einen Abhang hinunterstürzen will, geht er hoheitsvoll durch ihre Mitte hindurch und verlässt Nazaret.

Die beiden Predigtbeispiele, die Lukas hier auswählt, belegen in aller Deutlichkeit: Von Anfang an ist das Geschick Jesu mit dem des Propheten Elia vergleichbar. Seine Botschaft stößt bei seinen Landsleuten und Glaubensgenossen auf Ablehnung. Fremde sind es, die sich dieser Botschaft öffnen. Der Bote, der unbequeme Dinge ausspricht, muss mit Verfolgungen rechnen, kann dabei jedoch auch auf den Schutz Gottes vertrauen.

2.4.2 Jesu symbolträchtiger Schülerkreis und Israel

Zu Beginn seiner Wirksamkeit in Galiläa sammelt Jesus einen Schülerkreis um sich, der mit ihm die Lebensweise eines unsteten Wanderlebens teilt. Daran ist zunächst nichts Ungewöhnliches zu entdecken. Auch andere Lehrer im jüdischen wie im hellenistischen Bereich sind von Schülern umgeben. Wenn Jesus als „Rabbi", „Lehrer" oder „Meister" angesprochen wird, ordnet man ihn in dieses wohl bekannte Spektrum ein. Allerdings fällt sein Schülerkreis in verschiedener Hinsicht dann doch aus dem Rahmen.

Schon die Art und Weise, auf die der Schülerkreis Jesu zustande kommt, ist ungewöhnlich. Nicht die Schüler suchen ihren Lehrer, sondern der Lehrer sucht und beruft seine Schüler. Er spricht sie unvorbereitet mitten in ihrer Arbeitswelt an. Sie verlassen sofort alles, was sie haben, und gehen buchstäblich „hinter ihm her". Die Beziehung, die dadurch entsteht, wird von den Evangelisten mit dem Begriff der „Nachfolge" bezeichnet. Nachfolge ist mehr als ein befristeter Studienaufenthalt oder ein sachlich begrenztes Hospitationspraktikum. Sie bedeutet eine lebenslange, existentielle Form der Gemeinschaft, deren radikale Ausschließlichkeit sich von anderen Lehr- und Lerngemeinschaften zur Zeit Jesu deutlich unterscheidet. Dafür lässt sich die kleine Erzählung von Elia, der seinen Meisterschüler Elisa beruft (1Kön 19,19–21), als ein Modellbild erkennen. So wie die Fischer am See ist auch Elisa gerade bei seiner Arbeit auf dem Feld, als der Prophet vorbeikommt (1Kön 19,19 // Mk 1,16). So wie die Fischer von Jesu unvermitteltem Ruf wird Elisa vom Mantel des Elia getroffen (1Kön 19,19 // Mk 1,17). So wie die Fischer verlässt auch Elisa sein Familie und seine ökonomische Lebensgrundlage, um sich dem unsteten Wanderleben des Propheten anzuschließen (1Kön 19,20–21 // Mk 1,18.20). Der einzige Unterschied besteht darin, dass ihm noch der Abschied von seiner Familie in Gestalt eines ausführlichen Festmahles gestattet wird (1Kön 19,20–21). Genau das aber verweigert Jesus später einem anonym bleibenden Schüler, der von sich aus in die Nachfolge einzutreten wünscht – denn: „Wer seine Hand an den Pflug legt und zurückschaut, der ist nicht geeignet für die (Verkündigung der) Gottesherrschaft (Lk 9,61–62)."

Für die eigentümliche Art der Berufungsgeschichten Jesu hat die Berufungspraxis des Propheten Elia Pate gestanden. Hier geht es nicht um gelegentliche Erfahrungen, sondern um das ganze Leben. Elia wirft, als er den Elisa hinter seinem Ochsengespann sieht, seinen Mantel auf ihn. Sowohl diese Geste als auch der Mantel selbst haben Symbolcharakter. Später wird Elia mit einem Schlag dieses Mantels auf das Wasser den Jordan teilen und, bei seiner Entrückung, denselben seinem Schüler Elisa überlassen (2Kön 2,8.13–15). Der Mantel steht dabei für die Weitergabe des prophetischen Charismas. Die von Jesus in die Nachfolge Berufenen erhalten ebenfalls Anteil am Charisma ihres Lehrers. Im Zuge der Aussendung (Mk 6,7/Mt 10,1.7/Lk 9,1–2) werden sie nicht nur mit der Verkündigung des Evangeliums betraut, sondern auch mit Macht über die Dämonen sowie mit der Fähigkeit zu heilen.

Von dem Kreis der Nachfolgerinnen und Nachfolger – auch Frauen treten nachweislich in diese Lern- und Lebensgemeinschaft ein (Lk 8,1–3) – heben sich „die Zwölf" noch einmal als eine besondere Gruppe ab. Die Konstituierung des Zwölferkreises hat dabei ganz klar symbolischen Charakter und lässt sich am besten als prophetische Zeichenhandlung verstehen. Denn im Zentrum von Jesu Wirksamkeit steht zunächst nur die Sammlung Israels (Mt 15,24). Diese Ausrichtung auf das Zwölfstämmevolk aber lässt sich kaum anschaulicher zum Ausdruck bringen als eben durch die Berufung des Zwölferkreis, der in diese Sammlung einbezogen wird (Mt 10,6). Gerade, weil die Größe „Israel" im 1. Jh. n.Chr. schon lange nicht mehr in Form der alten Stammesstruktur existiert, signalisiert die Zwölfzahl umso deutlicher den ideellen Anspruch auf das Ganze. In einem internen Gespräch mit den Zwölf stellt Jesus diesen Zusammenhang unmissverständlich fest (Lk 22,28–29/Mt 19,28). Auch hier lässt sich die Erinnerung an Elia kaum vermeiden, dem das Lob der Väter im Sirach-Buch die Sammlung Israels als zentrales Anliegen seiner Sendung attestiert: „Du bist bestimmt worden, … die Stämme Jakobs wieder aufzurichten (Sir 48,10)."

Als Jesus seine Schüler aussendet, um an der Sammlung Israels teilzunehmen, blitzt noch einmal ein kleines Detail aus der Geschichte des Propheten Elisa auf. Sie findet sich nur bei Lukas, der die Aussendung verdoppelt hat und Jesus sowohl die Zwölf als auch noch einmal 70/72 weitere Schüler auf den Weg bringen lässt (Lk 9,1 – 6; 10,1 – 12). Beide Male enthält sein Auftrag auch die so genannte „Ausrüstungsregel", die bei Lichte besehen eher eine Abrüstungsregel ist: Nichts sollen die Boten des Evangeliums bei sich tragen – weder Stab noch Tasche, Brot, Geld oder zwei Hemden (Mk 6,8 – 9/Mt 10,9 – 10/Lk 9,3). In der Wiederholung dieses Auftrags fügt Lukas die Sandalen hinzu und ergänzt: „Grüßt auch niemanden auf dem Weg (Lk 10,4)!" Ein solches Grußverbot erteilt der Prophet Elisa seinem Diener Gehasi, als er ihn mit einem Botenauftrag auf den Weg schickt (2Kön 4,29). Der Habitus und die zeichenhaften Verhaltensweisen der Schüler Jesu folgen einem Modell, das sich am Kreis der Prophetenschüler um Elia und Elisa orientiert.

2.4.3 Jesu beziehungsreiche Wundertaten in Galiläa

Was sich von dem Auftreten Jesu dem Gedächtnis der frühen Christenheit ganz besonders einprägte, waren neben der originellen, bildhaften Art zu predigen vor allem seine Wundertaten. Namentlich die Synoptiker legen großen Wert darauf, Jesus als denjenigen darzustellen, dessen Worte und Taten einander entsprechen. Dazu malen sie die überlieferten Wundererzählungen mit Farben aus, die auf der Palette vergleichbarer alttestamentlicher Geschichten gemischt sind.

Nun sind Wundertaten nicht unbedingt ein Spezifikum prophetischer Aktivitäten. Die Propheten Israels richten Gottes Wort aus. Sie fungieren als Seelsorger, in dem sie mahnen und trösten. Gelegentlich vollziehen sie drastische Zeichenhandlungen. Wundertaten findet man bei ihnen eher selten. Zwei große Figuren bilden hier allerdings eine Ausnahme: der Prophet Mose, der immer wieder als Wundertäter in Erscheinung tritt – und Elia, dessen Wundertaten sein Bild beinahe noch stärker beeinflusst haben als sein Kampf gegen den Baalskult in Israel. Sir 48,4 etwa hebt anerkennend hervor: „Wie herrlich bist du gewesen,

Elia, mit deinen Wunderzeichen! Wer kann sich rühmen, dir gleich zu sein?“ Die Wunder des Propheten Elia sind im Judentum zu Volksüberlieferungen im besten Sinne geworden. Bis heute bleibt sein Name von einer Aura des Wunders umschwebt, wenn man ihm etwa zum Sedermahl einen gedeckten Platz bereithält oder bei der Beschneidung eigens einen Stuhl hinstellt. Schon die Wunder des Propheten Jesus setzen sich zu den Wundern des Propheten Elia in Beziehung.

Mit Händen zu greifen ist dieser Bezug bei der Geschichte von der Auferweckung des Jünglings zu Nain (Lk 7,11 – 17). Es ist das erste Totenauferweckungswunder bei Lukas, dem in seinem Doppelwerk noch drei weitere folgen werden (Lk 8,40 – 42.49 – 56; Act 9,36 – 43; 20,7 – 12). Eine solche Dichte fällt auf. Sie findet sich sonst nur in dem Erzählkranz um Elia und Elisa, der von jedem der beiden Propheten je ein solches Wunder enthält. In 1Kön 17,17 – 24 handelt es sich dabei ebenfalls um den einzigen Sohn einer Witwe, dessen Tod die Mutter ihres Ernährers und Rechtsbeistandes beraubt. In 2Kön 4,18 – 37 ist der junge Tote das einzige, lang ersehnte und schließlich von Gott auf die Bitte des Propheten hin geschenkte Kind. Auf das Gebet der Gottesmänner hin erwachen beide Söhne wieder zum Leben. Von Elia heißt es dabei in 1Kön 17,23 „und er gab ihn seiner Mutter zurück“ – was in Lk 7,15 wörtlich aufgenommen wird. Schriftkundige Hörerinnen und Hörer verstehen diese Parallele sofort. Gott lässt sich durch die Bitte eines Elia oder Elisa bewegen, seine Macht auch über die Grenze des Todes hinaus zu erweisen. Jesus aber spricht sein souveränes „Jüngling – ich sage dir: Steh auf!“ gleichsam in eigener göttlicher Vollmacht. Völlig sachgemäß lässt Lukas daraufhin die staunende Menge als Reaktion auf die Wundertat feststellen: „Gott hat sein Volk besucht!“

Eine ganz unübersehbare Anspielung findet sich da, wo mit einer geringen Menge an Brot eine große Menge an Menschen gesättigt werden soll. Nach 2Kön 4,42 – 44 speist Elisa 100 Männer mit 20 Gerstenbroten; nicht allein, dass sie davon satt werden – es bleiben auch noch Reste übrig. Mit Jesus aus Nazaret verbindet sich eine ganz ähnliche Geschichte. Nur die Kontraste haben sich mittlerweile vergrößert: In der einen Fassung des Speisungswunders werden 5.000 Menschen mit 5 Broten und 2 Fischen gesättigt, wovon 12 Körbe übrig bleiben (Mk 6,30–44/Mt 14,13–21/Lk 9,10–17/Joh 6,1–13); in der anderen Fassung werden 4.000 Menschen mit 7 Broten und einigen Fischen gesättigt, wovon 7 Körbe übrig bleiben (Mk 8,1–9/Mt 15,32–39). In diesen zwei Fassungen ist ganz sicher die Erinnerung an ein einziges, besonders eindrückliches Ereignis aufbewahrt geblieben, die sich im Laufe der Überlieferung verdoppelt hat. Markus und Matthäus, die beide Fassungen als Berichte von unterschiedlichen Ereignissen verstehen (Mk 8,18–21/Mt 16,8–11), präsentieren die Speisung auf diese Weise geradezu als eine Art Markenzeichen der Wundertätigkeit Jesu. Was schon bei Elisa Staunen erregt, muss nun bei Jesus vollends überzeugen. Wenn Gott sein Volk besucht, gibt es keinen Mangel mehr – und das nicht nur im Kreis der Prophetenschüler, sondern bei allen, die auf Gottes Wort hören.

Strafwunder gehen dem Prophetenschüler Elisa scheinbar locker von der Hand. Als ihn ein Trupp des Königs verhaften soll, ruft er Feuer vom Himmel herab über zweimal 50 Mann (2Kön 1,9–14). Einige Kinder, die ihn seiner Kahlköpfigkeit wegen verspotten, lässt er durch Bären zerreißen (2Kön 2,23–24). Seinen Diener Gehasi bestraft er für dessen Geldgier damit, dass ihn der Aussatz des Syrers Naeman befällt (2Kön 5,24–27). Bei dem Feuer, das vom Himmel fällt, hat Elisa vielleicht seinen Lehrer Elia vor Augen: Während des Gottesurteils auf dem Karmel lässt Gott Feuer auf das Opfertier des Elia fallen, was schließlich 450 Baalspropheten das Leben kostet. An ein solches Feuer denken wohl auch die Brüder Jakobus und Johannes, die nicht zufällig den Namen „Donnersöhne" tragen (Mk 3,17). Als der Gruppe um Jesus in einem samaritanischen Dorf das Quartier verweigert wird, wollen sie ihren Lehrer dazu veranlassen, ebenfalls Feuer auf die ungastlichen Dorfbewohner herabfallen zu lassen (Lk 9,52–56). Jesus aber weist dieses Ansinnen strikt zurück. Auch sonst findet sich unter seinen Wundern keines, mit dem eine Strafe vollzogen würde. Die so genannte „Verfluchung" des Feigenbaumes (Mk 11,12–14.20–25/Mt 21,18–22) enthielt ursprünglich eher ein Wort des Bedauern als ein Wort des Fluches. Hier unterscheidet sich der Wundertäter Jesus auffällig von dem Wundertäter Elia.

2.4.4 Jesu verheißungsvolle „Hinaufnahme“ in Jerusalem

Das Ende Jesu lässt sich mit dem Ende des Propheten nur noch sehr bedingt vergleichen. Immerhin gibt es auch hier wenigstens einige Berührungspunkte.

Was beider Ende zunächst unterscheidet, ist das gewaltsame Todesgeschick selbst. Elia wird – wiederum auf wunderbare Weise – am Ende seines Lebens in einem feurigen Wagen direkt zu Gott entrückt (2Kön 2,1 – 18), während Jesus zunächst den Tod auf die demütigendste Weise zu erleiden hat. Seine Auferweckung erfolgt nicht anders als durch den Tod hindurch. Elia gelangt zu Gott unter Umgehung des Todes – ein Privileg, das er nur noch mit dem Urvater Henoch teilt (Gen 5,24). Insofern ist auch die Entrückung Jesu, wie sie Lukas in seiner doppelten Himmelfahrtserzählung darstellt (Lk 24,50 – 53/Act 1,1 – 12), nicht ohne weiteres mit der Entrückung Elias gleichzusetzen. Der einzig relevante Vergleichspunkt liegt in der Terminologie: Das griechische Verb, das in Act 1,2.11.22 für „auf-/hinaufnehmen“ steht und von dem auch die „Hinaufnahme“ Jesu in Lk 9,51 abgeleitet ist, entspricht genau dem Sprachgebrauch von der „Auf-/Hinaufnahme“ des Elia (2Kön 2,11; 1Makk 2,58; Sir 48,9). Während dem Elia dafür jedoch ein spektakuläres Fahrzeug zur Verfügung steht, wird Jesus, der bereits aus einer anderen Wirklichkeit heraus erscheint, lediglich durch eine Wolke den Blicken seiner Schüler entzogen.

2.5 Prophetische Orientierungen – Elia und die hellenistische Vorbildethik

Aus dem unangepassten und kompromisslosen Eiferer Elia wird bereits im Verlauf der alttestamentlich-jüdischen Überlieferung eine Vorbildfigur. Im Rückblick glätten sich seine rauen Seiten. Mit dem Eindringen hellenistischer Vorbildethik in die ethische Unterweisung des frühen Judentums greift man deshalb auch gern auf Elia zurück. Dabei dominiert die historische Perspektive, die aus den überlieferten Erzähltexten bestimmte typische

Eigenschaften herauszulesen versucht. Daran schließt die christliche Ethik nahtlos an.

2.5.1 Elia als Helfer und Seelenführer

In der späteren rabbinischen Literatur finden sich zahlreiche Belege für die Vorstellung, dass Elia in den kleineren oder größeren Notsituationen des Lebens helfend eingreift. Vor allem aber geleitet er nun in der letzten Not der Todesstunde die Sterbenden in das Paradies und führt sie dort an die ihnen vorbestimmten Plätze. Es könnte sein, dass diese Funktion Elias als eines Seelenführers bereits in Sir 48,11 angedeutet wird: „Selig sind diejenigen, die dich (Elia), gesehen haben und die in Liebe entschlafen sind, denn auch wir werden am Leben bleiben." Soll damit gesagt werden, dass die Sterbenden in Frieden entschlafen können, sobald sie Elia geschaut und damit die Gewissheit neuen Lebens erlangt haben? Bringt Elia so wie am Ende der Zeiten (Mal 3) nun auch am Ende jedes individuellen Lebens die Dinge wieder zurecht? Möglicherweise hat sich eine solche Erwartung bereits in der Überlieferung von Jesu Kreuzigung niedergeschlagen.

Übereinstimmend berichten Markus und Matthäus, dass Jesus um die neunte Stunde sein Leben aushaucht (Mk 15,37/Mt 27,50). Mit seinen letzten Worten zitiert der Sterbende zuvor einen Psalmvers (Ps 22,2): „Eloi, Eloi, lema sabachthani!, das heißt übersetzt: Mein Gott, mein Gott, warum hast du mich verlassen (Mk 15,34/Mt 27,46)?" Dass dieser Vers zunächst auf aramäisch wiedergegeben wird, geschieht aus gutem Grunde. Die Zeugen der Szene missdeuten die Worte nämlich gerade aufgrund ihres aramäischen Wortlautes. Vermutlich stellen sich beide Evangelisten vor, dass der Gekreuzigte in seiner letzten Stunde nur noch undeutlich sprechen kann. Die Spötter unter dem Kreuz machen sich deshalb ihren eigenen Reim auf das, was sie zu vernehmen glauben: „Siehe, er ruft den Elia!" Daraufhin übernimmt einer die Initiative und tränkt einen Schwamm mit Essig, den er dem Sterbenden auf einer Stange reicht. Ob mit dieser Aktion dessen Leben verlängert oder eher verkürzt werden soll, wird nicht ganz deutlich. Unzweifelhaft aber verbindet sich damit der Neugierde der Beteiligten: „Lasst, wir wollen sehen, ob Elia kommt, um ihn herunterzunehmen / um ihn zu retten (Mk 15,36/Mt 27,49)!" Sie betrachten Elia demnach als einen Helfer in der letzten Stunde – sei es, dass er den Sterbenden vor dem Tod bewahrt oder sei es, dass er ihn durch den Tod hindurch zu Gott geleitet. Gern würden sie ein Schauspiel erleben, das bei dem besonderen Anspruch dieses besonderen Gekreuzigten auch ein besonderes Erlebnis zu werden verspricht. Ihre Erwartung wird indessen enttäuscht und Jesus stirbt mit einem letzten unartikulierten Schrei (Mk 15,37/ Mt 27,50).

Lukas lässt diese Szene aus und verleiht dem Bild deutlich hoheitsvollere Züge. Den Schrei der Gottverlassenheit ersetzt er durch ein vertrauensvolles Gebetswort aus Ps 31,6: „Vater, in deine Hände befehle ich meinen Geist (Lk 23,46)." Zuvor findet der Sterbende noch die Kraft, für seine Peiniger zu beten (Lk 23,34) und sich als Seelsorger um einen der beiden Leidensgenossen zu kümmern (Lk 23,39–43). Dieses kurze Gespräch aber scheint nun erneut auf der Elia-Typologie aufzubauen. Als einer der Mitgekreuzigten in den Spott der Soldaten einstimmt, fährt ihm der andere in die Parade und weist ihn zurecht. Dann wendet er sich an Jesus und äußert eine Bitte: „Jesus, denke an mich, wenn du in deine Königsherrschaft kommst (Lk 23,42)!" Der aber antwortet: „Amen ich sage dir: Heute noch wirst du mit mir im Paradies sein (Lk 23,43)!" Ob Lukas die Königsherrschaft Gottes in diesem Falle mit dem Paradies gleichsetzt, muss hier nicht weiter verfolgt werden. Wichtiger ist, dass Jesus selbst nun die Rolle Elias als eines Seelenführers auf dem Weg zu Gott übernimmt. So kann der „Schächer" an seiner Seite in Frieden sterben.

In der späteren christlichen Gemeinde wird Elia dann als vorbildlicher Beter in Anspruch genommen. Konkret geht es dabei um die Bewältigung von Krankheitssituationen (Jak 5,14–18). Wer krank ist, soll die Ältesten der Gemeinde rufen, damit sie über ihm beten und ihn salben; wo Schuld vorliegt, soll sie bekannt werden. Im Zentrum aber steht das Vertrauen auf die Macht des Gebetes, denn „das Gebet eines Gerechten vermag viel, weil es wirksam ist (Jak 5,16)." Für diese Wirksamkeit führt der Autor sogleich ein prominentes Beispiel an: „Elia war ein Mensch gleich uns, und durch ein Gebet erbat er, dass es nicht regnete – und es regnete nicht auf Erden drei Jahre und sechs Monate lang. / Und wieder betete er – und der Himmel gab Regen, und die Erde ließ ihre Frucht sprießen (Jak 5,17–18).“ Hängt ein solches Beispiel die Messlatte nicht ziemlich hoch? Soll etwa der einfache Beter einer so außergewöhnlichen Figur wie Elia nacheifern? Jak 5,17 dreht den Spieß deshalb um und betont an Elia gerade das, was ihn mit allen anderen Menschen verbindet. Er war „ein Mensch gleich uns“. Sein Gebet hat keine spezielle oder gar magische Kraft, sondern lebt ganz schlicht aus dem Vertrauen auf Gottes Hilfe. Was Elia vermochte, vermögen letztlich alle, die im Glauben auf die Macht des Gebetes vertrauen.

2.5.2 Elia als Glaubensheld und Gottesstreiter

Der Apostels Paulus bedient sich in seinen Briefen, die stets auf bestimmte Probleme in den Gemeinden seines Missionsgebietes Bezug nehmen, einer sorgfältigen und differenzierten Argumentation. Zu diesem Zweck greift er immer wieder auf das unerschöpfliche Reservoir der „Schriften“ zurück, deren Kenntnis er bei seinen Adressaten – Juden wie Nichtjuden – weitgehend voraussetzen kann. Auf diese Weise gelingt es ihm, zugleich die Verwurzelung seines Evangeliums in der Glaubensgeschichte Israels zum Ausdruck bringen.

In Röm 9–11 haben solche Argumentationsstrukturen ein ganz besonderes Gewicht. Gleichsam als Nagelprobe für seine in Röm 1–8 entwickelte Rechtfertigungstheologie ringt Paulus nun um eine Verhältnisbestimmung zwischen der christusgläubigen Gemeinde und Israel. Ist die Erfahrung der Differenz etwas völlig Neues, oder gibt es auch dafür schon Beispiele? Lässt sich die von Paulus als paradox empfundene Situation vielleicht aus der Geschichte heraus begreifen? In Röm 11,1 setzt er, gleichsam als Konsequenz aus den vorausgegangen Reflexionen, mit einer Frage ein: „Hat Gott etwa sein Volk verstoßen?“ Darauf gibt es klar und unmissverständlich nur eine Antwort: „Keinesfalls! Denn auch ich bin ein Israelit, aus dem Samen Abrahams, vom Stamme Benjamin.“ Diese zunächst etwas egozentrisch anmutende Begründung bringt ihn jedoch gleich auf einen anderen Eiferer, nämlich Elia: „Oder wisst ihr nicht, was die Schrift im (Bericht über) Elia sagt, wie er vor Gott gegen Israel auftritt? / Herr, deine Propheten haben sie getötet, deine Altäre haben sie zertrümmert, und ich bin hier allein übriggeblieben, und sie trachten mir nach dem Leben. / Aber was sagt zu ihm der Gottesspruch? Ich habe mir übriggelassen 7000 Mann, die ihre Knie nicht vor Baal gebeugt haben (Röm 11,2–4)." Will Paulus etwa sich selbst mit Elia vergleichen – als der einsame Kämpfer, der von den meisten verkannt oder verfolgt wird? Damit wäre der Bogen sicher überspannt. Wichtig sind an diesem Beispiel nur zwei Dinge. Zum einen liegt Paulus an jenem „Rest", der übrigbleibt. Zum anderen aber liegt ihm daran, dass Gott selbst diesen Rest „für sich übriglässt" (Röm 11,4). Das geht zwar über den Text von 1Kön 19,18 hinaus, trifft aber genau das Anliegen des Paulus: Die irritierenden Konflikte seiner Generation sind nicht das Ergebnis undurchsichtiger Zufälle, sondern Ausdruck von Gottes Handeln. Das war schon zu den Zeiten eines Elia so. Insofern erübrigen sich hier auch alle vorschnellen Urteile. Gott selbst wird sein Volk führen und bewahren, weshalb Paulus gegen Ende dieses Kapitels dann auch unerschütterlich daran festhalten kann: „Ganz Israel wird gerettet werden (Röm 11,26)!" Elia, der Gottesstreiter, verkündigt in diesem Kontext die Rettung, nicht die Strafe.

Für die ethische Unterweisung spielen von jeher Vorbilder eine wichtige Rolle. In der hellenistischen Popularphilosophie entwickelt sich deshalb eine regelrechte Vorbildethik: Bedeutende Persönlichkeiten der Vergangenheit werden mit ihren herausragenden Eigenschaften vorgestellt und zur Nachahmung empfohlen. Das frühe Judentum nimmt diese Form der Unterweisung dankbar auf, da ihm ja aus den Erzählungen der hebräischen Bibel zahlreiche prägnante Figuren zur Verfügung stehen. In langen Paradigmenreihen werden nun die Frommen, die Glaubenshelden, die Bekenner oder überhaupt die Gerechten aufgezählt und mit kurzen, markanten Verweisen auf Ereignisse aus ihrem Leben charakterisiert.

Eine solche Reihe von Glaubenshelden findet sich auch in Hebr 11,1–38. Sie beginnt in der Urzeit bei Abel, Henoch und

Noah, um dann über Erzväter und Könige hinweg den Bogen bis zu den Bekennern der unmittelbaren Gegenwart zu schlagen. Im letzten Abschnitt werden dabei auch pauschal „die Propheten" aufgeführt. Einige der folgenden Eigenheiten, die ihnen zugeordnet sind, deuten am ehesten auf Elia hin (Hebr 11,33 – 35): „… die dem zweischneidigen Schwert entrannen (1Kön 19,1 – 3), aus Schwachheit zu Kraft kamen (1Kön 19,4 – 8) …; Frauen bekamen durch Auferstehung ihre Toten zurück … (1Kön 17,17 – 24; 2Kön 4,18 – 37)." Ansonsten klingen noch die biblischen oder apokryphen Prophetenschicksale Daniels, der drei Männer im Feuerofen, Jeremias oder Jesajas an. Aus dieser langen Reihe von Glaubensvorbildern zieht der Autor den Schluss: „Darum auch wir: Weil wir eine solche Wolke von Zeugen um uns haben, wollen wir … mit Ausdauer in dem uns bevorstehenden Wettkampf laufen (Hebr 12,1)." Elia ist inzwischen zu einem Zeugen geworden, der sich namenlos in die große Schar der Glaubensvorbilder einfügt. Sein Beispiel ermutigt und motiviert – nicht etwa für so spektakuläre Konflikte wie zur Zeit eines König Ahab, sondern für die Herausforderungen des Alltags, die dem Glaubenden die Ausdauer und Beharrlichkeit eines Wettkämpfers abverlangen.

2.5.3 Elia als Zeuge und Märtyrer

Bereits die Paradigmenreihe in Hebr 11 stellt den anonymisierten Propheten Elia mit Zeugen und Märtyrern zusammen. In dieser Rolle begegnet man ihm noch einmal im letzten Buch des Neuen Testamentes. Zwar wird auch hier sein Name verschwiegen. Verschiedene Einzelheiten machen es jedoch leicht, an dieser Stelle das Vorbild des Elia zu erkennen.

Für gewöhnlich gibt man jenem merkwürden, vermutlich alten Traditionsstück in Apk 11,1 – 14 die Überschrift: „Die beiden Zeugen gegen den Antichrist". Ort des Geschehens scheint Jerusalem zu sein, da in 11,1 – 2 zunächst der Tempel ausgemessen wird; 11,8 spricht dann ausdrücklich von „der großen Stadt … wo auch ihr Herr gekreuzigt wurde", wenngleich die weiterhin beigefügten „geistlichen" Namen „Sodom und Ägypten" eher an einen Symbolort für alle gegengöttlichen Mächte denken lassen. Hier treten ab 11,3 zwei von Gott beauftragte „Zeugen" auf, die sich im Folgenden als machtvolle, prophetische Gerichtsprediger erweisen. Mit ihrer Botschaft versetzen sie die Bewohner der Erde in Schrecken. Da sie jedoch unter dem Schutz Gottes stehen und über wunderbare Kräfte verfügen, kann ihnen niemand etwas anhaben. Doch in 11,7 wendet sich plötzlich das Blatt: Aus dem Abgrund steigt jenes Tier herauf, das später in Apk 13 und 17 als Gegenspieler Christi beschrieben wird. Von diesem Tier werden sie besiegt. Ihre geschändeten Leichname liegen daraufhin drei Tage auf den Straßen der großen Stadt, worüber sich die Bewohner der Erde freuen. Denn nun sind sie die unbequemen Gerichtsprediger endlich los. Ihr Triumph kommt freilich zu früh. Das Blatt wendet sich in 11,11 zum zweiten Mal, und die beiden Toten werden von Gott wieder zum Leben erweckt. Dem Ruf einer Himmelsstimme folgend steigen sie vor den Augen ihrer Feinde in den Himmel auf, wobei als Begleiterscheinung ein gewaltiges Erdbeben den zehnten Teil der Stadt zerstört und siebentausend Menschen tötet. Jetzt erst kehren die Übriggebliebenen um und geben Gott die Ehre.

Über die Identität der beiden Zeugen ist viel gerätselt worden. Die Anhaltspunkte, die der Text bietet, wecken ganz unterschiedliche Assoziationen. Ihre Bekleidung mit Säcken lässt an Bußprediger denken. Dass sie mit Bezug auf Sach 4,1 – 14 als „die zwei Ölbäume und die zwei Leuchter" bezeichnet werden, spielt die Vorstellung zweier messianischer Gestalten königlicher und priesterlicher Herkunft ein. Ihre Macht, Feinde durch Feuer zu vernichten oder den Himmel zu verschließen, so dass kein Regen mehr fällt, nimmt auf Elia Bezug. An Mose und die ägyptischen Plagen erinnert ihre Vollmacht, Gewässer in Blut zu verwandeln und die Erde mit Plagen zu schlagen. In der letztlichen Entrückung der beiden Zeugen klingt schließlich die Entrückung Henochs und Elias an, wenngleich ihr vorheriger Tod viel besser zu der in 1Thess 4,16 – 17 angedeuteten allgemeinen Auferstehungsvorstellung passen würde.

Ob die beiden Zeugen überhaupt für zwei individuelle Gestalten stehen, ist fraglich. Die Vollmacht eines Elia wie die eines Mose wird ihnen beiden gleichermaßen zugeschrieben. Sie zeichnen sich gerade nicht durch unterschiedliche Profile, sondern vielmehr durch völlig deckungsgleiche Charakterzüge aus. Dass sie zu zweit auftreten, leitet sich wohl von dem Rechtsgrundsatz ab, Urteile nur „auf zweier Zeugen Mund“ zu gründen (Dtn 17,6; 19,15; 2Kor 13,1; Mt 18,16). Somit liegt es näher, in diesen beiden „Zeugen gegen den Antichrist“ Repräsentanten bzw. Symbolfiguren der christlichen Prophetie überhaupt zu sehen. Die christlichen Propheten bezeugen das Heilsgeschehen von Tod und Auferstehung Jesu. Sie machen sich damit Feinde und handeln sich nicht zuletzt ein gewaltsames Geschick ein. Dennoch stehen sie unter dem Schutz Gottes und werden am Ende wieder ins Recht gesetzt. Dieses Prophetenschicksal, das der Seher als ein endzeitliches Phänomen schaut und beschreibt, verdichtet sich in dem Geschick jener beiden Zeugen in Apk 11.

Von Interesse ist dabei die Beobachtung, dass gerade die Vollmacht eines Elia zur Beschreibung des urchristlichen Prophetentypos benutzt wird. Das verzehrende Feuer, das überraschend aus dem Mund beider Zeugen hervorgeht, steht nun nicht mehr real für ein Strafwunder, sondern metaphorisch für die vernichtende Macht ihres Wortes; ebenso lässt die Fähigkeit, den Himmel zu verschließen, im vorliegenden Zusammenhang weniger an die reale Regulierung von Dürre- und Regenzeiten als an die Vollmacht „zu binden und zu lösen“, also an das richtende und vergebende Wort, denken. Nicht anders verhält es sich wohl mit ihren an den ägyptischen Plagen orientierten Fähigkeiten: Die urchristlichen Propheten vermögen so wie einst Mose durch Krafttaten und Zeichen die Feinde Gottes zu überführen. Wiederum ist Elia hier in die Schar jener Zeugen eingetaucht, in deren Licht die christlichen Propheten der Frühzeit ihr Selbstverständnis entwickeln. Dass er dabei in Apk 11 unversehens auch in die Perspektive des Martyriums rückt, widerspricht zwar der biblischen Vorgabe, geht aber im Gesamtbild des prophetischen Erbes durchaus stimmig auf.

2.6 Prophetische Traditionen – Propheten in der frühen Christenheit

Propheten sind keine Futurologen, die in Science-Fiction-Manier Szenarien einer künftigen Zeit und Welt entwerfen. In der biblischen Tradition treten sie vielmehr als vollmächtige Interpreten ihrer jeweiligen Gegenwart auf. Dafür stehen sie auch mit ihrem Leben selbst ein – durch zeichenhafte Aktionen, Entbehrungen oder Verfolgungen. Zwischen den prophetischen Gestalten der jungen Christenheit und den Propheten aus Israels Geschichte besteht in dieser Hinsicht kein Unterschied. Mit Pfingsten lebt der prophetische Geist – verstanden als Erfüllung von Joel 3,1 – 5 – in erstaunlicher und prägender Weise wieder auf (Act 2). Auch die prophetischen Gestalten und die prophetischen Worte der Vergangenheit gewinnen dadurch ganz neu an Aktualität. Denn es ist ein und derselbe Geist Gottes, der durch die Propheten Israels wie durch das prophetische Wort in der christlichen Gemeinde spricht (2Petr 1,19 – 21).

2.6.1 Elia im Kreise seiner Kollegen

Wenn die frühe Christenheit das Evangelium im Lichte der prophetischen Botschaft zu durchdenken versucht, steht ihr eine breite Palette an Bezugstexten zur Verfügung. Die Schriften der hebräischen Bibel sind seit dem 2. Jh. v. Chr. ins Griechische übersetzt und werden in Gestalt der „Septuaginta" nun auch in den christlichen Gemeindeversammlungen gelesen. Elia ist hier nicht die einzige Prophetengestalt, auf die sich das Interesse der christlichen Hörerinnen und Hörer richtet. In den Schriften des allmählich entstehenden Neuen Testaments sind andere Prophetengestalten ebenso präsent. Elia befindet sich in guter Gesellschaft.

Größte Bedeutung kommt in diesem „Kollegenkreis" Mose zu, der schon in der frühjüdischen Überlieferung zunehmend als Prophet verstanden wird. Eine solche Sichtweise schließt sich an Dtn 18,15 an („Einen Propheten wie mich wird dir der Herr dein Gott, erwecken …"), was etwa von Lukas ganz dezidiert aufgegriffen wird (Act 3,22; 7,37). Unklar bleibt, ob die Formel von „Mose und den Propheten“ (Lk 16,29.31; 24,44; Act 26,22) eher den Unterschied markieren oder Mose vielmehr als den Prototypen eines Propheten präsentieren soll. Auf jeden Fall übertrifft seine Nennung in den Schriften des Neuen Testaments die aller anderen Propheten – auch des Elia – weit. Nur am Rande taucht der Prophet Samuel auf (Act 3,24; 13,20; Hebr 11,32) – ganz im Gegensatz zu dem von ihm gesalbten David, den vor allem die christliche Tradition aufgrund der ihm zugeschriebenen Psalmendichtung als Propheten versteht (Mk 12,35–37/Mt 22,41–46/Lk 20,41–44; Act 2,30–31; Hebr 4,6–7) und zum Kronzeugen ihrer Christologie macht. Von den großen Schriftpropheten werden lediglich Jesaja (Mk 1,2parr; Mt 4,4; 8,17; 12,17; Röm 9,27.29 u.ö.) und Jeremia (Mt 2,17; Mt 16,14; 27,9) namentlich genannt; Daniel klingt in Mt 24,15 an. Den Spitzenplatz aber nimmt (nach Elia) zweifellos Jesaja ein, der auch in zwei frühchristlichen Lesesituation an prominenter Stelle auftaucht: Jesus liest in der Synagoge von Nazaret einen Text aus Jes 61,1–2 (Lk 4,16–20); der Minister aus Äthiopien liest auf der Rückreise von Jerusalem in seine Heimat Jes 54 (Act 8,27–35). Von den zwölf „kleinen“ Propheten finden eine namentliche Erwähnung lediglich Hosea (Röm 9,25), Joel (Act 2,16) und Jona (Mt 12,28–42/Lk 11,29–32; Mt 16,4).

Die „Dunkelziffer“ von Bezugnahmen ist indessen weitaus größer. Denn konkrete Einleitungsformeln sind bei den Autoren des Neuen Testaments eher die Ausnahme. Prüft man die Liste aller Zitate und Anspielungen auf prophetische Texte nach, dann ergibt sich eine ausgesprochen breite Textbasis. Favorit ist wiederum Jesaja, gefolgt von Ezechiel und Jeremia; das Zwölfprophetenbuch ist vollständig vertreten, wobei Sacharja die Spitzenposition innehat. Offensichtlich waren die Texte alle wohl bekannt, auch wenn sie natürlich noch nicht in einer handlichen Buchausgabe vorlagen. Die Schriften der großen Propheten wie auch das Zwölfprophetenbuch oder der Psalter sind auf einzelnen Rollen verbreitet. Die frühe Christenheit liest die Septuaginta dann aber vermutlich schon bald in Codexform, zunächst ebenfalls noch in einzelnen Büchern. Erst seit dem 4. Jh. n. Chr. kommen dann Gesamtausgaben auf, die alle Texte zwischen zwei Buchdeckeln zu vereinigen suchen.

Immer wieder werden „die Propheten“ auch ganz pauschal genannt. Sie erscheinen in formelhaften Wendungen wie „Gesetz und Propheten“, „Mose und die Propheten“ oder „Propheten und Gerechte/Könige“; Lk 13,28 weiß, dass „die Erzväter und alle Propheten“ in der Gottesherrschaft zu einem Freudenmahl versammelt sein werden. Dass man den Propheten ein ehrendes Andenken bewahrt, zeigen ihre sorgsam gepflegten Gräber (Mt 23,29 – 32/Lk 11,47 – 48). Hier setzt indessen die Kritik Jesu an: Angesichts des gewaltsamen Geschickes, das viele Propheten zu erleiden hatten, kann die Pflege ihrer Gräber nur als Heuchelei verstanden werden. Propheten ehrt man allein dadurch, dass man sich ihre Worte zu Herzen nimmt.

Im Kreis der Propheten, auf die sich die frühe Christenheit bezieht, nimmt Elia eine Sonderstellung ein. Alle anderen sind Schriftpropheten, die durch ihre Sprüche und Texte in Erinnerung geblieben sind. Elia ist der einzige unter ihnen, von dem es vor allem Geschichten zu erzählen gibt. Sprüche treten hier ganz in den Hintergrund. Doch gerade das macht wohl seine Popularität aus. Neben die rationale Theologie der Schriftpropheten tritt mit Elia die narrative Theologie eines Gottesmannes, der vor allem durch seine Erfahrungen mit dem Gott Israels eine weitreichende Wirkungsgeschichte erlangt.

2.6.2 Prophetengestalten in der christlichen Gemeinde

Nach Ostern bricht in der kleinen christlichen Gemeinde der prophetische Geist mit einer Urgewalt auf, von der die verschreckte Anhängerschar des Gekreuzigten gleichsam überrollt wird. Lukas hat diesen Aufbruch in seiner Pfingstgeschichte eindrücklich gestaltet (Act 2,1 – 41). Er deutet diese Erfahrung als Erfüllung von Joel 3,1 – 5. Die Rückkehr des prophetischen Geistes, die bereits mit dem Täufer Johannes oder dem Propheten aus Nazaret begonnen hat, kommt nun auch in der christlichen Gemeinde an. Sie wird gleichsam demokratisiert. Prophetische Rede ist nicht mehr das Besondere, sondern das Alltägliche. Sie wird geradezu ein Markenzeichen der jungen Christenheit.

Von diesem prophetischen Geist wissen die Schriften des Neuen Testaments auf vielfältige Weise zu berichten. Besonders aussagekräftig ist hier das Beispiel der Gemeinde von Korinth, in der überhaupt eine enthusiastische, von ekstatischen Phänomenen wie der „Zungenrede“ dominierte Frömmigkeit herrscht (1Kor 11–14). Gelegentlich kocht dabei wohl der Topf auch einmal über, so dass Paulus regulierend eingreifen muss. Vor allem die chaotischen Zustände, die durch das gleichzeitige Reden in unverständlichen Sprachen entstehen, versucht er zu ordnen. Seine Strategie ist dabei ganz einfach: Er weist die ekstatischen Erscheinungen nicht einfach zurück, da er sie als Ausdruck des göttlichen Geistes anerkennen muss. Aber er stellt eine Rangordnung der Geistesgaben auf: „Bemüht euch um die geistlichen Dinge, vor allem aber, dass ihr prophetisch redet! / Denn wer in Zungen redet, redet nicht zu Menschen, sondern zu Gott. Niemand versteht ihn, da er Geheimnisse im Geist redet. / Wer aber prophetisch redet, redet zu Menschen, zur Auferbauung, zum Trost, zur Ermutigung. / Wer in Zungen redet, baut sich selbst auf. Wer aber prophetisch redet, baut die Gemeinde auf. / Ich will, dass ihr alle in Zungen redet, mehr aber, dass ihr prophetisch redet (1Kor 14,1–5)!“ Prophetische Rede ist demnach nichts anderes als vollmächtige, vom Geist Gottes geleitete Verkündigung.

An dieser prophetischen Verkündigung im Gemeindegottesdienst beteiligen sich ganz selbstverständlich auch Frauen. Dabei kommt es zu einem Konflikt, weil die korinthischen Frauen mit gelöstem Haar agieren (1Kor 11,3–16). Paulus erhebt Einspruch und verweist auf die gültigen gesellschaftlichen Konventionen, nach denen Frauen ihr langes Haar in der Öffentlichkeit bedecken oder zumindest flechten sollen. Wenn sie das tun, ist alles in Ordnung. Dass jedoch auch sie vor der Gemeinde auftreten, beten und prophetisch reden, steht keinen Augenblick lang in Frage.

In der charismatischen Verfassung der paulinischen Gemeinde spielen „Propheten“, die das Evangelium vollmächtig verkündigen, eine wichtige Rolle. Unter den mit verschiedenen Charismen Begabten stehen sie ganz vorn: „Und die einen hat Gott in der Gemeinde eingesetzt: erstens zu Aposteln, zweitens zu

Propheten, drittens zu Lehrern … (1Kor 12,28–29:).“ Daran ändert sich auch in der nachpaulinischen Tradition nichts, obwohl nun allmählich neue Verfassungsmodelle mit anderen Funktionsträgern wie Ältesten, Diakonen oder Episkopen auftauchen. Nach Eph 2,20 ist die Kirche „erbaut auf dem Fundament der Apostel und Propheten“; das von Gott längst schon beschlossene Geheimnis des Heils ist nach Eph 3,5 in dieser Zeit „seinen heiligen Aposteln und Propheten durch den Geist offenbart worden …“; die modifizierte Charismenliste in Eph 4,11 setzt nach wie vor mit ihnen ein: „Und er hat einige als Apostel eingesetzt, einige als Propheten, einige als Evangelisten, einige als Hirten und Lehrer .“

Noch der Evangelist Matthäus lässt Jesus sagen: „Wer einen Propheten aufnimmt in eines Propheten Namen, der wird eines Propheten Lohn empfangen (Mt 10,41).“ Das heißt, dass auch gegen Ende des 1. Jhs. Propheten in den christlichen Gemeinden nach wie vor ein- und ausgehen. Vor allem die Offenbarung des Johannes präsentiert sich um die Wende zum 2. Jh. als eine prophetische Schrift: „Selig ist, wer diese prophetischen Worte vorliest, und die, welche das darin Geschriebene hören und bewahren (Apk 1,3).“ In diesem Sinne spricht der Deuteengel den Seher Johannes dann auch ganz direkt als einen Propheten an, wenn er sich selbst als „dein und deiner Brüder, der Propheten, Mitsklave …“ bezeichnet (Apk 22,9). Wenn Johannes in Apk 16,6 auf die christlichen Märtyrer zu sprechen kommt, nennt er sie „die Heiligen und Propheten“. In Apk 19,10 bringt er seinen Auftrag und den aller anderen frühchristlichen Propheten noch einmal auf den Punkt: „Denn das Zeugnis Jesu ist der Geist der Prophetie.“

Aus der breiten Schicht anonymer Propheten treten indessen noch einmal einige namentlich genannte Gestalten hervor, mit denen sich offensichtlich ganz besondere Erinnerungen verbinden. Die Prophetin Hanna, die dem Säugling Jesus im Jerusalemer Tempel begegnet (Lk 2,36–38), gehört mit denen, „die auf die Erlösung Jerusalems warteten“, noch in die Tradition jüdischer Prophetinnen wie Hulda oder Deborah. Bereits als Glied der christlichen Gemeinde erscheint hingegen der Prophet Agabus, der von Jerusalem aus mit einer Gruppe weiterer Propheten nach Antiochia kommt und eine Hungersnot voraussagt (Act 11,27–28); später reist er Paulus bis nach Cäsarea entgegen und warnt ihn durch eine klassische prophetische Zeichenhandlung davor, nach Jerusalem hinaufzuziehen (Act 21,10–11). Barnabas, Simon, Luzius von Kyrene und Saulus werden ihrerseits in der Gemeinde von Antiochia als „Propheten und Lehrer" eingeführt (Act 13,1). Das trifft auch auf andere Antiochener zu: „Judas und Silas aber, die selbst Propheten waren, stärkten die Brüder ... (Act 15,32)." Von dem Jerusalemer Diakon Philippus erfährt man schließlich, dass er vier jungfräuliche, prophetische Töchter hatte (Act 21,9) – leider ohne dass deren Namen eigens genannt würden.

Die christlichen Propheten der Anfangszeit fügen sich in die lange Tradition der alttestamentlich-jüdischen Prophetie ein. Mit dem Aufbrechen des Pfingstgeistes gewinnen sie breite Akzeptanz und werden zu vollmächtigen Verkündigern des Evangeliums. Erst das Aufkommen neuer Verfassungsformen ändert ihre Stellung. Da, wo es nun um dauerhafte Strukturen, hierarchische Ordnungen sowie um die Bindung der Lehre an das ordinierte Amt geht, werden die Propheten zum Problem. Vom 2. Jh. an verschwinden sie langsam aus dem Bild, kehren in der weiteren Kirchengeschichte jedoch immer wieder einmal zurück – meist dann, wenn die Kirche in ihren Strukturen zu erstarren droht und eines vollmächtigen, orientierenden Wortes bedarf.

2.6.3 „Wahre" und „falsche" Propheten

Ob ein Prophet tatsächlich im Geist Gottes oder nicht vielleicht doch in einem anderen Geist spricht – diese Frage wird bereits im Alten Testament immer wieder reflektiert. Besonders anschaulich geschieht das im Umfeld der Elia Geschichten, wo der Prophet Micha ben Jimla gegen die von einem „Lügengeist" verführten Hofpropheten des Königs Ahab auftritt (1Kön 22). Auch der Konflikt um den Baalskult ist so angelegt, dass dem Propheten Elia dabei weniger die Priester als die „Propheten" Baals gegenüber stehen. Für sie hat Elia indessen nur beißenden Spott übrig (1Kön 18,27). Dass sie als Angehörige eines kanaanäischen

Kultes in der Sicht Elias falsche Propheten sind, liegt auf der Hand. Doch auch im Namen des Gottes Israels können Propheten lügen (Jer 14,14; 23,32).

Von den alten Lügenpropheten schlägt 2Petr 2,1 den Bogen in die Gegenwart der christlichen Gemeinde: „Es waren auch (damals in Israel) Lügenpropheten unter dem Volk, wie auch unter euch falsche Lehrer sein werden …" Seit dem Ende des 2. Jhs. scheint sich dieses Problem immer mehr zu verschärfen. Matthäus legt eine entsprechende Warnung schon dem Bergprediger in den Mund: „Hütet euch aber vor den Lügenpropheten, die zu euch im Schafspelz kommen, von innen aber sind sie reißende Wölfe (Mt 7,15)." In der Endzeitrede Jesu werden sie als Hinweis auf das nahe Ende bewertet: „Denn es werden Pseudochristi und Pseudopropheten auftreten und Zeichen und Wunder tun, um die Auserwählten – wenn möglich – zu verführen (Mk 13,22/Mt 24,11.24)." 1Joh 4,1 weiß, dass schon „viele Lügenpropheten in die Welt hinausgezogen" seien. Namentlich genannt wird von Lukas ein gewisser Barjesus bzw. Elymas, dem Paulus und Barnabas auf Zypern begegnen (Act 13,6). Das Phänomen nimmt schließlich in der Offenbarung des Johannes bedrohliche Züge an in Gestalt des zweiten Tieres vom Lande, das als Lügenprophet und Propagandist des Antichrist – und damit als Gegenbild der frühchristlichen Propheten überhaupt – erscheint (Apk 16,13; 19,20; 20,10).

Die Propheten geraten somit ins Zwielicht. Mit dem theologischen Pluralismus, der sich schon bald als Kehrseite des rasanten Gemeindewachstums herausstellt, werden auch die Konturen prophetischer Verkündigung undeutlicher. Die junge Kirche steht vor der Aufgabe, Kriterien für die Beurteilung ihrer Lehre zu entwickeln. Die polemische Grenzziehung zwischen „wahren" und „falschen" Propheten ist dabei jedoch nur eine Option. Eine andere besteht darin, das prophetische Element generell einzudämmen und in feste organisatorische Strukturen einzubinden.

Das schwindende Ansehen des Prophetenstandes dokumentiert anschaulich die so genannte Didaché, eine Kirchenordnung aus dem 2. Jh. Darin wird nun auch der Umgang mit wandernden Aposteln und Propheten geregelt (Did 11–13). Zwar soll jeder von ihnen „nach der Anordnung des Evangeliums“ beherbergt werden „wie der Herr selbst“; wenn er allerdings länger als drei Tage bleibt, ist er ein Lügenprophet. Wenn er weiterzieht, soll er nur eine Tagesration als Wegzehrung erhalten; verlangt er aber Geld, ist er ein Lügenprophet. Nach ihren Lebensgewohnheiten soll man sie beurteilen; wer die Wahrheit lehrt, aber nicht selbst danach lebt, ist ein Lügenprophet. Jeder „wahre Prophet“ verdient es, versorgt zu werden. Aber das Beste wäre es doch, wenn er sich in der Gemeinde niederließe und sich von der Arbeit seiner Hände ernährte. Vermutlich gibt es also einen größeren Kreis wandernder Apostel und Propheten, die den Gemeinden mit ihren Unterhaltansprüchen inzwischen zur Last fallen. Dem gilt es, einen Riegel vorzuschieben. Eindeutig geht die Tendenz dahin, die wandernden Brüder allmählich zu domestizieren.

3. Elia in der christlichen Überlieferung

Die große Popularität des Propheten Elia, wie sie sich in der jüdischen Tradition beobachten lässt, hat in der christlichen Überlieferung nur einen vergleichsweise geringen Widerhall gefunden. Das mag vielleicht daran liegen, dass man mit dem Auftreten des Täufers Johannes und mit der Wirksamkeit Jesu aus Nazaret die Mission des Elia schon als erfüllt betrachtete. Immerhin findet der feurige Prophet auch in der christlichen Frömmigkeitsgeschichte noch einmal einige völlig neue Wirkungsfelder.

3.1 Monastische Geistesverwandtschaften

Gegen Ende des 3. Jhs. n. Chr. kommt – zunächst in der orientalischen Christenheit – das Ideal asketischer Frömmigkeit auf. Mit dem Typos der Wüstenväter tritt ein profiliertes Vorbild in den Blick, das sogleich eine erstaunliche und weitreichende Faszination gewinnt. Namentlich der Einsiedler Antonius (251–356) setzt dabei dank seiner einflussreichen Lebensbeschreibung durch den Bischof Athanasius von Alexandrien Maßstäbe.

Zahlreiche junge Männer, meist aus wohlhabenden Familien, verlassen wie Antonius ihre bisherigen Lebensverhältnisse, um in der Wüste ein Leben der Einsamkeit, des Fastens und der Entbehrungen zu beginnen. Sie vernachlässigen Kleidung und Körperpflege, beschränken ihre Ernährung auf das Allernötigste, kämpfen gegen Versuchungen, die ihnen in Gestalt von Dämonen erscheinen, und praktizieren ein Leben radikalen Gottvertrauens.

Der alttestamentlich-jüdischen Frömmigkeit ist das asketische Ideal völlig fremd. Hier dominiert eine schöpfungstheologisch fundierte positive Haltung gegenüber den Gütern des Lebens: Alles, was Gott geschaffen hat, ist gut. Der Wein erfreut das Herz des Menschen. Die Erträge des Landes und das Wachstum der Herden sind als Ausdruck von Gottes Segen dazu da, dankbar genossen zu werden. Von dem Auftrag, fruchtbar zu sein und sich zu mehren, gibt es keinen Dispens. Fastenübungen bleiben befristet und haften ausschließlich an Trauertagen. Selbst der Typos des Nasiräers hat nichts mit dem eines Asketen zu tun: Der Nasiräer, der nach einem Gelübde für eine bestimme Frist auf berauschende Getränke und auf das Schneiden der Haare verzichtet (Num 6,1 – 21), zieht sich weder in die Einsamkeit zurück, noch verzichtet er etwa auf Sexualität. Sein Anliegen besteht nicht in der Verzichtsübung als solcher, sondern in einer Weihe für Gott, die einer besonderen Reinheit bedarf. Der Asket hingegen empfindet Überdruss an der Welt und an den Bedürfnissen seines Leibes. Diese neue Form christlicher Frömmigkeit speist sich unter anderem aus philosophisch-gnostischen Vorstellungen der Spätantike, die alles Materielle einschließlich des menschlichen Körpers mit einem negativen Vorzeichen versehen. Die Welt und ganz besonders den Leib gilt es in dieser Perspektive nicht nur zu beherrschen, sondern letztlich zu überwinden.

Auf der Suche nach einer biblischen Legitimierung ihres Lebensstils werden die christlichen Asketen zunächst bei einigen Worten Jesu fündig: Auch der Menschensohn hat nichts, wohin er sein Haupt legen könnte (Mt 8,20/Lk 9,58); wie die Vögel unter dem Himmel oder die Lilien auf dem Felde ernährt und kleidet der himmlische Vater diejenigen, die ihm vertrauen (Mt 6,25 – 32/ Lk 12,22 – 30); es gibt keinen Grund, für den morgigen Tag zu sorgen (Mt 6,34). In solchen Worten spricht sich das Ethos von Wanderpredigern aus, die zeichenhaft ein radikales Gottvertrauen praktizieren. Mit Askese im Sinne prinzipieller Verzichtsübungen hat das freilich nichts zu tun. Vielmehr geht es hier um Prioritäten: Wer die Gottsherrschaft an die erste Stelle setzt, dem wird alles andere geschenkt werden (Mt 6,33/Lk 12,31). Die Geschichte vom reichen Jüngling, der seine gesamte Habe den Armen geben soll (Mk 10,17–31/Mt 19,16–30/Lk 18,18–30), wird zu einem weiteren Lieblingstext der Asketen. Doch auch hier geht es nur um ein zeichenhaftes Verhalten, das Prioritäten im Blick auf die Nachfolge setzt. Eine neue Grundregel christlicher Ethik soll damit nicht eingeführt werden. Noch schwieriger wird es im Alten Testament. Das einzige Beispiel, in dem die Wüstenväter eine gewisse Geistesverwandtschaft erkennen, ist Elia. Damit aber beginnt für den Propheten noch einmal eine ganz neue Karriere, die ihn in den folgenden Jahrhunderten zu einem Urbild des monastischen Lebens werden lässt.

Bereits in der Vita Antonii des Athanasius wird der Bezug des berühmten Asketen auf den Propheten Elia ausdrücklich hergestellt: „Er (Antonius) dachte auch an das Wort des Propheten Elia, der sagt: ‚So wahr der Herr lebt, vor dem ich heute stehe (1Kön 18,15).‘ Er beachtete nämlich genau, dass Elia, da er ‚heute‘ sagte, die vergangene Zeit nicht maß; vielmehr bemühte er sich täglich, als ob er stets einen neuen Anfang setzte, so zu werden, wie er vor Gott erscheinen musste: rein im Herzen und bereit, seinem Willen zu gehorchen und keinem anderen. Er sagte sich aber, dass der Asket in der Lebensweise des großen Elia wie in einem Spiegel stets sein eigenes Leben genau betrachten müsse (Vita Antonii 7).“ Dieser eher allgemeinen Deutung gesellen sich verschiedene Einzelzüge hinzu, die vor allem das Erscheinungsbild des Propheten betreffen: Als Prophet ist Elia frei von institutionellen Bindungen; die biblischen Erzählungen zeigen ihn meist auf Wanderschaft; von seinem Schüler verlangt er, Familie und Lebensunterhalt zu verlassen (1Kön 19,20); er trägt langes Haar, einen rauen Mantel und einen Lederschurz (2Kön 1,8); er lebt von dem, was er findet oder von dem, was man ihm gibt (1Kön 17,4–6.10–16); als er fliehen muss, wird er von Engeln ernährt (1Kön 19,5–8); er zieht sich in die Wüste zurück (1Kön 19,4). Sein Kampf gegen den Baalskult lässt sich zwar nicht ohne weiteres mit dem Kampf der Wüstenväter gegen die Dämonen vergleichen. Was Elia und die Asketen jedoch fraglos verbindet, ist die Radikalität ihrer Lebensweise und ihr kompromissloser Eifer für Gott.

Trotz aller gefühlten Geistesverwandtschaft wird aus dem Elia der biblischen Geschichte damit jedoch noch nicht einfach ein Asket: In die Einsamkeit flieht er nur deshalb, weil er verfolgt wird; auf Speise verzichtet er keineswegs freiwillig; weder ist in den Elia-Geschichten von Fastenübungen noch gar von sexueller Enthaltsamkeit die Rede; der raue Mantel scheint lediglich ein Statussymbol seines Berufsstandes zu sein. Das alles kümmert die junge asketische Frömmigkeit indessen kaum. Sie sieht – wie in der Vita Antonii – den entscheidenden Bezug im ausschließlichen Gehorsam des Elia gegenüber Gott. Vor diesem gemeinsamen Horizont baut sie mit der Bezeichnung „Mann Gottes“ eine weitere Brücke. Denn genau dieser Ehrenname entwickelt sich nun zu dem bevorzugten Titel, mit dem die Väter der Anfangszeit ausgezeichnet werden. Im Sprachgebrauch der hebräischen Bibel haftet er vorzugsweise an Propheten oder anderen herausragenden Frommen – namentlich aber an Elia (1Kön 17,18.24; 2Kön 1,9.10.11.12.13) und seinem Schüler Elisa (2Kön 4,7.9.16.21.22.25.27.40.42; 5,8.14.15.20; 6,6.9.10.15; 7,2.17.18.19; 8,2.4.7.8.11; 13,19). Bischof Athanasius ist der erste, der den „Mann Gottes Antonius“ ganz bewusst in das Licht dieser biblischen Terminologie stellt und dabei geradezu als vorbildlichen „Gottesmann“ präsentiert. So werden Elia und Elisa schon bald als die maßgeblichen „Lehrmeister“ des monastischen Lebens verstanden.

Im Reisebericht der fränkische Klosterfrau Egeria, die um das Jahr 400 ins Heilige Land pilgerte, findet sich eine Beschreibung jenes Ortes auf dem Berg Horeb, an dem sich der Prophet Elia aufgehalten habe: Dort gibt es bereits eine kleine Kirche; zudem zeigt man der frommen Pilgerin einen Steinaltar, den der heilige Elia selbst gesetzt haben soll (Peregrinatio 4.2). Später kommt sie auch nach Thisbe, der Stadt des Elia, besucht dort eine Höhle des Propheten und gelangt schließlich zu jenem Ort, an dem er von den Raben ernährt wurde (Peregrinatio 16.3). Inzwischen haben sich hier Einsiedler niedergelassen, die somit auch in der Kontinuität des Ortes an ihr großes Vorbild anknüpfen.

Es dauert jedoch noch bis in die Kreuzfahrerzeit, dass sich eine Mönchsgemeinschaft ganz direkt auf Elia beruft. Um 1150 herum schließen sich verschiedene Eremiten, die am Berge Karmel siedeln, zu einer Gemeinschaft zusammen. Zunächst heißen sie „Brüder der allerseligsten Jungfrau Maria vom Berge Karmel", werden aber schon bald vereinfachend als Karmeliter bezeichnet. 1238 müssen sie Palästina verlassen und wandern nach Westeuropa aus, wo sie sich in einen Bettelorden verwandeln und in verschiedene Richtungen aufspalten. Die Karmeliter erheben den Anspruch, nach dem Vorbild des Elia zu leben und nennen ihn ihren „Vater" – was an die Formel in 2Kön 2,12/13,14 erinnert. Damit verbindet sich zugleich die Fiktion, dass es am Karmel eine ununterbrochene Traditionskette asketischen Lebens gegeben habe. Andere Orden wie die Kamaldulenser (entstanden am Beginn des 11. Jhs. in der Toskana) oder die Kartäuser (entstanden gegen Ende des 11. Jhs. in Südfrankreich), bei denen das eremitische Erbe ebenfalls eine zentrale Rolle spielt, verstehen Elia in ähnlicher Weise als Vorbild des einsamen Lebens, des Fastens und der Heiligung.

Zu einer Schlüsselgestalt wird Elia schließlich noch einmal im Denken des Joachim von Fiore (gest. 1202). In der endzeitlichen Erwartung Elias spiegelt sich für ihn die Erwartung eines endzeitlichen Ordens, der das Kommen Christi vorbereitet. Dieser Gedanke erfährt anhand der beiden „Zeugen" aus Apk 11, gedeutet als Mose und Elia, eine Modifikation: Die zwei Zeugen stehen für zwei Orden – Mose für einen Predigerorden, Elia für einen Eremitenorden. Das Hauptinteresse Joachims aber gilt dem letzteren. Dessen „elianische Spiritualität", die das Leben der Engel zum Vorbild hat, von feurigem Eifer beseelt ist und sich in Liebe zu Gott aufopfert, ist es, die das Zeitalter des Heiligen Geistes heraufführen wird. Als wenig später die Dominikaner und die Franziskaner ins Leben treten, erinnert man sich der Prophezeiungen des Joachim von Fiore. Elia bleibt in der monastischen Tradition der Anwalt dafür, das radikal-asketische Profil der Frühzeit mit der Hoffnung auf Christi Wiederkunft zu verbinden.

3.2 Theologische Interessen

Jenseits der asketischen Vereinnahmung bleibt das Interesse der christlichen Theologie an Elia relativ gering. Die exegetische Literatur hält sich weitgehend bei der schon vorgegebenen typologischen Beziehung zwischen dem Vorläufer Johannes und dem in der Endzeit erwarteten Propheten auf.

Im Rahmen einer Auslegungsmethodik, die in den biblischen Texten Allegorien sieht, kommt es immerhin zu einigen bemerkenswerten Deutungsmustern. Immer wieder wird etwa die Entrückung des Propheten im feurigen Wagen als ein Beispiel für die leibliche Auferstehung interpretiert. Dabei gerät er nicht nur zum Typos der Himmelfahrt Christi, sondern zum Platzhalter jener allgemeinen Auferstehungshoffnung am Ende der Zeiten. Weil er selbst vom Tode verschont geblieben ist, kann er auch wiederkommen und die Menschen auf ein neues Leben bei Gott vorbereiten. In der Begegnung des Elia mit der Witwe von Sarepta sehen verschiedene Ausleger die Beziehung zwischen Christus und der Kirche gespiegelt. Diese Frau, die ausdrücklich nicht aus Israel stammt (Lk 4,25–26), repräsentiert dabei die Kirche als eine Größe aus der Völkerwelt. Nach 1Kön 17,12 hat die Witwe, als ihr Elia begegnet, gerade einige Stücke Holz aufgelesen. Da die lateinische Übersetzung der Vulgata hier präzis von „zwei Hölzern" spricht, denken einige Ausleger an einen Hinweis auf das Kreuz Christi mit seinen zwei Balken. Originell ist ein Gedanke, der erstmals im 4. Jh. aufkommt und den Opferwettkampf auf dem Karmel als ein Sinnbild der Taufe versteht. Dreimal übergießt Elia das Opfertier mit Wasser, bevor Gott schließlich sein Feuer darauf fallen lässt. Dreimal wird auch der Täufling mit Wasser übergossen, bevor Gott das Feuer seines Geistes auf ihn herab sendet.

Zu begrenzter Popularität steigt Elia noch einmal in der Zeit des hohen Mittelalters auf, wofür die Rezeption von Apk 11 die entscheidenden Impulse setzt. Jene beiden anonymen Zeugen gegen den Antichrist werden nun vorzugsweise als Henoch und Elia gedeutet. Zum einen treten sie in der Bibeldichtung auf, wo vor allem ihr Vorbildcharakter von Interesse ist. Ein „bonum exemplum" ist Elia hier insofern, als an ihm die wahre Gotteskindschaft sichtbar wird, weil er als unbeirrbarer Streiter gegen alle Irrlehren auftritt, weil die „Imitatio Dei“ in seinem Leben Gestalt gewinnt oder weil sein Ende die Belohnung der Gerechten sichtbar vor Augen führt. Zum anderen erhalten Henoch und Elia in der christlichen Apokalyptik einen festen Platz. Hier ist es vor allem ihr Kampf gegen den Antichrist, dessen Bild nun immer drastischer ausgemalt wird. Im Angesicht solcher Bedrohungen fungieren Henoch und Elia als Prediger des wahren Glaubens und Anwälte der Gerechten, denen in der triumphalen Erweckung und Entrückung der beiden Zeugen ein starkes Hoffnungsbild vor Augen gemalt wird.

Die Reformation bricht nicht nur mit der Allegorese der Väterzeit. Sie entwickelt auch theologisch ganz andere Interessen. Nun tritt die Figur des Elia in das Licht kirchenpolitischer Konflikte. Was an dem Propheten fasziniert, ist das Bild des unbeirrten Streiters für den wahren Glauben, der allein gegen eine Übermacht von Feinden, gegen Herrscher und falsche Propheten auftritt, der zur Vaterfigur der Frommen wird und den Gottesdienst erneuert. Man könnte vermuten, dass Luther sich selbst im Lichte dieser Figur gesehen hätte. Doch das tun vor allem andere. Der Reformator selbst bleibt in dieser Frage zurückhaltend. Sein Mitreformer und späterer Gegenspieler Thomas Müntzer indessen kennt keine Scheu, sich selbst in seinem prophetischen Zorn als ein Elia redivivus zu stilisieren. Dabei zeigt er sich gerade von dem gewalttätigen Kampf des Propheten gegen die Baalspropheten beeindruckt. So wie Elia mit dem Schwert für die Gültigkeit des Gesetzes eintritt, so will Müntzer die Herrschaft Christi mit der Waffe in der Hand durchsetzen.

In der Gegenwart tritt Elia unter dem Vorzeichen einer psychologischen Hermeneutik noch einmal ganz neu in den Blick. Die Geschichte des Propheten wird dabei als Weg der Individuation gelesen, wobei vor allem die Gottesbegegnung am Horeb in den Mittelpunkt rückt: Es ist eine lange Reise zu sich selbst, die Elia mit seinem Rückzug in die Wüste beginnt – eine Reise, die ihn am Ende wieder zurück in die Welt führt. In dieser Perspektive erweisen sich die Elia-Geschichten als ein dankbarer Stoff für pastoral-psychologische oder bibliodramatische Ansätze. Der unheimliche Eiferer und der verheißene Hoffnungsträger verschmelzen zu einer Vorbildfigur christlicher Selbstfindung.

3.3 Ikonographische Linien

Im Mittelpunkt der bildlichen Darstellungen, die Elia im Laufe der Jahrhunderte erfährt, steht vor allem eine Szene: seine Himmelfahrt. Schon lange bevor sie in eine typologische Beziehung zur Himmelfahrt Jesu gesetzt wird, taucht sie als einzelne Darstellung in ganz verschiedenen Kontexten auf. Die ältesten Belege sind in der Katakombe an der Via Latina in Rom (um 350) sowie in der Domitilla-Katakombe (zweite Hälfte 4. Jh.), auf einem Mosaik der Capella S. Aquilano in der Basilika S. Lorenzo in Mailand (zweite Hälfte 4. Jh.) sowie in der Sarkophagplastik vom 3. Jh. an zu finden. Dass sie alle in den Bereich der Funeralkunst gehören, belegt einmal mehr: Die leibliche Entrückung des Propheten gilt als eines der großen Hoffnungszeichen für die allgemeine Auferweckung der Toten. Neben Szenen wie der Bewahrung Isaaks auf dem Altar oder der Jünglinge aus dem Feuerofen, der Errettung Daniels aus der Löwengrube oder des Propheten Jona aus dem Bauch des Fisches steht die Himmelfahrt des Elia für den Beginn eines neuen Lebens bei Gott. Dort, wo der Tod deutlich vor Augen tritt, tröstet man sich an jener Hoffnungsperspektive, die sich nicht erst mit der Auferstehung Jesu öffnet, sondern schon bei den Frommen des Alten Bundes angelegt ist.

Mit der Zeit des hohen Mittelalters hält dann auch in der christlichen Kunst die Darstellung typologischer Entsprechungen Einzug, die in der theologischen Literatur mittlerweile fest etabliert ist. Werke wie der Klosterneuburger Altar des Nikolaus von Verdun, die Biblia Pauperum, das Speculum humanae salvationis, die Bible moralisée und viele andere entwerfen eine breite Palette von Zuordnungen, in denen auch die Elia-Elisa-Geschichten sehr viel umfangreicher zum Zuge kommen: Elia vor Isebel entspricht Jesus vor Pilatus, das Holzsammeln der Witwe von Sarepta entspricht dem Kreuztragen Jesu, die Vermehrung von Mehl und Öl der Witwe entspricht der Speisung der

5.000, die Auferweckung des Sohnes der Witwe entspricht der Auferweckung des Lazarus, die Herabkunft des Opferfeuers auf dem Karmel entspricht der Herabkunft der Feuerzungen zum Pfingstfest in Jerusalem, die Entrückung Elias im feurigen Wagen entspricht der Himmelfahrt Christi. Diese plakativen Entsprechungen, bei denen die subtilen Erklärungen der exegetischen Literatur zwangsläufig zurücktreten müssen, präsentieren Elia ausnahmslos als einen Typos Christi.

Eine Elia-Typologie, die sich auf den Vorläufer Johannes bezieht, beherrscht vor allem die ostkirchliche Ikonenmalerei. Vom 13. Jh. an wird der „Prodromos/Vorläufer“ Johannes vorzugsweise als eine asketische, geflügelte Figur dargestellt. In den Flügeln manifestiert sich der „Angelos/Bote“, als der Johannes in Mk 1,2 durch jenes Mischzitat in die Jesusgeschichte eingeführt wird. Das Bild eines „wilden Mannes“ aber ist von Elia übernommen, wobei mehr noch als der raue Mantel nun die asketische Nacktheit herausgestellt wird. Wo Elia als Vater des asketischen Mönchtums galt, musste es nahe liegen, auch den Vorläufer Johannes als eine Vorbildfigur des asketischen Ideals zu betrachten.

3.4 Volkstümliche Überlieferungen

Die christliche Volksfrömmigkeit hat sich besonders von Elias Wundertaten sowie von seiner Entrückung im feurigen Wagen beeindrucken lassen. In 2Kön 2,11 heißt es, nachdem der feurige Wagen mit seinen feurigen Rossen erschienen ist, kurz und bündig: „Und Elia fuhr in einem Wettersturm in den Himmel.“ Wettersturm und Feuer, mit denen erneut das Himmelsfeuer der Karmel-Episode (1Kön 18,38) sowie Sturm, Erdbeben und Feuer aus der Gottesbegegnung am Horeb (1Kön 19,11–12) in Erinnerung gerufen werden, scheinen wie in einem großen Schlussbild die Gestalt des Elia noch einmal als die eines Herren über die Naturgewalten in Szene setzen zu wollen. Daran hat sich die Volksperspektive festgemacht und eine besondere Zuständigkeit des Elia für Gewitter und Wetter geschlussfolgert. Dass damit ältere Vorstellungen von Wettergottheiten, wie sie sich in der

Mythologie verschiedener europäischer Völker finden, auf Elia übertragen werden, ist leicht zu erkennen. Durch die Dürregeschichte (1Kön 17–18) erhält eine solche Sicht weitere Unterstützung. Im Volksglauben etwa fungiert Elia als bevorzugter Fürbitter bei Trockenheit.

Die gleichsam offizielle Seite dieser eher untergründig fortlebenden Traditionen zeigt sich darin, dass man Elia schließlich in den Heiligenkalender aufnimmt und seiner liturgisch gedenkt. Zudem bringt er es mehr als alle anderen alttestamentlichen Heiligen zum Patron christlicher Kirchen. Allerdings verläuft dieser Prozess im Osten und im Westen auf unterschiedliche Weise. Die byzantinische Kirche erweist ihm bereits seit dem 5. Jh. kultische Verehrung und beginnt vom 9. Jh. an, Kirchen und Kapellen auf seinen Namen zu weihen. Im Westen erfolgt seine Aufnahme in das Martyrologium Romanum erst im späten 16. Jh., wobei sein Gedenktag auf den 20. Juli festgelegt wird.

3.5 Musikalische Nachspiele

Ein so dramatischer Stoff wie die Elia-Geschichte musste nicht nur zu wiederholten literarischen, sondern früher oder später auch zu musikalischen Gestaltungen reizen. Dennoch bleiben die Versuche, sich musikalisch mit Elia auseinanderzusetzen, überschaubar. Allein das große Oratorium „Elias“ von Felix Mendelssohn Bartholdy (1809–1847) hat sich hier behaupten können.

Nach seinem großen Erfolg mit dem Oratorium „Paulus“ (1836) trug sich Mendelssohn schon bald mit neuen Plänen, in denen der Elia-Stoff eine zentrale Rolle spielte. 1838 äußerte er bei den ersten Vorüberlegungen in einem Brief an den Dessauer Konsistorialrat Julius Schubring (1806–1889): „Ich hatte mir eigentlich beim Elias einen rechten durch und durch Propheten gedacht, wie wir ihn etwa heut zu Tage wieder brauchen könnten, stark, eifrig, auch wohl bös und zornig und finster, im Gegensatz zum Hofgesindel und Volksgesindel, und fast zur ganzen Welt im Gegensatz, und doch getragen wie von Engelsflügeln.“ Am 26. August 1846 kam es dann im Rahmen des 22. Musikfestes in

Birmingham zur Uraufführung, bei der das Stück auch begeistert aufgenommen wurde. Allein in Deutschland, wo gerade die Wagnerszene an Boden gewann, fiel die Reaktion zurückhaltender aus.

Das Libretto, bei dessen Erarbeitung sich Mendelssohn von Schubring beraten ließ, erweist sich in theologischer Hinsicht als eine bemerkenswerte Interpretationsleistung. Anhand von Versatzstücken aus den Königebüchern, aus Jesaja, Jeremia, Ezechiel, den Klageliedern, dem Psalter, Hiob, Hosea, Joel, den Büchern Exodus und Deuteronomium, Proverbien, Baruch und Jesus Sirach entfacht Mendelssohn darin ein wahres intertextuelles Feuerwerk; auch zwei Verse aus Matthäus finden sich, wenngleich marginal, einbezogen. Das Grundgerüst dieses in Cento-Technik konzipierten Textbuches bildet die Erzähleinheit von 1Kön 17–19, wobei die Handlung auf zwei markante Zusammenhänge konzentriert wird: Im ersten Teil geht es um die Dürrekomposition, von der Androhung des ausbleibenden Regens bis zu seiner Rückkehr; hier stellt der Opferwettkampf mit den Baals-Propheten auf dem Karmel den ersten dramatischen Höhepunkt dar. Im zweiten Teil geht es um die Bedrohung des Propheten und seine Flucht zum Horeb, von der er gestärkt wieder zurückkehrt; hier fungiert die Gottesbegegnung als zweiter dramatischer Höhepunkt. Den Schluss eröffnet ein Chorsatz (Nr. 38), der das Eliabild aus dem „Lob der Väter" in Sir 48,1–11 aufnimmt und spätestens jetzt eine universale Prophetengestalt für alle Zeiten und Völker entwirft. Daran schließt sich, biblisch völlig sachgemäß, ein Ausblick auf das kommende Heil an: Chor und Solistenquartett (Nr. 41) proklamieren messianische Verheißungen aus dem Jesajabuch, um schließlich mit Ps 8,2 in ein großes Finale (Nr. 42) zu münden: „Herr unser Herrscher, wie herrlich ist dein Name in allen Landen, da man dir danket im Himmel. Amen!"

Dieses Konzept zeigt auf eindrucksvolle Weise, dass es Mendelssohn in erster Linie um Elia im Sinne eines Modellpropheten geht. Dem biblischen Gesamtbild des Propheten entspricht der große Bogen, den Mendelssohn von dem Eifer um die Einzigkeit Gottes (1Kön 17–18) bis zur endzeitlichen Hoffnungsperspektive (Mal 3) schlägt. Nicht als historische Figur, sondern als eine

Symbolgestalt des Prophetischen überhaupt ist Elia für Mendelssohn von Interesse. Genau diesen Inbegriff des Propheten will er für seine Zeit adaptieren – eben als einen, „wie wir ihn etwa heut zu Tage wieder brauchen könnten".

So ist Mendelssohns Oratorium zu einem herausragenden Beispiel für die christliche Rezeption der Elia-Figur geworden. Denn dass der Komponist seinen Zugriff auf die biblischen Texte vom christlichen Bekenntnis aus formuliert, steht außer Frage. Dennoch hat er dem Drängen Schubrings widerstanden, den Schluss auf der Basis neutestamentlicher Passagen – etwa der Verklärungsgeschichte – zu gestalten. Allein der Chorsatz Nr. 32 „Wer bis an das Ende beharrt" (Mt 10,22/24,13) und die Tenor-Arie Nr. 39 „Dann werden die Gerechten leuchten wie die Sonne in ihres Vaters Reich" (Mt 13,43) greifen auf neutestamentliche Textstücke zurück. Ansonsten aber lässt sich für Mendelssohn die gesamtbiblische Perspektive, in der Elia steht, auch mit alttestamentlichen Textstücken vollgültig darstellen. Von Anfang an hat die Kritik immer wieder versucht, in dem „Elia" ein im Grunde jüdisches Werk zu identifizieren – und hat damit verfehlt, was gerade die Größe dieses Oratoriums ausmacht: Der Enkel des Aufklärers Moses Mendelssohn zeigt sich in der Behandlung seines Stoffes von einer Weite des Horizonts, die alle religiösen Schemata hinter sich lässt. Er versteht die Figur des Elia als gemeinsames Erbe von Juden und Christen, das nur in dieser Offenheit und ohne jede Form der Vereinnahmung aktualisiert werden kann.

4. Ausblick: Hoffnungsdimensionen

Elia ist kein Prophet für den Dialog. Während das Profil Abrahams gerade darin besteht, ein „Vater vieler Völker zu sein" und auf diese Weise vor allem das Verbindende der eben nicht zufällig so genannten „abrahamischen" Religionen sichtbar zu machen, ist das Profil der Elia-Figur durch einen exklusiven Wahrheitsanspruch gekennzeichnet, der eher auf Abgrenzung als auf Integration abzielt.

Auch wenn die gesamtbiblische Elia-Tradition die schroffen

Züge des Eiferers vom Karmel wieder abgeschliffen und ihm die moderateren Züge einer universalen Prophetengestalt beigelegt hat – die alte, unbequeme Sperrigkeit konnte sie ihm damit nicht völlig nehmen. Elias Kampf um die Einzigkeit Gottes duldet grundsätzlich keine Kompromisse und insistiert darauf, dass die Wahrheit letztlich unteilbar ist. Der Gott des Elia lässt sich nicht einfach mit anderen Gottesvorstellungen verrechnen. Da, wo der Prophet zum Kronzeugen der eigenen Tradition aufgerufen wird, geht es in erster Linie immer um Klarheit in der Sache anstatt um das große Ganze, mehr um Unterscheidung als um Verständigung. Auch der Elia des Neuen Testamentes behält letztlich jenen haarigen Mantel an, den er schon am Karmel trug. In unserer auf Dialog und Trialog ausgerichteten Gegenwart hat er es jedenfalls nicht leicht, sich zu behaupten.

Auch in den christlichen Konfessionen fällt der Bezug auf Elia unterschiedlich aus. Die orthodoxen Kirchen des Ostens haben ihn in den Kreis ihrer liturgisch verehrten Heiligen aufgenommen, haben ihm Ikonen gemalt und Kirchen geweiht. So wird er zu einem Garanten der Tradition, die es in allen geschichtlichen Wandlungen unbeirrt zu bewahren gilt. In der katholischen Theologie und Frömmigkeit tritt Elia weniger sichtbar in Erscheinung, da er seinen Ort vor allem in dem gesamtbiblischen, kanonischen Zusammenhang prophetischer Überlieferungen gefunden hat. Nicht als Kämpfer für den Monotheismus, sondern als Vorläufer des Messias ist er in das dogmatische System eingebunden, in dem er seine Rolle nach einem festen, gegen alle weiteren Überraschungen weithin abgesicherten Drehbuch spielt. Die protestantischen Kirchen wiederum haben an Elia immer wieder das vollmächtige Aufbegehren, den Anspruch der Erneuerung und den Widerspruch gegen alle institutionelle Verfestigung wahrgenommen. Elia bleibt auch im Christentum eine schillernde Figur.

Sucht man nach einem gemeinsamen Nenner, von dem aus das Gespräch über die innerchristliche Wahrnehmung Elias hinausführen könnte, dann bietet sich am ehesten die Hoffnungsperspektive an, die in seiner prophetischen Dynamik liegt. Sie findet ihren Ausdruck in einem großen biblischen Spannungsbogen – von der tiefen Verwurzelung des Elia im Grundbekenntnis Israels, das dem einen einzigen Gott gilt, bis hin zu der Erwartung kommenden Heils. Diese beiden Pole gehören unverzichtbar zum Kernbestand dessen, was die Hoffnungsdimensionen der abrahamischen Religionen überhaupt ausmacht. Ihre Hoffnung hängt nicht in der Luft, sondern gründet in einem eindeutigen Gottesbekenntnis. Dieses Bekenntnis wiederum genügt sich nicht selbst, sondern versteht sich als Ausgangspunkt eines Weges, auf dem Gott der glaubenden Gemeinschaft entgegenkommt. So wird Elia zum Anwalt einer Glaubenshaltung, die immer wieder um Klarheit ringt und dabei Gott als Ziel der Geschichte nicht aus den Augen verliert.

5. Literaturhinweise (Auswahl)

Albertz, Rainer, Elia, der biblische Prophet, in: Die Verheißung des Neuen Bundes. Wie alttestamentliche Texte im Neuen Testament fortwirken, hg. von Kollmann, B., Göttingen 2010, 128 – 142.

Athanasius, Vita Antonii, herausgegeben und mit einer Einleitung versehen von Gottfried, Adolf, übersetzt von Przybyla, Heinrich, Leipzig 1986.

Bartelmus, Rüdiger, Elia(s) — Eine Prophetengestalt im Alten Testament und ihre musikalisch-theologische Deutung durch Felix Mendelssohn-Bartholdy. Mit einem Anhang: Biblische Synopse zum Textbuch des Elias, in: ders., Theologische Klangrede. Studien zur musikalischen Gestaltung und Vertiefung theologischer Gedanken durch J.S. Bach, G.F. Händel, F. Mendelssohn, J. Brahms und E. Pepping, Zürich 1998, 89 – 133.

Becker, Eve-Marie, Elija redivivus im Markus-Evangelium? Zur Typologisierung von Wiederkehr-Vorstellungen, in: Biblical Figures in Deuterocanonical and Cognate Literature, hg. von Lichtenberger, H./Mittmann-Richert, U., Deuterocanonical and Cognate Literature. Yearbook 2008, Berlin/New York 2009, 587 – 625.

Becker, Uwe, Elia, Mose und Jesus. Zur Bedeutung von Mk 9,2 – 10, BN 110, 2001, 5 – 11.

Beyer, Horst/Beyer, Annelies, Sprichwörterlexikon. Sprichwörter und sprichwörtliche Ausdrücke aus deutschen Sammlungen vom 16. Jahrhundert bis zur Gegenwart, Leipzig [5]1989

Boberg, Jochen, Art. Elias, LCI 6, 1990, 118 – 121.

Brodie, Thomas, Proto-Luke. The Oldest Gospel Account. A Christ-centered Synthesis of Old Testament History Modelled Especially on the Elijah-Elisha Narrative, Limerick 2006.

- The Crucial Bridge. The Elijah-Elisha Narrative as an Interpretative Synthesis of Genesis-Kings and a Literary Model for the Gospels, Collegeville 2000.

Crüsemann, Frank, Elija und das Neue Testament. Zu einem angemessenen christlichen Umgang mit einem alttestamentlichen Propheten, BiKi 66/1, 2011, 30–35.

Dochhorn, Jan, Die Verschonung des samaritanischen Dorfes (Lk 9.54–55). Eine kritische Reflexion von Elia-Überlieferung im Lukasevangelium und eine frühjüdische Parallele im Testament Abrahams, NTS 53, 2007, 359–378.

Donner, Herbert, Pilgerfahrt ins Heilige Land. Die ältesten Berichte christlicher Palästinapilger (4.–7. Jahrhundert), Stuttgart ²2002.

Gese, Hartmut, Zur Bedeutung Elias für die biblische Theologie, in: Evangelium Schriftauslegung Kirche. FS P. Stuhlmacher, hg. von Ådna, J./Hafemann, S.J./Hofius, O., Göttingen 1997, 126–150.

Grünwaldt, Klaus/Schroeter, Harald (Hg.), Was suchst du hier, Elia? Ein hermeneutisches Arbeitsbuch, Hermeneutica 4, Rheinbach-Merzbach 1995, darin besonders:

- Kellermann, Ulrich, Elia Redivivus und die heilszeitliche Auferweckung der Toten. Erwägungen zur ältesten Bezeugung einer Erwartung, 72–84,
- Löhr, Hermut, Bemerkungen zur Elia-Erwartung in den Evangelien. Ausgehend von Mk 9,11–13, 85–95,
- Wanke, Daniel, Vorläufer, Typus und Asket. Bemerkungen zur Gestalt des Elia in der altchristlichen Literatur, 102–114,
- Ortmann, Volker, Elia multiplex – ein Prophet und mehrfacher Schriftsinn. Zur Eliadeutung im Mittelalter, 115–123,
- Lexutt, Athina, Eliae redivivi – Luther, Müntzer und der Prophet Elia. Zur Eliadeutung in der Reformationszeit, 124–131,
- Wolf-Withöft, Susann, Elia in der Trias der Ambivalenzen. Ein Prophet im Spiegel psychologischer Auslegung, 228–242,
- Grünwaldt, Kerstin, Elia in der bildenden Kunst, 267–282,
- Janssen, Wibke, Das Erscheinen des Elia. Spurensuche in der deutschen Literatur, 283–294,
- Lange, Eric, Elia in der Musik, 295–307.

Katz, Paul, Jesus als Vorläufer des Christus. Mögliche Hinweise in den Evangelien auf Elia als den „Typos" Jesu, ThZ(B) 52, 1996, 225–235.

Kellermann, Ulrich, Elia als Seelenführer der Verstorbenen oder Elia-Typologie in Lk 23,43 „Heute wirst du mit mir im Paradies sein", BN 83, 1996, 35–53.

- Wer kann Sünden vergeben außer Elia?, in: Gottes Recht als Lebensraum. FS H. J. Boecker, hg. von Mommer, P., Neukirchen-Vluyn 1993, 165–177.
- Zu den Elia-Motiven in den Himmelfahrtsgeschichten des Lukas, in:

Altes Testament. Forschung und Wirkung. FS H. Graf Reventlow, hg. von Mommer, P./Thiel, W., Frankfurt u. a. 1994, 123 – 137.

Landesmann, Peter, Die Himmelfahrt des Elija. Entstehen und Weiterleben einer Legende sowie ihre Darstellung in der frühchristlichen Kunst, Wien/Köln/Weimar 2004.

Lindemann, Andreas, Paulus und Elia. Zur Argumentation in Röm 11,1 – 12, in: Logos – Logik – Lyrik. Engagierte exegetische Studien zum biblischen Reden Gottes. FS K. Haacker, hg. von Lehnert, V.A./Rusen-Weinhold, U., Leipzig 2007, 201 – 218.

Lölkes, Herbert, Felix Mendelssohn Bartholdy. Paulus. Elias. Textausgabe, reclam 18393, Stuttgart 2006.

Majoros-Danowski, Johannes, Elija im Markusevangelium. Ein Buch im Kontext des Judentums, BWANT 180, Stuttgart 2008.

Meiser, Martin, Der evangelische Christ Mendelssohn, Gottesdienst und Kirchenmusik 2009/1, 10 – 13.

– Der „Kapellenmeister". Die Bedeutung des jüdischen Hintergrunds für die Kirchenmusik von Felix Mendelssohn Bartholdy, Vortrag vom 12. Mai 2009 in Wuppertal.

Niederwimmer, Kurt, Die Didache, KAV, Göttingen ^{2}1993.

Öhler, Markus, Elia im Neuen Testament. Untersuchungen zur Bedeutung des alttestamentlichen Propheten im frühen Christentum, BZNW 88, Berlin/New York 1997.

– Elija und Elischa, in: Alttestamentliche Gestalten im Neuen Testament. Beiträge zur Biblischen Theologie, hg. von Öhler, M., Darmstadt 1999, 184 – 203.

Oswald, Wolfgang, Der Elia des Alten Testaments und der Elias Mendelssohn Bartholdys, in: Gottes Wahrnehmungen. Helmut Utzschneider zum 60. Geburtstag, hg. von Gehrig, S./Seiler, S., Stuttgart 2009, 123 – 137.

Pellegrini, Silvia, Elija – Wegbereiter des Gottessohnes. Eine textsemiotische Untersuchung im Markusevangelium, HBS 26, Freiburg u. a. 2000.

Sartori, Paul, Art. Elias, HWDA 2, 1929/30, 781 – 785.

Schlosser, Marianne, Der Prophet Elija. „Vater" des monastischen Lebens, GuL 76/1, 2003, 24 – 39.

Standhartinger, Angela, Jesus, Elija und Mose auf dem Berg. Traditionsgeschichtliche Überlegungen zur Verklärungsgeschichte (Mk 9,2 – 8), BZ 47, 2003, 66 – 85.

Wessel, Klaus: Art. Elia, RAC 4, 1959, 1141 – 1163; ders. Art. Elisa, RAC 4, 1959, 1163 – 1171.

Witte, Maria Magdalena, Elias und Henoch als Exempel, typologische Figuren und apokalyptische Zeugen. Zur Verbindung von Literatur und Theologie im Mittelalter, Mikrokosmos 22, Frankfurt u. a. 1987.

Friedmann Eißler

Elia und andere Propheten im Islam

1. Einleitung

Die kleine Buchreihe über biblische Gestalten in Judentum, Christentum und Islam schließt mit einem Band über Elia „und andere Propheten" ab. Während Elia im Judentum und im Christentum große Bedeutung hat, bleibt er im Islam eine Randfigur. Dafür treten andere Namen in den Vordergrund, die in der Bibel meist gar nicht als Propheten gelten, im Koran aber in die Prophetenreihe von Adam bis Muhammad gehören und dort einen wichtigen Platz einnehmen. Deshalb kommen im Islamteil dieses Buches vor allem ausgewählte „andere Propheten" zu Wort. Das wirft einleitend noch einmal die Frage auf, was das Prophetenverständnis im Koran im Verhältnis zur biblischen Prophetie ausmacht und in welcher Weise biblische Figuren und ihre Geschichten im Koran aufgenommen werden. Zunächst aber ein knapper Gesamtüberblick über die Propheten im Koran.

1.1 Propheten im Koran

Der Koran ruft zum Glauben an alle Propheten und die ihnen offenbarten Schriften ohne Unterschied auf (Sure 42,13; 2,136 f; 3,84; 4,163–165). Ob es 315, 1000 oder gar 124000 Propheten waren, die Gott im Lauf der Geschichte zum Wohl der Menschen gesandt hat, beantworten die islamischen Gelehrten unterschiedlich. Sicher ist, dass die Reihe mit Adam beginnt und mit Muhammad, dem „Siegel der Propheten" (Sure 33,40) abschließt. Im Koran selbst kommen fünfundzwanzig Propheten namentlich vor, deren Geschichten einen bedeutenden Teil des Korans ausmachen. Nicht alle können eindeutig identifiziert werden, drei sind (neben Muhammad) genuin arabischen Ursprungs, doch die allermeisten sind als biblische Gestalten erkennbar oder können solchen zugeordnet werden (achtzehn aus dem Alten Testament, drei aus dem Neuen). Eine summarische Erwähnung anonymer Geschlechter und ihrer Gesandten findet sich in Sure 23,31–44 (vgl. 10,74), ein Ansatzpunkt für die hyperbolische Erweiterung der Zahl der Propheten.

Die folgende Liste enthält neben den koranischen Namen in der wahrscheinlichsten chronologischen Reihenfolge ihres Auftretens die biblischen Entsprechungen, die Anzahl der namentlichen Erwähnungen im Koran, das Volk, zu dem der Prophet (zumindest laut Tradition) gesandt wurde, ein N, sofern der betreffende Prophet im Koran außer *rasul* auch als *nabi* bezeichnet wird, sowie gegebenenfalls den Hinweis auf eine Offenbarung in schriftlicher Form. (Abweichende Zahlenangaben zur Häufigkeit kommen übrigens zustande, wenn inhaltliche Anspielungen zu den namentlichen Erwähnungen hinzugerechnet werden. Wir halten uns hier an die Angaben bei B. Wheeler, Prophets in the Quran, 8 f; H. Josua, Ibrahim, Khalil Allah, 104 ff.)

Koran. Name	**Bibl. Name**	**Volk**	**(Rasul und) Nabi**
Adam (25)	Adam	Nachkommen Adams	N (Schriftempfang laut Tradition)
Idris (2)	(Henoch)	Kinder Kains	N (Schriftempfang laut Tradition)
Nuh (43)	Noah	Noahs Volk	N
Hud (7)	–	Ad	
Salih (10)	–	Thamud	
Ibrahim (69)	Abraham	Chaldäer	N (Suhuf = „Blätter“)
Lut (27)	Lot	Lots Volk	N
Isma'il (12)	Ismael	Amalekiter	N
Ishaq (17)	Isaak	Kanaanäer	N
Ya'qub (16)	Jakob	Kinder Israel	N
Yusuf (27)	Josef	Kinder Israel	N
Shu'aib (11)	– (Jitro?)	Madyan (Midian)	
Ayyub (4)	Hiob	Amoriter	N
Dhu'l-Kifl (2)	(Josua? Ezechiel?)	Amoriter	N
Musa (137)	Mose	Pharao, Kinder Israel	N (Suhuf = „Blätter“; und Tora)
Harun (20)	Aaron	Pharao, Kinder Israel	N
Dawud (16)	David	Kinder Israel	N (Zabur = Psalter)
Sulaiman (17)	Salomo	Kinder Israel	N

Koran. Name	Bibl. Name	Volk	(Rasul und) Nabi
Ilyas (2)	Elia	Phönizier	N
al-Yasa' (2)	Elisa	Kinder Israel, Amoriter	N
Yunus (Dhu n-Nun; Sahib al-Hut) (4)	Jona	Assyrer	N
Zakariyya (7)	Zacharias	Kinder Israel	N
Yahya (5)	Johannes (der Täufer)	Kinder Israel	N
'Isa (25)	Jesus	Kinder Israel	N (Indschil = Evangelium)
Muhammad (4)	–	Araber	N (Koran)

Einige Bemerkungen zur Tabelle: Über die Identität von *Idris* sind Muslime wie auch Orientalisten uneins. Die meisten folgen dem bedeutenden Korangelehrten Tabari (gest. 923), der Idris mit Henoch (Akhnukh, vgl. Gen 4,17) gleichsetzte. Beide Namen können sprachlich mit dem Verb „erziehen, lehren" in Verbindung gebracht werden und lassen damit an eine Art Kulturstifter denken. Noch unübersichtlicher ist die Lage bei *Dhu 'l-Kifl*. Verschiedenste biblische Prophetengestalten sind hinter dem rätselhaften Namen vermutet worden, darunter Josua, häufiger noch Ezechiel, aber auch ein Sohn Hiobs (der Bishr heißen soll). Die dem Namen zugeschriebene Bedeutung ist abhängig von der Auslegung, so dass etwa mit „Mann des Glücks", „der mit der Bürgschaft", „der die Garantie gab" oder „der mit der Verdopplung" übersetzt werden kann. Letzteres könnte man als Hinweis auf Hiob verstehen, der nach Sure 21,84 von Gott doppelt zurückerhält, was er verloren hatte; Dhu 'l-Kifl wird im Vers darauf (21,85) genannt. Es könnte aber auch ein Rechtschaffener (also gar kein Prophet) oder ein unbekannter jüdischer König gemeint gewesen sein. *Yunus / Jona* wird auch als Dhu n-Nun „der mit dem Fisch" (Sure 21,87) und, arabisiert, Sahib al-Hut „Gefährte des (großen) Fisches" (Sure 68,48) bezeichnet. Ferner wird gelegentlich noch der Prophet und Adamssohn *Shith / Set* hinzugezählt, der nach der Überlieferung ebenfalls eine Buchoffenbarung empfangen haben soll. (Die Tradition weiß von insgesamt 104 Offenbarungsschriften zu berichten.) Sein Platz ist zwischen Idris und Noah anzunehmen. Schließlich ist Muhammad die einzige nichtbiblische Gestalt, die *nabi* „Prophet" genannt wird.

Mit diesem Titel wird er in die Reihe der biblischen Propheten gestellt. Im Koran kommt der Name Muhammad in Sure 47,2 (daher heißt die Sure „Muhammad"); 3,144; 33,40 und 48,29 vor. Nicht auf der Liste steht Khidr, der singulär für sich steht und doch aufgrund seiner Verwobenheit mit den Prophetengeschichten bei unserer Betrachtung nicht fehlen darf (s. u. 5.).

Alle Prophetengestalten werden im Koran als *rasul* bezeichnet, „Gesandter", was allerdings trotz der sprachlichen Parallele zum neutestamentlichen Wort *apóstolos* nicht umstandslos mit „Apostel" verglichen werden kann. Das Wort kommt von „aussenden, schicken" und wird im Koran weit über 300 Mal gebraucht (Sg. und Pl.), vor allem in den mekkanischen Suren. Es zeigt sich, dass ein *rasul* in engem Zusammenhang mit dem Volk oder Stamm zu sehen ist, zu dem Gott ihn sendet. Zu diesem hat er eine verantwortungsvolle Beziehung, denn Gott erweckt „in jeder Gemeinschaft einen Zeugen über sie aus ihren eigenen Reihen" (Sure 16,89, vgl. 10,47; 15,24; 16,36; 13,7). Als solcher hat er die ihm von Gott aufgetragene Botschaft weiterzugeben. Dabei tritt er als Künder froher Botschaft und als Warner auf (*bashir* bzw. *nudhir*), so die doppelte Funktion der Gesandten und Propheten nach Sure 2,213; 4,165; 5,19 u. ö. (Das „Künden" beinhaltet an einigen Stellen auch eine negative Botschaft, so in Sure 3,21; 4,138; 9,3.34 u. ö.) Mit dem Anspruch, ein *rasul* Gottes zu sein, trat Muhammad den Vorwürfen und dem Spott seiner Landsleute entgegen, er sei ein Zauberer *(sahir)* oder ein Orakelpriester *(kahin)*, oder eben ein *sha'ir* (Dichter), von einem Dschinn inspiriert und deshalb *madschnun* „besessen", ähnlich wie die alttestamentlichen Propheten zu Zeiten als „meschugge" galten (was die sprachliche Entsprechung dazu ist; Sure 10,2; 46,7 f; 52,29; 68,2; 69,40–43 u. ö.). Mit dem zweiten Teil des islamischen Glaubensbekenntnisses (Schahada) bezeugen Muslime Muhammad als *rasul* Gottes.

Nicht so häufig, aber kaum weniger gewichtig ist der Gebrauch des Wortes *nabi*, das nun eigentlich mit „Prophet" zu übersetzen ist und im Koran 70 Mal vorkommt (Sg. und Pl. *nabiyyun*). Das Wort kann aus dem Arabischen hergeleitet werden, wahrscheinlich wurde es aber mitsamt der Bedeutung aus dem Hebräischen bzw. Aramäischen übernommen. Die Verteilung zeigt, dass der Ausdruck *nabi* generell für die biblischen Gestalten reserviert ist (Muhammad ist die einzige Ausnahme; die häufig zu lesende Behauptung, jeder *rasul* sei auch ein *nabi*, nicht aber umgekehrt, ist nicht zutreffend). Charakteristisch scheint zudem ein spezifischer Bezug zur „Schrift“ zu sein (Sure 3,79; 6,89; 45,16). Interessant ist der Befund, dass von „Propheten“ in diesem Sinn – abgesehen von zwei umstrittenen Stellen – erst in Medina die Rede ist und fast die Hälfte der Vorkommen allein in der späten Sure 33 zu konstatieren ist, in der Muhammads Prophetentum ein Hauptthema ist. Erst in der verschärften Auseinandersetzung mit dem jüdischen (und christlichen) Erwählungsanspruch greift Muhammad nach diesem Titel und reiht sich mit ihm nun selbst in die Reihe der Erwählten – was die Propheten zweifellos waren – als Abschluss und letzter Erbe ein. Danach steht Erwählungsanspruch gegen Erwählungsanspruch: Wer ist das Volk Gottes – die Juden Medinas oder die Muslime? Ab jetzt soll Muhammad als „lichtspendende Leuchte“ und das nachzuahmende „schöne Vorbild“ gelten (Sure 33,21.46).

Rätselhaft bleibt das völlige Fehlen der biblischen Schriftpropheten. Außer Jona – einem Vertreter der sogenannten „kleinen Propheten“ (Zwölfprophetenbuch) – kommt kein alttestamentlicher Prophet aus der Zeit nach dem 9. Jahrhundert v. Chr. im Koran vor.

1.2 „Ich bin kein Neubeginn unter den Gesandten …“ (Sure 46,9)

Muhammad ist mit „einem arabischen Koran (= Gelesenes, Rezitation)“ zu den Arabern gesandt (Sure 12,2; 14,4; 16,103), womit zunächst nicht auf eine ethnische Zugehörigkeit, sondern auf die gemeinsame Sprache abgehoben wird. Er ruft zur Umkehr zu dem einen und einzigen Gott auf, der keine anderen Götter neben sich hat und haben kann, der die Welt wunderbar erschaffen hat und der am Tag des nahenden Gerichts von allen Menschen Rechenschaft fordern wird. Das sind die zentralen Inhalte vor allem seiner frühen Predigt. Die im Koran häufig und in unterschiedlicher Zusammensetzung angeführte Reihe der Propheten macht dabei dreierlei klar:

a) Muhammad ist einer von ihnen. Wie Gott zu allen Zeiten Propheten berufen hat, so auch jetzt: Zu seiner Zeit, zu seinem Volk, in seiner Sprache (Sure 14,4; 32,3; 36,6). Hier hat das Partikulare Platz, das Besondere und Zeitgebundene, insofern die jeweilige geschichtliche Situation durch Anlass und Adressaten besonders geprägt ist. Der einzelne Prophet hat eine zeitlich und regional begrenzte Sendung.

b) Die Idee von der Prophetenfolge als Ganze besagt zugleich: Es ist die *eine* Botschaft des *einen* Gottes, die durch den Mund von Propheten seit Urzeiten an die Menschheit ergeht und je und je gehört und befolgt werden will. Muhammad ist keiner eigenen Intuition gefolgt, er hat nichts von dem ersonnen, was er seinen Landsleuten vorzutragen hatte. Vielmehr hat er durch Vermittlung des Engels Gabriel empfangen, was immer schon von Gott berufene Propheten empfangen und je ihrem Volk zu verkünden hatten. Schon Adam und mit ihm die ganze Menschheit ist darauf verpflichtet worden (Sure 7,172; vgl. Sure 30,30). Noah hat es ebenso verkündet wie Abraham, Mose ebenso wie Jesus, und Muhammad bringt gleichfalls nichts Neues, sondern die Bestätigung derselben universellen Botschaft (Sure 5,44–49). Die Einheit der Offenbarung ist gewährleistet durch die Vorstellung einer „Urschrift im Himmel" bei Gott (*umm al-kitab*, Sure 43,4), von der als Inbegriff des göttlichen Willens und seiner Rechtleitung gleichsam Portionen auf die Propheten „herabgesandt" (oder: herabgelassen) worden sind, wie der Terminus für den Offenbarungsvorgang lautet *(tanzil, nuzul)*. Der Eigenanteil des Propheten tendiert dabei gegen Null, ist er doch nur ein Mensch und seine Aufgabe einem Sprachrohr vergleichbar nichts als die „Übermittlung" (Sure 18,110; 3,20).

c) Muhammad prägt durch seine Wirksamkeit die Begriffe *rasul* und *nabi* neu. Die regionale Begrenzung wird aufgebrochen, der universale und endgültige Charakter des Prophetentums Muhammads tritt hervor (Sure 7,157 f; 34,28; 2,2.256; 3,85; 33,40). Muhammad versteht sich indessen keinesfalls als – womöglich göttlicher – Religionsstifter (das Missverständnis der unangebrachten Bezeichnung „Mohammedaner"!), sondern als endgültiger Erneuerer der Abrahamsreligion, des ursprünglichen und eigentlichen „Islam".

Sure 46 drückt es im Reflex eines heftigen Disputes so aus:

> (9) Sag: Ich bin **kein Neubeginn** [oder: Neuerer, arabisch *bid'*] unter den Gesandten ... Ich folge nur dem, was mir (als Offenbarung) eingegeben wird, und ich bin nur ein **deutlicher Warner.** ... (12) Und vor ihm [dem Koran; F. E.] (war) die Schrift Moses als Vorbild und Barmherzigkeit. Und dies [sc. der Koran] ist ein **bestätigendes** Buch **in arabischer Sprache**, um diejenigen, die Unrecht tun, zu **warnen**, und als **frohe Botschaft** für die Gutes Tuenden.

Auch hierzu drei kurze Bemerkungen: Muhammad besteht darauf, dass er kein Neuerer ist – sondern Warner und Freudenbote (s. o.). Alles, was mit „Neuerung" *(bid'a)* in religionsgesetzlichen Dingen zusammenhängt, ist zumal für die spätere Theologie vom Übel, wenn und insofern es von der göttlichen Rechtleitung *(huda)* abweicht und menschlicher Eigenmächtigkeit Ausdruck verleiht. Es ist islamisch-theologisch essenziell, dass aus wahrer Offenbarung nur die Erkenntnis der einen „Religion bei Gott" erwachsen kann, das heißt des wahren *Islam* (was als Wort „Auslieferung, Unterwerfung, Hingabe" bedeutet, im ursprünglichen Sinn die „Hinwendung des Angesichts" zu Gott; Sure 3,19). Solche wahre Offenbarung ist in der „Schrift Moses" wie in allen früher ergangenen Offenbarungen enthalten. Sie wird durch den Koran *bestätigt*, und zwar nun in arabischer Sprache. Mit dem Begriff *Bestätiger* (*musaddiq*, vgl. Sure 12,111; 10,37; 46,30; 2,41.89.97; 3,3.50.81; 61,6; 5,44–49 u. ö.) sind auch Korrekturen von Fehlentwicklungen verbunden, die sich aus koranischer Sicht im jüdischen und christlichen Verständnis der Offenbarung eingeschlichen haben (Verfälschungstheorie, vgl. Sure 2,75; 4,46; 5,13; 2,159; 2,59.181; 7,162). Maß und Kriterium der „Bestätigung" und damit auch dessen, was als Einheit verstanden werden kann, ist allein der Koran.

Wir haben damit mehrfach auf früher schon Gesagtes zurückgegriffen, was zum Anlass genommen werden soll, noch einmal darauf hinzuweisen, dass die Einleitungen der Islamteile der bisher in dieser Reihe erschienenen Bände einander ergänzen.

1.3 Zur Funktion der Prophetengeschichten: Methodisches und Formales

Der dem Koran eigentümliche Rückbezug auf die inhaltliche Einheit der Offenbarung macht sich bis in die formale Gestaltung der Prophetengeschichten bemerkbar, die in nahezu schematisch gestalteten Zyklen erscheinen können (z. B. Sure 54,9 – 42; 37,75 – 148; 26,10 – 191; 11,25 – 99; 7,59 – 137). Die darin erzählten Sendungsgeschichten (Strafgerichtslegenden) stehen unter dem Vorzeichen: „Damit du warnst, und als Ermahnung für die Gläubigen" (Sure 7,3). Ein Charakteristikum der koranischen *relecture* der Bibel ist das auffallende Desinteresse des Korans an den geschichtlichen Zusammenhängen, ganz zu schweigen von offenbarungsgeschichtlichen Verortungen etwa der einzelnen Prophetenerzählungen. Der Koran ist äußerst sparsam mit Zeit- und Ortsangaben, ja er kommt nachgerade ohne *Geschichte* aus, vielmehr erscheint eine Vielzahl von Geschicht*en*, die immer wieder zu der *einen* urzeitlichen Ordnung zurückführen sollen. Geschichte wird nicht so sehr in Kategorien wie „Verheißung und Erfüllung" gedacht, sondern homiletisch – predigtartig – in Beispielgeschichten früherer Offenbarungen und prophetischer Sendungen als Verkündigung aktualisiert. Dabei sind Offenbarungen konkrete Zuwendungen Gottes, die im Prinzip gleichartig verlaufen und Menschen wieder auf den Weg der Rechtleitung weisen. Eine Heilsgeschichte ergibt sich von hier aus nicht. *Exempla* statt *historia* – so werden die Geschicke der Völker vor allem als Beispiele für Abirrung und Versagen thematisiert, denen Gott in seiner Güte mit dem Ruf der Propheten, aber auch mit Strafaktionen begegnet. Die paradigmatischen Erfahrungen des Scheiterns dienen der moralisch-didaktischen Illustration der Verkündigungssituation des Propheten in Mekka und Medina.

Die biblischen Geschichten werden deshalb im Koran nicht

systematisch, sondern kerygmatisch aufgenommen, das heißt entsprechend der jeweiligen Verkündigungssituation, in der Muhammad selbst stand und sich als gottgesandter Prophet zu bewähren hat. Antizipation, Ankündigung, Legitimation – das ist die Funktion der Prophetenerzählungen. Dazu werden die Erzählzusammenhänge ihres „historischen Rahmens" entkleidet, fragmentiert und der Logik des eigenen Verkündigungskontextes im Koran folgend je nach Erfordernis der Situation aufgenommen. Nicht die geschichtliche Entwicklung ist von Interesse, sondern viel mehr das Argument des Prophetentums als solchen, die prophetische Sukzession, in deren Linie Muhammad sich „entdeckt" und auf die er sich in dieser Phase nach dem offenbaren Misserfolg der ersten impulsiv-existenziellen (Gerichts-) Predigt unter den Schriftbesitzern stützt, um auf der breiteren Basis der alten Traditionen die Ungläubigen zu gewinnen. So vollzieht sich eine eigentümliche Enthistorisierung und Kerygmatisierung der jüdischen und christlichen Überlieferungen, die den Koran ungeachtet aller Kontinuität als eigenständige, von eigenen Prämissen getragene Rekonstituierung der göttlichen Offenbarung von den früheren Offenbarungserzählungen abhebt – sinnenfällig in der Tatsache, dass die christliche Bibel zwar selbstverständlich die hebräische Bibel als sogenanntes „Altes Testament" enthält und darauf aufbaut, der Koran sich aber davon losgelöst und als das „entscheidende Wort" präsentiert hat (Sure 86,13).

Der Schwerpunkt der koranischen Prophetenüberlieferungen liegt nicht zufällig in der zweiten und dritten mekkanischen Periode – mit den größten zusammenhängenden Erzähleinheiten gegen Ende der mekkanischen Zeit. Der Hintergrund für die massive Verarbeitung biblischer Themen ist die wachsende Auseinandersetzung Muhammads mit den *ahl al-kitab*, den Christen und den Juden – vor allem mit Letzteren –, in der Zeit unmittelbar vor der Hidschra nach Medina. Die lebendige Dynamik der mündlichen Auseinandersetzung ist vielfach unmittelbar spürbar, sie dokumentiert sich in einer Fülle von gleichsam textlich geronnenen Momentaufnahmen konkreter Gesprächssituationen. Sie zeigen – auch wenn selbstverständlich in der Regel nur die eine Hälfte des Diskurses erhalten ist, die andere

Hälfte im Bedarfsfall mühsam rekonstruiert werden muss – Muhammad selbst im Prozess der Auseinandersetzung. Er reagiert auf Angriffe, nimmt Argumente auf, justiert die diskursive Stoßrichtung, führt dazu die prophetischen Protagonisten als Vorbilder und Vorläufer seiner selbst ins Feld. Es besteht eine wechselseitige Abhängigkeit, ein Beeinflussungsverhältnis zwischen Prophet und Adressaten, zwischen Muhammad und seiner ersten Hörerschaft, was in exegetischer Detailarbeit nachzuweisen und in groben Zügen an der Entwicklung der koranischen Prophetengeschichten abzulesen ist. Muhammad erkennt in den Geschichten der biblischen Propheten gleichsam die Genealogie seiner eigenen Sendung und sucht sich durch sie gegenüber seinen Gegnern überzeugender zu legitimieren. Die Propheten sind Spiegelbilder Muhammads.

Alle *exempla* weisen also auf die Botschaft und das Schicksal Muhammads selbst hin. Sachlich stehen die Prophetengeschichten mithin mehr oder weniger auf einer Ebene, dennoch gilt es selbstverständlich die Eigentümlichkeiten der jeweiligen Gestalt zu würdigen. Die Auswahl kann indessen nach eher äußerlichen Kriterien wie Form und Länge, Verbreitung im Koran, Originalität oder Ähnlichem erfolgen. Die Beachtung der Chronologie der Textkomplexe drängt sich aus den genannten Gründen nicht auf. Wir ordnen die Abschnitte entsprechend der oben stehenden Auflistung. *Innerhalb* der Abschnitte wird die wahrscheinliche historische Entwicklung der Texte nach der Chronologie von Theodor Nöldeke (Geschichte des Qorāns) berücksichtigt, soweit es fruchtbar erscheint. Bei Parallelen wählen wir in der Regel die für unseren Zweck ergiebigste Variante aus und behalten dabei die anderen Versionen im Blick, ohne in jedem Fall scharf zu trennen oder gar einen detaillierten exegetischen Vergleich anzustreben.

Außer dem Koran sind die Korankommentare zu beachten. Einer der wichtigsten ist der dreißigbändige Kommentar von Abu Dschafar Muhammad at-Tabari (gest. 923), der die ersten dreihundert Jahre Koranexegese in einem Kompendium zusammenfasst, das als Höhepunkt und zugleich als Abschluss der klassischen formativen Periode der Koranauslegung gilt. Zeitlich früher ist die sogenannte Prophetenbiographie anzusetzen, die

Sira an-nabawiya Ibn Ishaqs (gest. 768) in der Rezension des Ibn Hischam (gest. 833), die auch in populären Ausgaben greifbar ist. Sie ist die Hauptquelle für das Leben Muhammads. In den sechs sunnitischen kanonischen Sammlungen der Prophetenüberlieferungen (Hadithsammlungen, *al-kutub as-sitta*) ist gleichsam die frühe islamische Koranrezeption in allen ihren Verzweigungen dokumentiert.

Die volkstümlichen und bis heute äußerst beliebten Prophetengeschichten *(Qisas al-anbiya)*, die auf die frühislamischen „Geschichtenerzähler" zurückgehen und Belehrung in Form von Beispielgeschichten vermitteln, bringen die verstreuten koranischen Episoden zusammen mit außerkoranischen zumeist jüdischen und christlichen Traditionen in einen mehr oder weniger systematischen Zusammenhang. Die Prophetengestalten werden als moralische Vorbilder und Vorbilder Muhammads nun selbst Thema populärer Frömmigkeit und den Hörern in großer Erzählfreude und auf unterhaltsame Weise nahegebracht. Die vielleicht bekannteste, sicher verbreitetste Sammlung dieser Art sind die „Ara'is al-madschalis" („Die Bräute der Versammlungen" oder „Erbauliche, wie Bräute für die Hochzeit geschmückte Predigten") des Persers Ahmad b. Muhammad an-Naisaburi aus Nishapur, genannt ath-Tha'labi (gest. 1035).

Noch einige Bemerkungen zum Formalen. Die arabischen Namen und Begriffe werden wie im Deutschen gebräuchlich verwendet oder in stark vereinfachter Schreibweise wiedergegeben. Die Koranübersetzung folgt der Übertragung von A. F. Bubenheim und N. Elyas „Der edle Qur'ān und die Übersetzung seiner Bedeutungen in die deutsche Sprache" (2005), allerdings mit Ersetzung von Allah durch „Gott" und der Angleichung der Namensformen. Am Ende findet sich eine Auswahl an Literaturhinweisen.

Wir verzichten um der Lesbarkeit willen auf die islamisch üblichen Eulogien (Segenswünsche, die beim Aussprechen des Gottes- oder eines Prophetennamens jedes Mal unmittelbar hinzugefügt werden, z. B. „Gott segne ihn und schenke ihm Heil" für Muhammad), und die Suren zitieren wir gemäß der bei uns üblichen Zitierweise nach ihrer Zählung, auch wenn islamisch dafür die Surennamen gebraucht werden (Sure 2 etwa wird gewöhnlich als *al-Baqara* „Die Kuh“ zitiert).

2. Nūh – Noah: Die Menschheitsfamilie – Nicht die Abstammung, sondern der Glaube zählt

Wir beginnen mit Noah. Die dramatische Geschichte von Gericht und Rettung muss auf Muhammad tiefen Eindruck gemacht haben. So spiegelt es der Koran an vielen Stellen: Sure 54,9 – 17; 37,75 – 82; 71,1 – 28; 26,105 – 122; 23,23 – 30; 21,76 f; 11,25 – 49; 29,14 f; 10,71 – 73; 7,59 – 64. Sure 71 trägt den Namen Noah (arab. Nūh), sie gehört zu den wenigen Suren, die *einem* Thema gewidmet sind. Noah ist der *Nadschiy Allah*, „der von Gott Gerettete“, wie sein traditioneller Beiname lautet. Zusammen mit Abraham (*Khalil Allah* „Freund Gottes“), Mose (*Kalim Allah* „derjenige, mit dem Gott geredet hat“), Jesus (*Kalimat Allah wa-Ruhuhu* „das Wort Gottes und sein Geist“) und dem Siegel der Propheten, Muhammad (*Habib Allah* „Liebling Gottes“), wird Noah zu den fünf herausragenden „Gesandten, die Entschlossenheit besaßen [bzw. standhaft waren]“ gezählt. Diese Fünf (arab. *ulu 'l-azm*, vgl. Sure 46,35 in Verbindung mit 33,7) stehen in besonderer Weise für die Einheit der Offenbarung und die Gleichheit der spirituellen und moralischen Prinzipien aller (offenbarten) Religion. Sure 42,13:

> Er hat euch von der Religion festgelegt (*schara'a*, vgl. das Wort Scharia), was Er Noah anbefahl und was Wir dir (als Offenbarung) eingegeben haben und was Wir Abraham, Mose und Jesus anbefahlen. Haltet die (Vorschriften der) Religion ein und spaltet euch nicht darin.

Noah führt meist eine ganze Reihe von Propheten an, deren Sendung und Ergehen in einer Kette von schematisch aufgebauten Geschichten immer wieder neu in Erinnerung gebracht wird. Vier grundlegende Elemente enthalten die sogenannten Strafgerichtslegenden: a) Den Aufruf zur Verehrung des einzigen Gottes – mit Abstand das wichtigste Element, da es in diesen

Geschichten wesentlich um die Scheidung von Glauben und Unglauben geht –, b) den Streit des Propheten gegen den Unglauben seines Volkes, der mit der Ablehnung des Propheten und seiner Botschaft endet, c) das darauf folgende Gericht Gottes über das Volk und d) schließlich die Rettung der Gottesfürchtigen. Da die aneinandergereihten Prophetengeschichten in den Suren der zweiten und dritten mekkanischen Periode relativ häufig zu finden sind, spielt Noah im Koran (mit 43 namentlichen Nennungen!) eine prominentere Rolle als im ersten Mosebuch, wo seine Geschichte auf die Kapitel 6–9 konzentriert ist. Was (jüdischen und) christlichen Bibelleserinnen und Bibellesern sicher auf Anhieb zu Noah einfällt, kommt im Koran allerdings anders oder gar nicht vor: Die „Arche" und der Regenbogen, das heißt der Bund Gottes mit den Menschen mit dem Versprechen, ein solch katastrophales Gericht nie wieder über die Menschheit zu bringen (Gen 8,21). Im Koran liegt das Gewicht ganz auf der Warnung und dem Ruf zur allein rettenden Gottesfurcht, ganz ähnlich wie es schon in der rabbinischen Überlieferung zu sehen ist (vgl. Babylonischer Talmud Traktat Sanhedrin 108a). Ein Bundesgedanke wird im Zusammenhang mit Noah nur so erwähnt, dass Gott von einigen Propheten, eben jenen schon erwähnten fünf „standhaften Gesandten" *(ulu 'l-azm)*, zu denen auch Noah gehört, speziell „ein festes Versprechen" abnimmt (Sure 33,7).

Noah ist in besonderer Weise *das* Beispiel eines Propheten, sowohl was sein Schicksal angeht, als auch das Schicksal seines Volkes, zu dem er gesandt ist. In beidem wird die Situation *des* Propheten, Muhammad, gleichsam paradigmatisch vorabgebildet.

2.1 Noahs Sendung und die Reaktion seines Volkes

In ganz früher Zeit, vor den längeren Passagen zu Noah, gibt es zwei äußerst knappe Erwähnungen Noahs in Sure 53,52 und 51,46, die nur eben andeuten, dass ein vernichtendes Gericht über das frevlerische Volk Noahs erging. Auch in Sure 69,11 f wird mit wenigen Worten darauf angespielt. Das gibt die Gelegenheit, erneut darauf hinzuweisen, dass der Koran häufig – wie auch hier – an Bekanntes anknüpft. An vielen Stellen wird offenbar bei den ersten Hörern eine Kenntnis biblischer Stoffe vorausgesetzt, wenn etwa nur Stichworte gegeben werden oder mit Formeln wie „Ist zu dir die Geschichte … (Moses, Abrahams usw.) gekommen?" (im Sinne von „Erinnerst du dich an …?", „Ist dir nicht zu Ohren gekommen …?"; vgl. Sure 51,24) biblische Geschichten gleichsam aufgerufen werden. Wie umfangreich ein solches Wissen über biblische oder nachbiblische Inhalte in Muhammads Umgebung tatsächlich war, ist allenfalls indirekt zu erschließen. Es gehört immerhin zu den Eigenheiten des Korans, auf diese Weise an frühere Offenbarungen anzuknüpfen. Sogar Muhammad selbst wird aufgefordert, im Zweifel über die Offenbarung diejenigen zu fragen, „die vor dir die Schrift lesen" (Sure 10,94), also Juden und Christen.

Die ausführlichsten Noahgeschichten sind in Sure 11 und Sure 71 enthalten. Noah wird „gläubiger Diener" Gottes genannt und ist einer der von Gott Erwählten (Sure 3,33). Er tritt als „deutlicher Warner" auf, wie mehrfach betont wird. Seine Botschaft ist klar:

> (Sure 71,2) Er sagte: „O mein Volk, ich bin euch ja ein deutlicher Warner, (3) (euch zu mahnen:) Dient Gott und fürchtet Ihn, und gehorcht mir, (4) so wird Er euch (etwas) von euren Sünden vergeben und euch auf eine festgesetzte Frist zurückstellen. Gewiss, Gottes Frist, wenn sie kommt, kann nicht zurückgestellt werden, wenn ihr nur wüsstet!"

Von Anfang an ist der Aufruf (*da'wa* „Ruf, Einladung", eine Hauptaufgabe der Gottesboten) zu Gottesfurcht und Gehorsam zentral, und zwar gegenüber Gott und dem „vertrauenswürdigen Gesandten" (Sure 26,107). Verbunden damit ist die Ankündigung des drohenden Gerichts nach einer bestimmten Frist. Die Reaktion der Anführer des Volkes ist jedoch ebenso klar:

> (Sure 11,27) Da sagte die führende Schar aus seinem Volk, die ungläubig war: „Wir sehen in dir nur einen Menschen unseresgleichen. Und wir sehen, dass nur die dir folgen, die unsere Niedrigsten sind,

> und zwar ohne reifliche Überlegung. Und wir sehen bei euch keinen Vorzug gegenüber uns. Vielmehr meinen wir, dass ihr Lügner seid.“

Spott ist aus den Worten zu hören. Wer nichts hat und nichts zu sagen hat, mag auf solche Flausen hereinfallen! In Sure 23 gibt sich die „führende Schar“ gar religiös und traditionsbewusst, um den Propheten und seine Anmaßung abzuweisen:

> (24) „Dieser ist nur ein menschliches Wesen wie ihr, das einen Vorzug euch gegenüber haben will. Und wenn Gott gewollt hätte, hätte Er wahrlich Engel herabgesandt. Wir haben so etwas bei unseren Vorvätern nicht gehört. (25) Er ist nur ein Mann, der an Besessenheit leidet; so wartet mit ihm für eine gewisse Zeit ab.“

Noah wird mangelnde göttliche Legitimation vorgeworfen, die Stichwörter Lüge und Besessenheit bestimmen das Bild (Sure 54,9; 26,105; 23,25 f; 11,27.31; 10,73; 7,64 – öfters in paralleler Formulierung zum selben Schicksal der Propheten Hud und Salih, mit denen Noah genannt wird). Der Gesandte wird beschimpft. Dieser hält dagegen, er übermittle die Botschaften Gottes:

> (Sure 7,62) „Und ich weiß von Gott her, was ihr nicht wisst. (63) Wundert ihr euch etwa (darüber), dass eine Erinnerung von eurem Herrn zu euch gekommen ist durch einen Mann von euch, damit er euch warne und damit ihr gottesfürchtig werdet, auf dass ihr Erbarmen finden möget?“

Zudem komme es nicht darauf an, welcher Herkunft jemand sei, entscheidend vor Gott sei der Glaube (Sure 26,112–115). Doch die Leute wollen davon nichts wissen. Sie waren doch keinesfalls Ungläubige, sondern sogar ziemlich religiös! Darin wollen sie sich auf keinen Fall beirren lassen, wie der Aufruf zur Treue gegenüber den alten Göttern zeigt, der in einem Gebet Noahs überliefert ist:

> (Sure 71,23) Und sie haben gesagt: „Verlasst doch nicht eure Götter; verlasst doch nicht Wadd, noch Suwa’, noch Yaghuth, Ya’uq und Nasr.“

Für uns heute ist daran besonders interessant, dass an dieser Stelle einige Namen altarabischer Gottheiten bewahrt sind (in Sure 53,19 f werden außerdem al-Lat, al-Uzza und Manat genannt). Muhammad setzt ihm bekannte Götternamen mit Göttern zur Zeit Noahs gleich und schiebt damit beide Situationen dramatisch ineinander. Für Noah – wie für Muhammad – ist die Lage bedrückend. Auffallend, wie niedergeschlagen und fast verzweifelt er gezeichnet wird. Und wie deutlich sich hier bis in Details hinein die Lage Muhammads in Mekka spiegelt!

Noah klagt gegenüber Gott:

> (Sure 71,5) Er sagte: „Mein Herr, ich habe mein Volk bei Nacht und bei Tag aufgerufen *(da'a)*. (6) Aber mein Rufen hat sie nur in ihrer Flucht bestärkt. (7) Gewiss, jedes Mal, wenn ich sie aufrief, damit Du ihnen vergibst, steckten sie ihre Finger in ihre Ohren, überdeckten sich mit ihren Gewändern, verharrten (im Irrtum) und verhielten sich sehr hochmütig. (8) Hierauf richtete ich an sie den Ruf dann öffentlich. (9)
>
> Hierauf sprach ich zu ihnen offen und ganz im geheimen. (10) Ich sagte: „Bittet euren Herrn um Vergebung – Er ist ja Allvergebend –, (11) so wird Er den Regen auf euch ergiebig (herab)senden (12) und euch mit Besitz und Söhnen unterstützen und für euch Gärten machen und für euch Bäche machen."

Es folgt eine Erinnerung an die Segnungen der Schöpfung und daran, dass die Menschen als Teil der wunderbaren Schöpfung auch ganz in Gottes Hand sind.

2.2 Noahs Bitten um Hilfe und um Vernichtung der Ungläubigen

In der Bibel spricht Gott fortlaufend zu Noah, und der tut, was Gott sagt, dies aber weitestgehend ohne Worte. Im Koran wendet sich Noah nicht nur mit dem Ruf zur Hingabe an den Schöpfer an seine Zeitgenossen, sondern auch in mehreren Gebeten ausführlich an Gott. Die Bedrängnis durch die Ungläubigen ist so groß, dass Noah zu Gott um Hilfe ruft.

> „Ich bin überwältigt, so leiste Du (mir) Hilfe." (Sure 54,10)
> „Mein Herr, hilf mir, wo sie mich der Lüge bezichtigen." (Sure 23,25)

Die Bitte scheint für Noah charakteristisch und wichtig zu sein, denn auch in der kurzen Erwähnung Sure 21,76 f wird sie betont (vgl. Sure 37,75). Dem Strafgericht geht die Initiative Noahs voraus. Das bedeutet zugleich, dass der welt- und menschheitsgeschichtliche Horizont der biblischen Erzählung auf den Erfahrungsraum eines Noah zusammenschrumpft, der im Streit gegen die Ungläubigen seiner Volksgemeinschaft auf Gottes Hilfe angewiesen ist. Die Schöpfung als Ganze steht im Koran nie auf dem Spiel. Dass Gott die Schöpfung angesichts der Grundverkehrtheit des menschlichen „Dichtens und Trachtens" bereut (!) und geradezu rückgängig machen, sprich vernichten will (Gen 6,5–7 gegenüber Gen 1,10!), dass er in souveräner Wahl und ohne weitere Begründung Noah „Gnade finden" lässt, der selbstverständlich auch unter dem Urteil über die Menschen stand, dass durch das Gericht hindurch der Bund mit einer erneuerten Menschheit möglich wird – all dies ist dem Koran fremd. Im Koran ist die Noahgeschichte eine regionale Episode der Geschichte, mit einer Botschaft: Verfehlung führt zur Verurteilung; gerettet wird, wer „von den Gläubigen mit mir ist" (Sure 26,118).

Die Bibel zeigt ein Ringen Gottes um Gericht und Gnade, das in einen ewigen Bund mit der Selbstverpflichtung Gottes zum Erhalt der gesamten Schöpfung und elementaren Geboten für die Menschheit mündet (Gen 9). Und der Mensch, beispielhaft der Mensch Noah mit seiner Familie, darf davon und auf dieser Grundlage leben. Noah, der untadelig Gerechte (Gen 6,9), wechselt nicht einfach auf die Seite des Richters, er bleibt unter dem Urteil und der Gnade Gottes Empfangender. Anders Noah im Koran: Hier ist die klare Scheidung von Glauben und Unglauben das Thema. Der Prophet steht ganz und gar auf der Seite Gottes. Angriffe der Ungläubigen gegen ihn richten sich auch gegen Gott. Und Angriffe gegen die Gläubigen werden nur immer mehr Verirrung und Sittenlosigkeit verursachen (Sure 71,24.27). Vor diesem Hintergrund erhält ein weiteres Motiv sein Gewicht, das über die Rettung hinausgeht: Die Bitte des Propheten um die

Vernichtung der Ungläubigen. In Sure 26 trägt Noah sie indirekt in der Form vor, dass Gott „eine klare Entscheidung" zwischen ihm und den Ungläubigen treffen möge (Sure 26,117 f). Sure 71 ist in der Hinsicht ausführlicher und unmissverständlich:

> (21) Noah sagte: „Mein Herr, sie haben sich mir widersetzt und sind jemandem gefolgt, dem sein Besitz und seine Kinder nur den Verlust mehren. (22) Und sie haben ungeheure Ränke geschmiedet. [...] (24) Sie haben ja viele in die Irre geführt. So lasse die Ungerechten nur noch tiefer in die Irre gehen." [...] (26) Und Noah sagte: „Mein Herr, lasse auf der Erde von den Ungläubigen nicht einen einzigen Bewohner. (27) Denn, gewiss, wenn Du sie (leben) lässt, führen sie Deine Diener in die Irre und zeugen nur Sittenlose und sehr beharrliche Ungläubige." (28) Mein Herr, vergib mir und meinen Eltern und demjenigen, der als Gläubiger mein Haus betritt, und den gläubigen Männern und den gläubigen Frauen. Und stürze die Ungerechten nur noch tiefer ins Verderben."

Noah bittet Gott, die Menschen zu verderben, die ein „Volk von Frevlern" genannt werden. Ist davon allerdings die eigene Familie betroffen, wird dadurch ein besonders sensibler Bereich berührt. Das musste auch Muhammad erfahren. In einer Gesellschaft, in der Blutsverwandtschaft und Sippenloyalität höchste Wertschätzung und Verbindlichkeit genossen, musste die Scheidung zwischen Gottesverehrung und Götzendienst eine Bedrohung der engsten Familienbande darstellen, die Sorge um ungläubige Verwandte zur dramatischen Gewissensfrage werden. Die Bitte in Noahs Mund in V. 28 spiegelt deutlich Muhammads Gefühlslage. Für ihn ist jedoch klar, dass der Glaube über der Blutsbande und der damit verbundenen Verantwortung steht (Sure 2,124; 11,43, s. u.). Noah bittet um Vergebung für sich und seine Eltern. Dabei ist unsicher, ob die Eltern Gläubige sind. Es ist wohl anzunehmen, da die ungläubigen Familienmitglieder aus der Fürbitte ausgeschlossen bleiben. Dies ist die Haltung, die sich im Koran immer entschiedener durchsetzt, über Sure 11,37 (Noah soll nicht für die Ungläubigen um Errettung beten) bis hin zu den letzten Versen des Korans, Sure 9,113 f, wo das endgültige Verbot der Fürbitte für Ungläubige ausgesprochen ist, deren Feindschaft gegen Gott sich im Tod gleichsam verewigt hat. Die altarabischen Sippenbande sind zerschnitten, der individuelle Glaube zählt. Wir werden gleich in Bezug auf den Sohn noch einmal darauf zurückkommen.

2.3 Das Strafgericht – auch über Noahs Sohn – und die Rettung der Gläubigen

Nicht an allen Stellen ist von dem Schiff die Rede, das Noah nach Gottes Anweisung unter dem Spott der Menschen baut (Sure 11,37 f), und das im Arabischen mit unterschiedlichen Wörtern bezeichnet wird. Gottes Befehl, außer der Familie und den wenigen, „die glauben", von jeder Tierart je ein Paar mit auf das Schiff zu nehmen, wird gelegentlich erwähnt (Sure 11,40; 23,27). Eine interessante Erweiterung im Vergleich zur biblischen Geschichte ist der Untergang des Sohnes. Als die Flut kommt, versucht Noah seinen Sohn, „der sich abseits hielt", zum Einsteigen zu bewegen. Doch der glaubt, sich aus eigener Kraft retten zu können. Er weigert sich und ertrinkt:

> (Sure 11,42) Es fuhr mit ihnen dahin inmitten von Wogen wie Berge. Noah rief seinem Sohn zu, der sich abseits hielt: „O mein lieber Sohn, steig mit uns ein und sei nicht mit den Ungläubigen!" (43) Er sagte: „Ich werde auf einem Berg Zuflucht suchen, der mich vor dem Wasser schützt." Er sagte: „Es gibt heute nichts, das vor dem Befehl Gottes schützen könnte, außer für den, dessen Er Sich erbarmt." Die Wogen trennten sie beide, und so gehörte er zu denjenigen, die ertränkt wurden.

Die Scheidung zwischen Glauben und Unglauben schneidet in die Familie. Auch verwandtschaftliche Bande nutzen nichts, wenn es um das Gericht und das Heil, kurz: den „Befehl Gottes" (V. 43), geht. Noah deutet zwar eine Intervention der Fürbitte an:

> (Sure 11,45) Und Noah rief zu seinem Herrn. Er sagte: „Mein Herr, mein Sohn gehört zu meinen Angehörigen, und Dein Versprechen ist die Wahrheit, und Du bist der Weiseste derer, die richten."

Doch Vers 46 lehnt dies ausdrücklich ab (vgl. V. 37):

> (46) Er [Gott] sagte: „O Noah, er gehört nicht zu deinen Angehörigen. Er ist eine Tat [d.h. er hat eine Tat begangen ...], die nicht rechtschaffen ist. So bitte Mich nicht um etwas, wovon du kein Wissen hast! Ich ermahne dich, nicht zu den Toren zu gehören." (47) Er [Noah] sagte: „Mein Herr, ich suche Schutz bei Dir (davor), dass ich Dich um etwas bitte, wovon ich kein Wissen habe! Wenn Du mir nicht vergibst und Dich meiner nicht erbarmst, werde ich zu den Verlierern gehören."

Wer „nicht rechtschaffene Taten" begeht, kann nicht zu den Angehörigen der Gläubigen zählen. Noch schärfer ist eine andere, sprachlich ebenso mögliche Deutung: „*Es* ist eine Tat, ..." – gemeint ist in diesem Fall die Bitte Noahs. Daran schließt in V. 47 der erschrockene Rückzieher angesichts des Fehlverhaltens an. Sicher, der namenlose Sohn hatte sich getrennt, doch von moralischer Verderbtheit muss sich auch die Familie aktiv und endgültig trennen. Positiv formuliert wird hier die Perspektive über die leibliche Familie hinaus für eine universal zusammengehörende neue Familie auf der Basis der gemeinsamen Religion geöffnet. Die dunkle Seite besonders im Kontext der kulturellen Hochbewertung der Familie ist in praktischer Hinsicht mit Händen zu greifen, wenn bis in heutige Kommentare hinein die radikale Verleugnung „ungläubiger" Familienmitglieder als richtig und selbstverständlich gilt (zit. nach Die Bedeutung des Korans, Bd. 2, 937–941): „Ein Familienmitglied, das sich in so wichtigen Angelegenheiten von der Familientradition lossagte, hat nicht mehr an den Privilegien der Familie teil" (Yusuf Ali). Die Stelle besage, „dass es mit dem Bösen keine Kompromisse geben kann" (Yusuf Ali). Nicht nur, dass keine Fürbitte geleistet werden solle „für jemanden, wenn du nicht seinen Glauben kennst" (Daryabadi), vielmehr verdiene es der Sohn als Ungläubiger nicht, wie ein Mitglied einer „rechtschaffenen Familie behandelt zu werden, weil er moralisch verdorben war" (Al-Manar). Bis hin zu der Metapher des chirurgischen Schnitts zur Trennung von einem „nicht mehr funktionierenden" Körperteil, der nötig werden könne, um den Körper zu retten (Al-Manar). Übrigens ist auch das Schicksal der ungläubigen

Frau Noahs unglücklich (von den Söhnen Sem, Ham und Jafet weiß der Koran nichts), vgl. die kurze Erwähnung in Sure 66,10.

Nach dem Rückgang des Wassers landet das Schiff auf dem Berg Dschudi (türk. Cudi), wie Sure 11,44 berichtet. Während ursprünglich damit wohl ein Berg in Arabien gemeint war, gibt es verschiedene Harmonisierungsversuche, die den Berg im Araratgebirge in der Gegend des Van-Sees verorten, um die Ortsangaben in der Bibel und im Koran zu verbinden.

Noah wird von Gott mit „Frieden von Uns und mit Segnungen über dich und über Gemeinschaften von denen, die mit dir sind" aus dem Schiff entlassen (Sure 11,48). Hier und in Sure 37,77–79 kann man Spuren des welt- und menschheitsgeschichtlichen Horizontes der ursprünglichen Geschichte sehen. Dass die Nachkommenschaft Noahs zu denjenigen gemacht wird, „die Fortbestand haben", kann in dieser Richtung gedeutet werden, ebenso auch V. 78 f:

> (78) Und Wir ließen für ihn (den Ruf) unter den späteren (Geschlechtern lauten): (79) „Friede sei auf Noah unter den Weltenbewohnern!"

Das Strafgericht an Noahs Volk und die Rettung der Gläubigen ist ein *Zeichen* (Sure 26,121; 29,15; 10,71.73; 7,64) für die Menschen. Das Wort, arabisch *aya*, kann wie hier das Gerichtszeichen bedeuten, dass die Menschen lehren soll, verständig zu werden. Es hat auch die Bedeutung Wunderzeichen, oder Wortzeichen, Koranvers – die Schöpfung ist ebenso wie der Koran voll von Hinweisen auf Gottes Wirken und Willen. Die „Lehre der Geschichte" – „Schau, wie das Ende der Gewarnten war" (Sure 10,73) –, wird in Sure 26,122 mit dem wiederkehrenden Refrain so ausgedrückt: „Und dein Herr ist fürwahr der Allmächtige und Barmherzige." Laut Sure 29,14 ist Noah 950 Jahre alt geworden.

In der späteren Überlieferung und im heutigen interreligiösen Festkalender ist Noah mit dem Aschura-Tag (oder Aşure, eigentlich der „Zehnte") verbunden. Der 10. Tag des ersten islamischen Monats, Muharram (türk. Muharrem), ist mit reicher religiöser Symbolik aus unterschiedlichen Traditionen ausgestattet. An dem Tag gedenken beispielsweise die Schiiten mit eindrucksvollen Prozessionen des Todes von Imam Husain in Kerbela. Am selben Tag soll die Arche Noah nach sechsmonatiger Flut auf dem Berg gelandet sein. Die Aleviten begehen nach zwölftägigem Fasten einen Tag der Dankbarkeit und der Freude über die Errettung Noahs. Dazu wird eine bekannte Süßspeise gekocht, nach dem Anlass Aşure genannt, die großzügig mit Nachbarn, Freunden und Verwandten geteilt wird. Die Süßspeise besteht je nach Überlieferung aus mindestens sieben, zehn oder zwölf verschiedenen Zutaten, z. B. Feigen, Bohnen, Kichererbsen, Pistazien, Mandeln, Walnüssen, Sultaninen, Aprikosen, Orangen, Granatäpfeln, Datteln und Pfirsichen.

3. Yūsuf – Josef: Am Ende Versöhnung – Gottes Erwählung und Bewahrung gegen alle Widerstände

Die Josefsgeschichte ist geschlossen in Sure 12 enthalten, der einzigen Koransure, die ausschließlich einem Prophetenleben gewidmet ist und daher auch nach ihm benannt ist. Darüber hinaus wird Josef nur noch in Sure 40,34 als ein Gesandter erwähnt, der „mit den klaren Beweisen“ kam, sowie in 6,84 als Rechtgeleiteter in einer Aufzählung von Propheten. Sein Status ist also koranisch klar, Sure 12,24 nennt ihn „auserlesenen Diener“ Gottes, V. 22 stellt fest, dass Gott ihm „Urteilskraft und Wissen“ gab – prophetische Eigenschaften (vgl. in Bezug auf Mose Sure 28,14; vgl. Sure 21,73 f u. ö.). Dennoch passt Josef nicht so recht in das Bild vom Propheten, denn er ist nicht explizit zu einem Volk gesandt, und er hat keine ausdrückliche Botschaft, die er ausrichtet (am ehesten die „Gefängnispredigt“, V. 37–40). Auch spiegelt die Josefsgeschichte im Koran nicht so deutlich wie andere Prophetengeschichten die Situation Muhammads wider. Allerdings passt sie mit dem zunächst gedemütigten und dann zu Ehren erhobenen Helden gut in die späte mekkanische Zeit nicht lange vor der Hidschra. So war die zu allen Zeiten beliebte Erzählung sicherlich geeignet, Muhammad und seinen Anhängern in bedrängter Lage Vertrauen in Gottes Plan und dadurch neuen Mut zuzusprechen.

Zwar haben wir die ausführlichste Prophetengeschichte des Korans vor uns, die auch gut am Stück gelesen werden kann. Eine solche Lektüre zeigt jedoch schnell, dass es sich eher um eine Kurzfassung als um eine Erzählung handelt, eine moralisch-didaktische Rekapitulation der aus Gen 37–50 bekannten Geschichte mit ganz eigenen Akzenten. Wir werden sehen, dass der Autor oder Tradent der Sure die biblische Geschichte genau kennt und das erzählerische Grundgerüst erhält, teilweise aber auf erzählerisch notwendige Leserinformationen verzichtet und andererseits immer wieder religiöse Ermahnung und katechismusartige Merksätze einstreut. Wahrscheinlich war die Geschichte den ersten Adressaten der Sure wohlbekannt (vgl. oben 2.1). Andernfalls müsste man annehmen, dass nur Einzelmotive im Rahmen eines narrativ angereicherten paränetischen Lehrstücks über die scheinbaren Widersprüche des Lebens und die souveräne Führung Gottes präsentiert werden sollten. Wir können hier nicht Einzelfragen der Gestaltung der Sure nachgehen, auch nicht die sprachliche Schönheit des arabischen Textes würdigen – der gegenüber jede deutsche Wiedergabe mit einem ernüchternd faden Beigeschmack erscheinen muss –, sondern gehen der Eigenart der „schönsten Geschichte", wie sie in 12,3 genannt wird, in ihren wichtigsten Zügen nach. Wir konzentrieren uns dabei auf den ersten Teil der Sure. (Der Ausdruck „schönste Geschichte" bezieht sich sicher nicht nur auf die *sprachliche* Gestaltung, wenn damit überhaupt die Josefsgeschichte gemeint ist und nicht vielmehr die Art und Weise der Darbietung des Korans insgesamt, wie nicht wenige Ausleger annehmen.) Bloße Zahlenangaben beziehen sich im Folgenden auf die entsprechenden Verse in Sure 12.

3.1 Josef wird nach Ägypten verkauft (Sure 12,4–6.7–21)

Gleich zu Beginn zeigt sich ein Grundzug der Josefsgeschichte, der sich als Hauptintention der koranischen Neufassung erweist: Sie illustriert Gottes erwählendes Handeln, seine unergründliche Leitung der Angelegenheiten des Menschen in einer Serie von Variationen über das Thema „Das Urteil liegt allein bei Gott"

(40.67). Als Josef seinem Vater – Jakob – von seinem Traum berichtet, in dem sich elf Sterne, Sonne und Mond vor ihm niederwarfen (4), gibt der Vater einen warnenden Hinweis und gleich dazu eine Erläuterung, die diese übergeordnete, planende, allwissende Perspektive von Anfang an deutlich macht:

> (5) Er sagte: „O mein lieber Sohn, erzähle dein (Traum)gesicht nicht deinen Brüdern, sonst werden sie eine List gegen dich schmieden. Gewiss, der Satan ist dem Menschen ein deutlicher Feind. (6) Und so wird dein Herr dich erwählen und dich etwas von der Deutung der Geschichten lehren und Seine Gunst an dir und an der Sippe Jakobs vollenden, wie Er sie zuvor an deinen beiden Vätern Abraham und Isaak vollendet hat. Gewiss, dein Herr ist Allwissend und Allweise."

Der folgende Vers bekräftigt den lehrhaften Charakter der Geschichte:

> (7) Wahrlich, in Josef und seinen Brüdern sind Zeichen für diejenigen, die (nach der Wahrheit) fragen.

Die Menschen können und sollen der Schöpfung wie der Offenbarung oder wie hier den Höhen und Tiefen eines Prophetenweges verbindliche *Zeichen* entnehmen, die auf Gottes Wirken und Willen hinweisen (vgl. oben 2.3).

Damit geht es nun aber ohne Umschweife mitten in die Geschichte. Die Brüder – dass es Halbbrüder sind, trägt die spätere Überlieferung ebenso nach wie eine Reihe von Namen, denn über die Familienverhältnisse orientiert der Koran nicht – sind von Hass und Neid gegenüber Josef und seinem Bruder (Benjamin) erfüllt, denn der Vater bevorzugt die beiden Jüngeren. Die Wahl des Vaters steht nicht im Einklang mit den Erfordernissen der Stammesgesellschaft, in der die erwachsenen (und schlagkräftigen) Söhne zählen und entsprechende Beachtung verdienen. Ein Mordplan wird erwogen und verworfen, auf heimtückische und unehrliche Weise überreden die Brüder den Vater, ihnen Josef anzuvertrauen. Sie werfen ihn in ein tiefes Brunnenloch. Dem Vater erklären sie weinend, Josef sei vom Wolf gefressen worden. Der Bibellesern vertraute Spannungsaufbau und die erzählerische Dramatik sind hier dreifach entschärft. Die Brüder rechnen schon in V. 10 damit, dass Reisende Josef mitnehmen werden; Josef selbst wird durch eine göttliche Eingebung getröstet: „Du wirst ihnen ganz gewiss noch diese ihre Tat kundtun, ohne dass sie merken" (15); und der Vater durchschaut die Täuschung und reagiert fromm und fast abgeklärt: „(So gilt es,) schöne Geduld (zu üben). Gott ist Derjenige, bei Dem Hilfe zu suchen ist gegen das, was ihr beschreibt." (18) Ein Blick auf V. 83 zeigt zudem, dass Jakob von Josefs Tod wohl gar nicht völlig überzeugt war.

Karawanenreisende finden den Jungen und verkaufen ihn für ein paar schäbige Drachmen an einen hohen ägyptischen Beamten, der in der späteren Koranauslegung wie in der Bibel Potifar (oder Aziz, als Adjektiv „hoch(mögend)", siehe V. 30) heißt. In dessen Haus geht es ihm zunächst ausgesprochen gut. Der Bezug zu Ägypten wird übrigens nur hier und in V. 99 hergestellt, die Einordnung der Josefsnovelle in die (Heils-)Geschichte Israels als Bindeglied zwischen den Vätergeschichten (im Heiligen Land) und dem Mose/Exodus-Komplex (Ägypten/Sinai) entfällt im Koran (s. oben 1.3.).

3.2 Josef in Versuchung (Sure 12,22–35)

Die Versuchungsgeschichte im Haus des ägyptischen Hofbeamten ist im Koran breiter ausgeführt. Die Verhältnisse werden allerdings wieder gleich zu Anfang in religiös-didaktischer Absicht so markiert, dass wenig Spielraum für eine erzählerische Entwicklung besteht. Josef wird – „als er seine Vollreife erlangt hatte" – von Gott mit Urteilskraft und Wissen begabt, er gehört zu den „Gutes Tuenden" (22). So erscheint er von vornherein als quasi unanfechtbar. Dagegen stehen das Image der Frau und ihre negative Wertung ebenso zu Beginn fest, denn sie „versuchte, ihn zu verführen" (23). Nun wäre Josef sogar durchaus verführbar gewesen, wie gleich eingestanden wird,

> wenn er nicht den Beweis seines Herrn gesehen hätte. Dies (geschah), damit Wir das Böse und das Schändliche von ihm abwendeten. Er gehört ja zu Unseren auserlesenen Dienern. (24)

Gott selbst (Gott spricht im Koran meist in der 1. Person Plural mit „Wir“) greift für seinen Diener ein, dadurch kann dieser der Versuchung widerstehen. Josef wird hier zum „Urbild des zum Bösen verführten Menschen, der das Böse aber letztlich nicht tut, weil er Muslim ist, [was dem ursprünglichen Wortsinn nach bedeutet:] sich ganz zu Gott hingewendet hat“ (Tilman Nagel). Josef entflieht, die Frau will ihn festhalten, dabei zerreißt sie sein Gewand. Es gibt einen Disput vor dem Hausherrn mit Zeugenaussage, die der Frau die Schuld gibt. Die Frau ist entlarvt: „Das gehört zu eurer Frauenlist. Eure List ist gewaltig.“ (28) In der islamischen Tradition spielt dieser Zug der Geschichte eine eigene Rolle, geht es doch plötzlich um Frauen im Allgemeinen. Die Beschuldigung wird generalisiert. Sünde, List und Tücke werden vielfach als essenzieller weiblicher Charakterzug beschrieben. Männer werden demnach zur Zielscheibe weiblicher Intrigen, Frauen verursachen *fitna*, das heißt Unordnung, Verführung, Aufruhr. Manchen Religionsgelehrten gilt die Frau an sich schon als eine *fitna*, als Aufruhr und Störung der Ordnung. Nicht selten wird sie geradezu als Dämon dargestellt, vor dessen zerstörerischer Kraft man sich zu hüten habe. Ihre Waffe ist die Verführung. Deshalb soll sich der Mann hüten und grundsätzlich keine Vertraulichkeiten – wobei hierzu schon das Händeschütteln zählt – mit einer Frau haben, die nicht zu seiner engeren Verwandtschaft gehört. Profilierte Frauen und Frauenorganisationen heute haben es schwer, der tief verwurzelten kulturellen Macht dieser religiös legitimierten Zuschreibungen etwas entgegenzusetzen (wie es etwa die Professorin Amina Wadud, die Soziologin Fatema Mernissi, die Aktivistin Irshad Manji, die Frauenorganisation Sisters in Islam, das Aktionsbündnis muslimischer Frauen oder das Kölner Zentrum für islamische Frauenforschung und -förderung versuchen).

Der Hausherr will offenkundig, dass die Geschichte schnell vergessen wird, und unternimmt nichts weiter (29). Aber nicht nur er wird in ein positiveres Licht gerückt als in der Bibel. Es geht auch mehr um die Frage von Scham und Ehre als darum, wer nun schuld sei. So wird auch die Frau durch eine Szene entlastet, die auf jüdische Midraschim zurückgeht und eigene Berühmtheit erlangt hat. Da das Tuscheln der Frauen in der Stadt nicht aufhört, lädt die „Frau des hohen Herrn“ zum großen Gastmahl (31). Sollen doch alle mal sehen, was es mit diesem Josef auf sich hat! Als alle versammelt sind, wird Josef hereingerufen. Die Wirkung ist einschneidend: Völlig hingerissen von seiner anmutigen Erscheinung fahren sich die Frauen mit den Obstmessern in ihren Händen in die Finger statt in die Zitrusfrucht. So schwach macht die engelgleiche Schönheit Josefs alle Frauen. Und dies im ersten Moment. Wie musste es erst sein, wenn man wie Potifars Frau tagtäglich diesen Reizen ausgesetzt war! Können der Frau also mildernde Umstände zugestanden werden, so kommt plötzlich Josef immer mehr unter Druck. Das ihm angedrohte Gefängnis wünscht er sich am Ende selbst, um sich vor der List der Frauen in Sicherheit zu bringen (33). Und genau so greift Gott ein: Der Mann muss für eine Weile aus dem Verkehr gezogen werden, denn seine Schönheit ist gefährlich für die Frauen, und er selbst müsste unweigerlich der Tücke der weiblichen Verlockung erliegen, da er sich durchaus „zu ihnen hingezogen“ fühlt, wie noch einmal betont wird. So erklären Kommentatoren die unlogische Wendung, dass Josef erwiesenermaßen unschuldig eingekerkert wird.

Die Geschichte von Yusuf und Sulaika (oder Sulaiha), wie die Frau des Potifar in der islamischen Tradition heißt, entfaltet in der späteren Literatur ein bedeutendes Eigenleben. Die Beziehung zwischen dem anmutigen Jüngling und der schönen Frau wird dichterisch ausgeschmückt und vor allem in der Mystik metaphorisch ausgelegt. Die Bändigung der zerstörerischen Kräfte der Triebseele ist eines der Lieblingsthemen der mittelalterlichen islamischen Literatur.

3.3 Josef im Gefängnis (Sure 12,36–42)

Die Gefängnisszene ist so verkürzt, dass sie ohne Ergänzung von der Vorlage bzw. aus der Kommentarliteratur kaum zu verstehen ist. Sie erhält allerdings ohnehin ein ganz eigenes Gepräge, da Josef die Gelegenheit nutzt, um vor seinen Mitgefangenen ein grundlegendes Bekenntnis abzulegen und sie zum wahren Glauben aufzurufen:

> (37) Er sagte: „… Seht, das ist etwas von dem, was mich mein Herr gelehrt hat. Verlassen habe ich das Glaubensbekenntnis von Leuten, die nicht an Gott glauben, und (verlassen habe ich) sie, die sie das Jenseits verleugnen, (38) und ich bin dem Glaubensbekenntnis meiner Väter Abraham, Isaak und Jakob gefolgt. Es steht uns nicht zu, Gott etwas beizugesellen. Das ist etwas von Gottes Huld gegen uns und gegen die Menschen. Aber die meisten Menschen sind nicht dankbar. (39) O meine beiden Gefängnisgefährten! Sind verschiedene Herren besser oder Gott, der Eine, der Allbezwinger? (40) Ihr dient außer Ihm nur Namen, die ihr genannt habt, ihr und eure Väter, für die Gott (jedoch) keine Ermächtigung herabgesandt hat. Das Urteil ist allein Gottes. Er hat befohlen, dass ihr nur Ihm dienen sollt. Das ist die richtige Religion. Aber die meisten Menschen wissen nicht.“

Die Gefängnispredigt V. 37 – 40 ist koranisches „Sondergut“ und inhaltlicher Höhepunkt der Sure, was sich auch formal am Aufbau zeigen ließe. Sie formuliert die Grundaussage der Sure und darüber hinaus eine knappe Zusammenfassung der Botschaft des Korans insgesamt. Hier ist Josef ganz der Prophet in der prophetischen Genealogie Muhammads, der eben diese Botschaft den polytheistischen Mekkanern verkündet. Bevor er der Bitte seiner beiden Mitgefangenen nachkommt, ihnen ihre Träume erklärt und damit über kommende Ereignisse im diesseitigen Leben spricht, spricht Josef über das zukünftige Leben. Mit dem „Glaubensbekenntnis meiner Väter Abraham, Isaak und Jakob“ bekennt sich Josef zu dem Glauben an den einen und einzigen Gott *(tauhid)*, der auch den „Gottsucher“ Abraham, den *Hanifen*, ausgezeichnet hatte. Die *millat Ibrahim*, die Glaubensrichtung Abrahams, tritt in Gegensatz zu allen, die Gott einen *scharik*, Partner, beigesellen. Dies sind die *muschrikun*, Götzendiener, die nur selbsterhobenen „Namen“ dienen (vgl. Sure 53,23) und damit den allein rechten Gottesdienst auf krasseste Weise verfehlen. Die Religion Josefs und seiner Väter ist durch Gottes Huld die „richtige Religion“, die „Religion bei Gott“ und somit von universaler Bedeutung (Sure 6,159 – 164; 2,130.135 – 137; 3,19.67 f.95). Auffallend lautet die Väterformel übrigens hier – in Mekka – noch „meine Väter Abraham, Isaak und Jakob“. In Medina schiebt sich Ismael gleichsam vor, die Formel lautet nun charakteristischerweise „Gott deiner Väter Abraham, Ismael und Isaak“ (Sure 2,133) und an allen folgenden Stellen „Abraham, Ismael, Isaak, Jakob und die Stämme (nämlich Israels)“.

V. 41 wendet sich wieder der Deutung der Träume zu. Der Mundschenk wird in den Dienst bei „seinem Herrn“ zurückkehren, weissagt Josef, der andere – der Oberbäcker – wird gehängt werden. Doch Josef selbst gerät, weil der Satan im Spiel ist, im Gefängnis in Vergessenheit und bleibt dort „noch einige Jahre“ seinem Schicksal überlassen (42).

3.4 Josefs Aufstieg (Sure 12,43–57)

Als der König – vom „Pharao“ ist nicht die Rede – „wirre Träume“ hat, erinnert sich der Mundschenk endlich seines früheren Mitgefangenen. Der gibt ohne Umschweife noch im Gefängnis die gewünschte Auskunft, woraufhin der König ihn zu sich ruft. Doch der koranische Josef hat noch eine Rechnung offen. Oder hat er Angst vor neuem Klatsch, vor Intrigen und Erpressung? Er verlangt, dass die Frauen, die sich in ihre Hände geschnitten hatten, zur Rechenschaft gezogen werden (50, vgl. 31). Diese tun so erstaunt wie damals („Allah behüte!“), nun allerdings um das Gegenteil zu behaupten: Nein, Josef habe sich nichts zuschulden kommen lassen. Und mit einem Geständnis der „Frau des hohen Herrn“ (Sulaika) sind die Frauen endgültig in ihre Schranken gewiesen – und Josef vollends rehabilitiert: „Jetzt ist die Wahrheit ans Licht gekommen. Ich habe versucht, ihn zu verführen. Und er gehört fürwahr zu den Wahrhaftigen.“ (51) Josef gesteht indes erneut seine eigene Schwäche und Angewiesenheit auf Gottes Barmherzigkeit ein, indem er einen für die koranische Anthropologie zentralen Satz sagt, V. 53:

> „Und ich spreche mich nicht selbst frei. Die Seele gebietet fürwahr mit Nachdruck das Böse, außer dass mein Herr Sich erbarmt. Mein Herr ist Allvergebend und Barmherzig.“

Äußere Versuchung und innere Anfechtung verleiten den Menschen zum Bösen. Das Böse, die Sünde ist indessen nie die Macht, die den Menschen tief wurzelnd und unvermeidlich versklavt, so dass sie zum Menschsein in dieser Welt dazugehört, sondern immer eine konkrete Entscheidung der Abwendung von Gott. Der Mensch kann entscheiden, er kann die Prüfung bestehen. Zwei Kräfte müssen allerdings zusammenwirken, um das Böse zu vermeiden: Die barmherzige Zuwendung Gottes zum Menschen – und die uneingeschränkte Hinwendung des Menschen zu Gott. Übernimmt der Mensch hier seine Verantwortung, kann nichts mehr „passieren". Diese gegenseitige Zuwendung von Gott und Mensch ist ein wichtiges Thema der Josefssure.

Nun ist der Weg frei, Josef kommt aus dem Gefängnis und wird als Aufseher über die Lagerhäuser des Landes in Amt und Würden eingesetzt. Auch dieser Abschnitt endet mit der theologisch pädagogischen Schlussfolgerung, dass Gott der Handelnde ist, der im Hintergrund alle Geschicke und deshalb auch diese glückliche Wendung lenkt. Der äußere Erfolg ist Gottes barmherziger „Lohn der Gutes Tuenden" (56). Doch alle irdische Macht und Ansehen ist nicht mit dem endgültigen Lohn der Gläubigen zu verwechseln, der erst im Jenseits zu erwarten ist, wie V. 57 einschärft.

3.5 Josef, seine Brüder und sein Vater: Selbsterkenntnis und Vergebung

Unvermittelt fährt die Sure mit der ersten Begegnung zwischen Josef und seinen Brüdern fort (58). Im Vergleich zum Bibeltext ist der Koran erneut äußerst sparsam und weicht im Folgenden auch stark ab, was erzählerische Sprünge und eine Reihe von Unklarheiten zur Folge hat. Doch gilt das Interesse offenbar nicht der Erzähllogik oder der Spannung. Praktisch ohne Erklärung zum Woher und Weshalb, ohne räumliche und zeitliche Bindung wird aus dem Stoff so etwas wie eine allgemeine Beispielgeschichte menschlicher Verhaltensweisen und des göttlichen Handelns.

Entscheidend ist, dass sich in allem menschlichen Wirken Gottes Plan verwirklicht. So kann Gott zugunsten seines Propheten auch eine List benutzen – bei den Brüdern (V. 5) und den

Frauen (V. 33 f) ist durchaus negativ qualifiziert, was bei dem Propheten im Einklang mit Gottes Absicht steht. Die von Josef inszenierte Diebstahlgeschichte, durch die der Bruder (Benjamin) in Ägypten zurückgehalten und daraufhin der Vater zur Reise nach Ägypten bewegt werden kann, ist dafür ein Beispiel (76). Ibn Kathir kommentiert: „Diese Art von List ist gut zu vertreten und wird von Gott erlaubt und gutgeheißen, da sie eine Weisheit und Nutzen für die Allgemeinheit in sich birgt."

Ein weiterer wichtiger, die Hörer über die Jahrhunderte besonders berührender Aspekt der Josefsgeschichte ist der, dass die Brüder Josefs auf verschlungenen Wegen von Gott dahin geführt werden, dass sie ihre Verfehlungen erkennen und um Vergebung bitten – und dass ihnen Vergebung widerfährt! Keine unabwendbare Strafe, keine unerbittliche Rache – nach den langwierigen Verwicklungen steht am Ende das Verzeihen.

> (89) Er sagte: „Wisst ihr (noch), was ihr Josef und seinem Bruder damals in eurer Torheit antatet?" (90) Sie sagten: „Bist du denn wirklich Josef?" Er sagte: „Ich bin Josef, und das ist mein Bruder. Gott hat uns eine Wohltat erwiesen. Gewiss, wer gottesfürchtig und standhaft ist – gewiss, Gott lässt den Lohn der Gutes Tuenden nicht verlorengehen." (91) Sie sagten: „Bei Gott, Gott hat dich uns vorgezogen. Und wir haben wahrlich Verfehlungen begangen." (92) Er sagte: „Keine Schelte soll heute über euch kommen. Gott vergibt euch, Er ist ja der Barmherzigste der Barmherzigen."

Josef gibt sich zu erkennen und formuliert in V. 90 – wiederum wie ein pädagogisches Fazit – eine weitere Spitzenaussage der Sure. Die Erinnerung an Gen 50,20 liegt nahe: „Ihr gedachtet es böse mit mir zu machen, aber Gott gedachte es gut zu machen." Die Brüder reagieren mit Einsicht und Selbsterkenntnis. So wird hier zur Pointe, was in anderen Prophetengeschichten des Korans nicht zu vernehmen ist: Gott vergibt euch! Josefs Großmut dient späteren Generationen als Vorbild für die Versöhnung mit Feinden, zumal sich Muhammad in bestimmten Situationen darauf berufen haben soll. Allerdings ist es damit für die Brüder noch nicht getan, sie müssen sich ihrer Schuld in doppelter Hinsicht, sozusagen in zwei Stufen, stellen: Einmal gegenüber Josef, aber auch gegenüber dem Vater, V. 97 f. Auch er muss sich äußern. Auch er will, dass die Schuld ausgeräumt wird: „Ich werde meinen Herrn um Vergebung für euch bitten." (98) So ist ähnlich wie in der Gefängnisszene am Ende der Weg frei für einen glücklichen Ausgang. Mit der Vereinigung der Familie in Ägypten (die Sure spricht von den „Eltern", als ob Rahel noch am Leben wäre) ist die Verwirklichung des anfänglichen Traumgesichtes Josefs und damit das Ziel der Geschichte erreicht. Damit endet sie.

Zum Schluss fasst ein Epilog die Aufgabe des Propheten zusammen. Was Muhammad zu sagen hat – und was alle Propheten vor ihm zu sagen hatten –, beruht auf Offenbarung. Dies kennzeichnet den Koran als ganzen (Sure 11,49; 12,102 u.ö.). Die Menschen werden mit den „Nachrichten vom Verborgenen" konfrontiert, doch die wenigsten lassen sich diese Zeichen Gottes eine Mahnung sein.

4. Ilyās – Elia: Götzenbekämpfer, Wundertäter, Weisheitslehrer

Der Prophet Elia kommt nur kurz an zwei Stellen im Koran vor. Einmal mit einer bloßen Namensnennung in der Reihe der Propheten in Sure 6,85, wo er zu den „Rechtschaffenen" *(salihun)* gerechnet wird, und in dem Abschnitt Sure 37,123–132:

> (123) Auch Elia gehörte wahrlich zu den Gesandten. (124) Als er zu seinem Volk sagte: „Wollt ihr nicht gottesfürchtig sein? (125) Wie könnt ihr Ba'l anrufen und den besten Schöpfer verlassen, (126) Gott, euren Herrn und den Herrn eurer Vorväter?" (127) Da bezichtigten sie ihn der Lüge. So werden sie bestimmt vorgeführt werden, (128) außer Gottes auserlesenen Dienern. (129) Und Wir ließen für ihn (den Ruf) unter den späteren (Geschlechtern lauten): (130) „Friede sei auf Elia [Il-yasin]!" (131) Gewiss, so vergelten Wir den Gutes Tuenden. (132) Er gehört ja zu Unseren gläubigen Dienern.

Eine schwache Reminiszenz der dramatischen biblischen Eliaerzählungen lässt sich in den ersten Versen ausmachen. Elia streitet gegen den götzendienerischen Baalskult „seines Volkes", durch den es von der Verehrung des einen und einzigen Gottes abgewichen ist. Er ruft zur Gottesfurcht auf. Das ist freilich schon alles, was Bibel und Koran zu Elia gemeinsam haben. Denn der koranische Elia wird wie viele andere Propheten als Lügner hingestellt, während von der Auseinandersetzung mit den Herrschenden und den Baalspriestern nichts zu hören ist. Wie schon bei Noah (V. 78ff), dann bei Abraham (V. 108ff) sowie Mose und Aaron (V. 119ff) endet auch die Eliaperikope in Sure 37 mit einem refrainartigen Segensspruch, der über diesen Propheten den Frieden ausruft. Der Name Elias erscheint hier in einer wegen des Reims abgewandelten Form, wenn damit nicht „die Sippe Ya-Sin" oder eine Pluralform mit der Bedeutung „Elia und seine Anhänger" gemeint ist.

In der späteren Überlieferung zeigt sich, dass nach den reichhaltigen jüdischen und christlichen Eliatraditionen auch die islamische Legendenbildung um Elia vielfältige bunte Blüten treibt. Ahabs Ränke, Isebels Bosheit, Mordechais Gärtchen (in der Bibel: Nabots Weinberg, 1Kön 21), die Vernichtung von 400 Baalspriestern (allerdings nicht durch Elias Hand, sondern durch ein Gottesgericht) – all das kommt in den späteren Erzählungen ausführlich vor. Insbesondere an die Wundertätigkeit Elias knüpfen viele Geschichten an. Dabei wird der Besuch Elias bei der Witwe von Zarpat ganz ähnlich erzählt wie schon in den frühjüdischen Prophetenlegenden (Vitae prophetarum): Der Sohn der Witwe ist der Prophet Jona, hier noch ein kleines Kind, das auf Elias Gebet hin vom Tod erweckt wird.

Die hier wurzelnde Rettungs- und Schutzfunktion Elias, seine unmittelbare Zuwendung zu Menschen in Not ist ein Hauptmotiv in unzähligen islamischen Überlieferungen. Das andere Hauptmotiv hängt mit der Unsterblichkeit Elias bzw. seiner überzeitlichen Existenz zusammen. Denn Elia gehört zu den wenigen prophetischen Gestalten, die nicht gestorben sind, sondern lebendig in den Himmel aufgenommen wurden, wie schon dem zweiten Königebuch zu entnehmen ist (2Kön 2,11). Für die Frömmigkeit ist das von höchster Bedeutung, weil damit eine besondere Gottesnähe einhergeht und der Prophet immer und überall gegenwärtig ist oder sein kann. Viele Geschichten wissen auch davon, dass Elia in besonderer Weise in die Geheimnisse der himmlischen Welt eingeweiht ist. So wird er ein Vorbild des Strebens nach Wissen und des Lehrers, der die ihm Anvertrauten in dieses göttliche Wissen einführt. Die eschatologische Funktion Elias wird im Islam nicht weiter ausgebildet, wie auch seine eifernde, gewaltbereite Seite völlig verblasst ist.

Einige dieser Aspekte fließen im Bild einer Gestalt im Umfeld der Prophetengeschichten zusammen, die einzigartig im Koran ist und als letzte in unserer Reihe behandelt werden soll: Khidr.

5. Khidr (Chadir, Chidr, Hizir): Begegnung mit Gottes verborgener Weisheit (Khidr – Mose – Elia)

Khidr (arab. „der Grüne") ist eine geheimnisvolle und sagenumwobene Gestalt. Wer er ist, was man von ihm glauben soll, ob er überhaupt ein Prophet ist, all das lässt sich nicht so leicht sagen und ist schon bei den alten Korankommentatoren umstritten. Zumal sein Name gar nicht im Koran vorkommt. Das macht ihn natürlich gerade interessant. Die vielen Leerstellen in den wenigen Sätzen im Koran, die in Sure 18 über den „Diener Gottes" reden, haben immer schon dazu gereizt, so oder so ausgefüllt zu werden. Seine Geschichte ist deshalb mit verschiedenen Prophetengestalten verbunden, und in mancher Hinsicht steht er gar über den Propheten. Schon das mag rechtfertigen, dass er hier ein eigenes Kapitel erhält. Für uns ist zudem die eigenartige Beziehung einerseits zu Elia, andererseits zu Mose von Interesse.

5.1 Die koranische Grundlage: Mose auf der Suche nach höherem Wissen

Der Abschnitt im Koran, um den es geht, steht in Sure 18,60 – 82. Er zerfällt in zwei Teile, die in der kontrovers ausfallenden Forschung auf unterschiedliche Quellen zurückgeführt werden, in der Endgestalt des Textes jedoch organisch verbunden sind. Es wird in enigmatischer Kürze eine Mosegeschichte erzählt. Dass es sich um den Gottesmann vom Sinai handele, ist gelegentlich bestritten worden, was daher kommt, dass die Geschichte tatsächlich singulär neben den aus der Bibel bekannten und im Koran erscheinenden Stoffen steht. Der erste Teil (V. 60–64: Mose und der verlorene Fisch) blendet unvermittelt in eine Szene, die Mose zusammen mit seinem Burschen – der oft mit Josua gleichgesetzt wird – auf der Suche darstellt:

> (60) Und als Mose zu seinem Burschen sagte: „Ich lasse nicht ab, bis ich die Stelle erreicht habe, an der die Meere zusammenkommen, und sollte ich lange Zeit weiter gehen." (61) Als sie die Stelle erreicht hatten, an der sie zusammenkommen, vergaßen sie ihren Fisch, so nahm er seinen Weg im Meer, (auf und davon) schwimmend. (62) Als sie vorbeigegangen waren, sagte er zu seinem Burschen: „Bringe uns unser Mittagessen. Wir haben ja durch diese unsere Reise (viel) Mühsal erlitten." (63) Er sagte: „Siehst du! Als wir beim Felsen Rast gemacht haben, gewiss, da habe ich den Fisch vergessen. Und es ließ mich ihn nur der Satan vergessen, ihn (dir) zu erwähnen. Und er nahm seinen Weg im Meer auf wunderliche Weise." (64) Er sagte: „Das ist es, was wir suchten." Da kehrten sie beide zurück, indem sie ihren eigenen Spuren folgten.

Die Knappheit des Ausdrucks nimmt der Geschichte nichts an Komplexität, im Gegenteil. Der zweite Teil (V. 65–82: Mose und der Gottesdiener) steht dem in nichts nach, macht aber deutlich, dass es um die Suche nach Wissen und Erkenntnis geht, und um die Frage des Umgangs mit bedrückend unverständlichen Erfahrungen:

> (65) Sie trafen einen von Unseren Dienern, dem Wir Barmherzigkeit von Uns aus hatten zukommen lassen und den Wir Wissen von Uns her gelehrt hatten. (66) Mose sagte zu ihm: „Darf ich dir folgen, auf dass du mich von dem lehrst, was dir an Besonnenheit gelehrt worden ist?" (67) Er sagte: „Du wirst (es) bei mir nicht aushalten können. (68) Wie willst du das auch aushalten, wovon du keine umfassende Kenntnis hast?" (69) Er sagte: „Du wirst mich, wenn Gott will, standhaft finden, und ich werde mich keinem Befehl von dir widersetzen." (70) Er sagte: „Wenn du mir denn folg(en will)st, dann frage mich nach nichts, bis ich selbst es dir gegenüber zuerst erwähne."
>
> (71) Da zogen sie beide los, bis, als sie ein Schiff bestiegen, er darin ein Loch machte. Er (Mose) sagte: „Hast du ein Loch darin gemacht,

um seine Besatzung ertrinken zu lassen? Du hast da ja eine grauenhafte Sache begangen.“ (72) Er sagte: „Habe ich nicht gesagt, dass du (es) bei mir nicht wirst aushalten können?“ (73) Er (Mose) sagte: „Belange mich nicht dafür, dass ich vergessen habe, und bedrücke mich in meiner Angelegenheit nicht mit einer Erschwernis.“

(74) Da zogen sie beide weiter, bis, als sie dann einen Jungen trafen, er ihn tötete. Er (Mose) sagte: „Hast du eine unschuldige Seele getötet (und zwar) nicht (als Wiedervergeltung) für eine (andere) Seele? Du hast da ja eine verwerfliche Sache begangen.“ (75) Er sagte: „Habe ich dir nicht gesagt, dass du (es) bei mir nicht wirst aushalten können?“ (76) Er (Mose) sagte: „Wenn ich dich danach (noch einmal) nach irgend etwas frage, dann lasse mich dich nicht mehr begleiten. Dich trifft in Bezug auf mich kein Tadel.“

(77) Da zogen sie beide weiter, bis, als sie dann zu den Bewohnern einer Stadt kamen, sie ihre Bewohner um etwas zu essen baten; diese aber weigerten sich, sie gastlich aufzunehmen. Da fanden sie in ihr eine Mauer, die einzustürzen drohte, und so richtete er sie auf. Er (Mose) sagte: „Wenn du wolltest, hättest du dafür wahrlich Lohn nehmen können.“

(78) Er sagte: „Das ist die Trennung zwischen mir und dir. Ich werde dir jetzt die Deutung dessen kundtun, was du nicht aushalten konntest. (79) Was das Schiff angeht, so gehörte es Armen, die auf dem Meer arbeiteten. Ich wollte es schadhaft machen, denn ein König war hinter ihnen her, der jedes Schiff mit Gewalt wegnahm. (80) Was den Jungen angeht, so waren seine Eltern gläubige (Menschen). Da fürchteten wir, dass er sie durch (seine) Auflehnung und durch (seinen) Unglauben bedrücken würde. (81) So wollten wir, dass ihr Herr ihnen zum Tausch einen gebe, – besser als er an Lauterkeit und näher kommend an Güte.

(82) Was aber die Mauer angeht, so gehörte sie zwei Waisenjungen in der Stadt, und unter ihr befand sich ein für sie bestimmter Schatz. Ihr Vater war rechtschaffen, und da wollte dein Herr, dass sie (erst) ihre Vollreife erlangen und (dann) ihren Schatz hervorholen – aus Barmherzigkeit von deinem Herrn. Ich tat es ja nicht aus eigenem Ermessen [wörtl. Befehl]. Das ist die Deutung dessen, was du nicht aushalten konntest.“

Eine einzigartige, ungewöhnlich dichte Episode des Korans über Suchen und Finden, Fragen und Antworten, über Vertrauen und Erschütterung von Vertrauen, ja, über das Fragen als menschliche Grundhaltung und Anfang des Verstehens, der Selbst- und Gotteserkenntnis. Der erste Teil wird auf einen Abschnitt aus dem Gilgamesch-Epos bzw. auf die Lebensquellsage aus einem in der Spätantike weit verbreiteten Alexanderroman zurückgeführt, der zufolge sich Alexander auf den Weg ins Land der Finsternis macht, um die Quelle des Lebenswassers (d.h. der Unsterblichkeit) zu finden. Ein gesalzener Fisch, der in einer Quelle lebendig wird und seinem Koch entwischt, wird zum Wegweiser zur Lebensquelle. Im zweiten Teil, der eine „Theodizeelegende" enthält, gibt es manche Ähnlichkeiten mit mittelalterlichen jüdischen Erzählungen. Wenn nicht literarische, so sind doch inhaltliche Zusammenhänge aufgrund gemeinsamer, in der Spätantike im Umlauf befindlicher Motive festzustellen. In Sure 18 werden mehrere spätantike Legenden transformiert und so zum Bestandteil der koranischen Heilsgeschichte. Den ersten Hörern muss der Stoff vertraut gewesen sein, anders wäre die Verdichtung im Koran kaum verständlich. Es ist freilich auch „Umdichtung": Die erfolglose Suche nach Unsterblichkeit wird zur Suche nach Wissen, das Gesetzeswissen Moses wird durch die Konfrontation mit dem verborgenen göttlichen Wissen einerseits erweitert, andererseits transzendiert.

5.2 Khidr, der Grüne

Der „Zusammenfluss der beiden Meere" (V. 60) wurde natürlich häufig in geografischen Konstellationen gesucht. Auf Zeit und Ort ist der Text jedoch kaum aus, und es ist kein Zufall, dass er eine besonders hervorgehobene Rolle im Sufismus spielt. Die Mystiker, und nicht nur sie, haben die Geschichte allegorisch gelesen und ihren mystischen Symbolismus gedeutet. Mose soll sich gebrüstet haben, er sei der weiseste aller Menschen. Darauf habe Gott ihm bedeutet, dass es einen „Diener Gottes" gebe, der mit bedeutend mehr Weisheit ausgestattet sei. Dieser sei an jener Stelle zu finden, wo die Meere zusammenkommen. Mose macht sich auf die Suche. Er soll einen Fisch in einen Korb tun und wandern, bis der Fisch verschwindet. Das sei das Zeichen, dass das Ziel erreicht ist. Hier setzt die Erzählung im Koran ein.

Der Diener Gottes, der mit besonderer Barmherzigkeit und

göttlichem Wissen ausgestattet ist, ist nach Meinung der meisten Kommentatoren al-Khidr, „der Grüne“ (oder „Grünliche“). Warum grün? Hier fließen viele volkstümliche Traditionen ein, die auch im orientalischen Christentum und anderswo beheimatet sind. Wichtig geworden ist die Vorstellung, dass Khidr von jenem Lebenswasser getrunken hat und daher unsterblich ist. Seine Weisheit ist immer frisch, unmittelbar aus der göttlichen Quelle, lebendig, ewig. Er symbolisiert die höchste mystische Inspiration, deren ein Mensch gewürdigt werden kann. Er hat ein besonderes Verhältnis zur Vegetation, zu Pflanzen, aber auch zu Flüssen und Gewässern. Grün ist er daher auch wegen seiner Affinität zu den Landschaften, in denen er erscheint oder verschwindet. Oft wird er in einem grünen Gewand gesichtet. Seine Erscheinungen in beliebig wandelbarer Gestalt sind im Volksglauben tief verankert. Er ist unsichtbar anwesend; wird er in Not angerufen, ist er als Retter und Helfer zugegen. Er ist – selbst ein ewig wandelbarer Wanderer – Beschützer der Reisenden. Er kann als Fremder auftauchen und sich zu erkennen geben – Khidr-Erscheinungen gehören zu den wichtigen Elementen vieler sufischen Heiligenbiografien. Also ein Heiliger, ein „Gottesfreund“ (*wali*, Pl. *auliya*), dem insbesondere von Sufis aufgrund seiner besonderen Gottesnähe höchste Autorität als spiritueller Lehrer und Seelenführer zugeschrieben wird. Die Einweihung in den mystischen Pfad durch ihn als verborgenen Meister, wie beispielsweise bei dem großen Mystiker Ibn Arabi (1165–1240), wurde auch ohne formale Initiation als gültig angesehen.

Ist Khidr auch ein Prophet? An der Frage hängt einiges, denn ist Khidr „nur“ ein Gottesfreund, so kann aus seinem unerhörten Handeln, das gottgegebene Gebote eklatant bricht und doch einem höheren, verborgenen Gotteswillen entspricht (V. 71.74.78ff), abgeleitet werden, dass auch anderen Menschen (Sufis etwa) in bestimmten Fällen ein derartig überlegener Umgang mit dem Gesetz offensteht. Ist er ein Prophet, so steht solches „normalen“ Menschen keinesfalls ohne Weiteres zu. Nun ist es der Prophet Mose, der Empfänger der Tora-Offenbarung (Sure 5,44–49), der Khidr um Belehrung ersucht. Muss dieser dann nicht auch wenigstens diesen Rang haben? Für Khidrs Prophetentum spricht auch die Betonung der Barmherzigkeit, die nach dem Koran durch die Propheten, und ganz besonders durch Muhammad, in die Welt kommt (vgl. Sure 11,28; 21,107; 43,32). Interessant ist, dass auch die Farbe Grün eine besondere Nähe zu Muhammad herstellt. Sie ist bekanntlich die Farbe des Propheten. Übrigens auch die Farbe der Mitte, zwischen den Extremen Schwarz und Weiß, wie die Gelehrten meinten. Grün symbolisiert die gütige Gegenwart der göttlichen Weisheit, wie sie Muhammad und eben auch Khidr von Gott selbst geschenkt worden war. Schließlich trägt man im Paradies auch grüne Gewänder (siehe V. 31 unserer Sure und 76,21).

5.3 Khidr und Elia

Die Überzeugung, dass Khidr nicht gestorben sei, sondern lebend unter den Menschen weilt und als Ratgeber und Helfer in Not inkognito oder sich offenbarend in Erscheinung tritt, bringt ihn in eine eigentümliche Nähe zu Elia. Parallele Geschichten werden erzählt, manchmal scheint Khidr fast so etwas wie ein Doppelgänger des biblischen Propheten zu sein. Manche sind gar der Meinung, die beiden seien ein und dieselbe Person (was insbesondere auch von griechischen und syrischen Christen zu hören ist). Über das Verhältnis der beiden zueinander bestehen allerdings sehr unterschiedliche und teilweise widersprüchliche Vorstellungen. Eine weit verbreitete ist jedoch die – auch gegen den Einwand, laut Sure 21,34 sei keinem Menschen ewiges Leben gewährt –, dass es sogar vier Propheten gibt, die am Leben sind: Neben Elia und Khidr gehören dazu Idris/Henoch (Gen 5,24; Sure 19,57) und natürlich Jesus (Sure 4,158). Davon seien zwei im Himmel, nämlich Jesus und Idris, während Elia und Khidr auf der Erde wirkten. Dabei wird den beiden irdischen jeweils sozusagen ein Zuständigkeitsbereich zugeschrieben. So soll Khidr zu Lande wandern, während Elia auf dem Meer und an Gewässern zu finden ist. Oder umgekehrt, darin sind sich die Überlieferungen nicht einig. Einig ist man sich hingegen darin, dass sich Elia und Khidr jährlich treffen, um den Fastenmonat Ramadan in Jerusalem zusammen zu verbringen und in Mekka die Riten der Pilgerfahrt (Haddsch) zu vollziehen.

Auch für Aleviten ist Hizir (Hızır) übrigens der unsterbliche Heilige und Schutzpatron. Sie sprechen von den „heiligen Brüdern“ Hizir und Elia. Hizir wird mit den Worten „Eile herbei, Hizir!“ gerufen. Hizir-Bräuche und -Anrufungen prägen auch den alevitischen Alltag. Viele Aleviten legen ihre Gelöbnisse im Namen von Hizir ab. Bittgebete werden im Namen von Hizir gesprochen. In der zweiten Februarwoche wird das Hizir-Fest mit einem dreitägigen Fasten und eigenen Bräuchen gefeiert. Nach der Überlieferung treffen sich in der Nacht vom 5. auf den 6. Mai Hizir und Elia, um bedürftigen Menschen zu Hilfe zu kommen. In dieser Nacht werden Himmel und Erde eins, wodurch eine besondere Kraft freigesetzt wird. Es wird der Hizir-Ilyas-Tag (Hıdırellez) gefeiert, ein Anlass, Gott um Gesundheit und Genesung zu bitten.

5.4 Khidr und Mose: Von der verborgenen Weisheit Gottes und der Geduld des Suchenden (Theodizee)

Doch zurück zum Koran! Drei geradezu verstörende Szenen stehen im Mittelpunkt des zweiten Teils der Geschichte in Sure 18. Mose will von Khidr (bzw. dem Diener Gottes) Weisheit lernen. Der nimmt ihn nur mit einer ausdrücklichen Warnung und unter der Bedingung, dass Mose nicht voreilige Fragen stellt, als Schüler an. Drei Gelegenheiten für Mose, sich zu bewähren. Dreimal versagt er. Zuerst macht der Gottesdiener ein Schiff unbrauchbar, dann tötet er scheinbar grundlos einen unschuldigen Jungen, schließlich setzt er in einer Stadt eine Mauer instand, obwohl die Bewohner den beiden Reisenden die erbetene Gastlichkeit versagten. Mose ist von Mal zu Mal entsetzt, erschüttert, ratlos. Sieht so Barmherzigkeit aus? Handelt so ein von Gott begnadeter Wissender? Er besteht die Prüfung nicht. Der Diener Gottes entlässt ihn, allerdings nicht ohne ihm die Deutung des Unverständlichen mitzugeben. Dabei zeigt sich Khidrs überlegene Zukunftsschau und mit ihr die tiefe Einsicht in den Sinn seines Handelns, das vollkommen mit dem verborgenen Willen Gottes und seinem „Befehl“ (V. 82) übereinstimmte. Nun kann zu den einzelnen Erläuterungen einiges gesagt und sicher manches gefragt werden, zumal aus einer heutigen Perspektive. Doch führen sie vor Augen, und darum geht es, wie groß die Kluft zwischen dem Wissen Moses und dem Wissen des Gottesdieners ist. Gottes Wege sind unerforschlich. Spätere Ausleger sahen in der Geschichte das Wechselspiel zweier Arten des „Wissens“: Moses Wissen steht für das Wissen der äußeren Dinge und der materiellen Welt, es ist „exoterisches“ Wissen, während das Wissen Khidrs für das esoterische Wissen der unsichtbaren Welt und der inneren Wirklichkeit der Dinge steht.

Die Lehre der Geschichte ist, dass sogar der große Prophet Mose Gott nicht in die Karten schaut. Nur: Wer mag dann verstehen, was ungerecht oder sinnlos erscheint? Kein Mensch erkennt die feinen Fäden, die alles, was geschieht, nach Gottes Plan verbinden und zusammenhalten. Was dem Menschen aufgetragen ist, ist die Geduld. Und genau die fehlt Mose. „Wie willst du aushalten, wovon du keine Kenntnis hast?“ (V. 68) Darin liegt die Herausforderung des Gläubigen. Was uns als Menschen widerfährt, darf nicht ungeduldig hinterfragt werden, es muss geduldig ausgehalten werden. Jedes menschliche Nachdenken darüber ist vermessen, denn: „Gott weiß, ihr aber wisst nicht“ (Sure 2,216; 3,66; 24,19 u. ö.). Wahres Wissen gibt es nur da, wo die beiden Wissensarten zusammenfließen wie die „beiden Meere“ – wo jener zu finden ist, der allein die Suchenden in das Geheimnis einführt: Khidr, der Grüne.

6. Literaturhinweise (Auswahl)

6.1 Quellen

Asad, Muhammad, Die Botschaft des Koran. Übersetzung und Kommentar, aus dem Englischen (Originalausgabe 1980) übersetzt von Denffer, A. von/Kuhn, Y., Düsseldorf 2009.

Bobzin, Hartmut: Der Koran. Aus dem Arabischen neu übertragen, München 2010.

Bubenheim, A.F./Elyas, N, Der edle Qur'ān und die Übersetzung seiner Bedeutungen in die deutsche Sprache, Madina/Saudi Arabien [2]2005.

Die Bedeutung des Korans, hg. von Grimm, Fatima u. a., 5 Bd., 2., neu bearbeitete und verbesserte Auflage, München 1998.

Ibn Ishaq, Das Leben des Propheten, aus dem Arabischen übertragen und bearbeitet von Rotter, Gernot, Kandern 1999. (Enthält die Übertragung von ungefähr einem Viertel des überlieferten arabischen Textes.)

Khoury, Adel Theodor, Der Koran Arabisch-Deutsch. Übersetzung und wissenschaftlicher Kommentar, 12 Bd., Gütersloh 1990 – 2001.

Paret, Rudi, Der Koran. Übersetzung, Stuttgart u. a. [8]2001.

– Der Koran. Kommentar und Konkordanz, Stuttgart u. a. [5]1993.

Qurtubi, Abu Abd Allah Muhammad b. Ahmad b. Abi Bakr al-, *Al-Dschami' li-ahkam al-Qur'an*, 11 Bd., Beirut 1414/1993.

Sahih al-Buchari, Ibn Rassoul, Muhammad ibn Ahmad: Auszüge aus dem Sahih Al-Buharyy, aus dem Arabischen übertragen und kommentiert, o.O., o. J. (www.arcelmedia.de).

Suyuti, Dschalal ad-Din as-, *Al-Itqan fi 'ulum al-Qur'an*, ed. al-Baz, N.M., 4 Bd., Riad 1417/1996.

Tabari, Muhammad Ibn-Garir at-, The history of al-Tabari. An annotated translation (Ta'rikh al-rusul wa'l-muluk), übersetzt und kommentiert von Brinner, William M./Rosenthal, Franz/Perlmann, Moshe u.v.a., Bibliotheca Persica, 38 Bd., Albany/New York 1987 – 1998.

Tha'labi, Abu Ishaq Ahmad b. Muhammad an-Naisaburi ath-, *Qisas al-anbiya', al-musamma 'ara'is al-madschalis* (Prophetengeschichten, genannt „Die Bräute der Versammlungen"), Beirut o. J.; Deutsch: Islamische Erzählungen von Propheten und Gottesmännern: Qisas al-anbiya' *oder* 'ara'is al-madschalis *von* Abu Ishaq Ahmad b. Muhammad b. Ibrahim ath-Tha'labi, übersetzt und kommentiert von Busse, Heribert, Diskurse der Arabistik 9, Wiesbaden 2006.

6.2 Weitere Literatur

Bouman, Johan, Gott und Mensch im Koran. Eine Strukturform religiöser Anthropologie anhand des Beispiels Allah und Muhammad, Impulse der Forschung 22, Darmstadt [2]1989.

Busse, Heribert, Die theologischen Beziehungen des Islams zu Judentum und Christentum. Grundlagen des Dialogs im Koran und die gegenwärtige Situation, Grundzüge 72, Darmstadt 1988.

Dehn, Ulrich (Hg.), Noah – Allianz unter dem Regenbogen? Juden, Christen und Muslime im Gespräch, EZW-Texte 163, Berlin 2002.

Elmatbouly, Ahmed, Die Josefserzählung in rabbinischer und islamischer Tradition, Hamburg 2004.

Gätje, Helmut, Koran und Koranexegese, Bibliothek des Morgenlandes, Zürich/Stuttgart 1971.

Goldziher, Ignaz, Die Richtungen der islamischen Koranauslegung, Olaus-Petri-Vorlesungen 1913, Leiden 1920, unveränderter Neudruck 1952.

Hagemann, Ludwig, Propheten – Zeugen des Glaubens. Koranische und biblische Deutungen, WFMR.R 26, Würzburg ²1993.

Islamisches Zentrum Hamburg, Geschichten der Propheten aus dem Qur'an, Übersetzung und Überarbeitung Krausen, Halima, Hamburg 1403/1982.

Josua, Hanna Nouri: Ibrahim, Khalil Allah. Eine Anfrage an die Abrahamische Ökumene, Proefschrift ter verkrijging van de graad van Doctor in de Godgeleerdheid aan de Evangelische Theologische Faculteit te Heverlee (Leuven), België 2005.

Kuschel, Karl-Josef, Juden – Christen – Muslime. Herkunft und Zukunft, Düsseldorf 2007.

Lings, Martin, Muhammad. Sein Leben nach den frühesten Quellen, aus dem Englischen übersetzt von Shukriya Uli Full, Kandern 2000 (engl. Originalausgabe 1983).

Nagel, Tilman, Islam. Die Heilsbotschaft des Korans und ihre Konsequenzen, Westhofen 2001.

– Der Koran. Einführung – Texte – Erläuterungen, München ⁴2002.

Nöldeke, Theodor, Geschichte des Qorāns, bearbeitet von Schwally, Friedrich, 3 Teile in einem Band, Leipzig ²1909 – 1938 (5. Nachdruck Hildesheim 2005); Teil I: Über den Ursprung des Qorāns, bearbeitet von Schwally, Friedrich, 1909; Teil II: Die Sammlung des Qorāns, völlig umgearbeitet von Friedrich Schwally, 1919; Teil III: Die Geschichte des Korantexts, von G[otthelf] Bergsträßer und O[tto] Pretzl, 1938.

Schimmel, Annemarie, Mystische Dimensionen des Islam. Die Geschichte des Sufismus. Frankfurt a.M./Leipzig 1995 (¹1985).

Schreiner, Stefan, Die jüdische Bibel in islamischer Auslegung, hg. von Eißler, Friedmann/Morgenstern, Matthias, TSMJ 27, Tübingen 2012.

Schwarzbaum, Haim, The Jewish and Moslem Versions of Some Theodicy Legends, Fabula 3/1, 1960, 119 – 168.

Schweizer, Harald, Koranische Fortschreibung eines hebräischen Textes. Hermeneutische Überlegungen anhand der Gestalt Josefs, BN.NF 143, 2009, 69 – 79; sowie: Die Josefsgeschichte im Koran und in der hebräischen Bibel. Synoptischer Vergleich, BN.NF 144, 2010, 15 – 39.

Sidersky, D., Les origines des légendes Musulmanes dans le Coran et dans les vies des prophètes, Paris 1933.

Speyer, Heinrich, Die biblischen Erzählungen im Qoran, 3. Nachdruckauflage der Ausgabe Gräfenhainichen 1931, Hildesheim u. a. 1988.

Thyen, Johann-Dietrich, Bibel und Koran. Eine Synopse gemeinsamer Überlieferungen, KVRG19, Köln ³2000.

Tottoli, Roberto, Biblical Prophets in the Qur'an and Muslim Literature, Curzon Studies in the Qur'an, Richmond 2002.

Tröger, Karl-Wolfgang, Bibel und Koran. Was sie verbindet und unterscheidet, Berlin 2004.

Watt, W. Montgomery (Bell, Richard), Bell's Introduction to the Qur'ān, completely revised and enlarged by W. M. Watt, Islamic Surveys 8, Edinburgh 1970 (Nachdruck 2002).

Wheeler, Brannon M., Moses in the Quran and Islamic Exegesis, Routledge Curzon Studies in the Quran, London/New York 2002.

– Prophets in the Quran. An Introduction to the Quran and Muslim Exegesis, selected and translated by Wheeler, B.M., Comparative Islamic Studies, London/New York 2002.

Wimmer, Stefan Jakob/Leimgruber, Stephan, Von Adam bis Muhammad. Bibel und Koran im Vergleich, mit einem Geleitwort von Isa Güzel, hg. vom Deutschen Katecheten-Verein e.V., München, Stuttgart 2005.

Zirker, Hans, Christentum und Islam. Theologische Verwandtschaft und Konkurrenz, Düsseldorf 1989.

– Islam. Theologische und gesellschaftliche Herausforderungen, Düsseldorf 1993.

